アメリカ政治入門

西山隆行——著　　　東京大学出版会

Introduction to American Politics
Takayuki Nishiyama
University of Tokyo Press, 2018
ISBN 978-4-13-032227-0

はじめに

　近年，アメリカ政治に関する情報は容易に入手できるようになっている。様々な情報を通して，多くの人々がアメリカに対するイメージを形成し，アメリカ政治に関する評価を行っている。中にはアメリカ政治の専門家でないにもかかわらず，筆者も知らないような情報に言及しつつ，独創的な論評を展開する人もいる。アメリカ政治に対する関心の強さに，筆者も時に驚かされる。

　だが，アメリカ政治に関する論評の中には，率直に言って首を傾げざるを得ないようなものも多い。アメリカ政治の基本的な特徴や事実を知らずに（中には知っているにもかかわらず），誤った情報を伝えるものもある。あるいは，事実関係は間違っていないとしても，アメリカ政治の文脈やメカニズムを無視して，その著者が作り上げた独特の文脈の中に現象を位置付けて糾弾するような，知的誠実性を疑わざるを得ないものも散見される。そのような論評が人々の好奇心を刺激することもあるかもしれない。だが，それはアメリカ政治に対する偏見を強め，真の国際理解を妨げる危険を伴っている。

　外国の政治について論じる場合，多くの人は，日本政治との類推に基づいて理解しようとするだろう。だが，合理的な政治主体が日本とアメリカで行動する際，それぞれに異なった前提に立って行動することも多い。その違い，特徴はどこに求められるのだろうか。本書は，アメリカ政治の特徴を，制度，思想，歴史など，多様な側面に着目しながら，日本やヨーロッパとの比較を念頭に置きつつ解明しようとする試みである。

　アメリカ政治に関する良質なテキストは，日本でも複数刊行されている。だが，一人の著者が，多くの争点を取り上げて書き下ろしたテキストはあまりないように思われる。本書は初学者を主たる対象として，筆者なりのアメリカ政治の読み解き方を示そうとしたものである。執筆に際しては正確で客観的な記述を目指してはいるが，筆者の読み解き方の癖があることは否めないだろう。

また，本書の内容は政治学を専攻しない人には専門的な記述が多いと思われるかもしれない。逆に，政治学を専門とする人には踏み込みが足りないと思われる部分もあるだろう。本書の内容に関心を持ってくださった方，逆に，本書の内容に不満を感じた方には，巻末に掲げた参考文献をお読みいただき，更なる探求を続けていただきたい。

読者の皆様にアメリカ政治に関する理解を深めていただき，学問の裾野を広げることができれば幸いである。

謝　辞

筆者のアメリカ政治に関する理解を深めてくださった方は多く，その全てを記させていただくことは不可能である。だが，大学院時代の恩師である故・五十嵐武士先生と，John Whiteclay Chambers II 先生にいただいた学恩には計り知れないものがある。また，故・阿部斉先生，松尾文夫先生，久保文明先生，古矢旬先生，松岡泰先生には，多くのことをご教示いただくとともに，励ましてもいただいた。記して感謝させていただきたい。

筆者はこれまでに，成蹊大学のみならず，甲南大学，大阪市立大学，神戸大学，首都大学東京，法政大学，龍谷大学，専修大学などでアメリカ政治を講ずる機会を与えて頂いた。本書の記述には，講義を聴講してくれた学生さんからの質問やコメントが少なからず反映されている。また，各種研究プロジェクトで筆者を啓発してくださった皆様，講演やメディアでアメリカ政治の説明をする機会を与えてくださった皆様のおかげで，本書の記述が豊かなものとなった。

筆者は『アメリカ政治——制度・文化・歴史』と題する著書を2014年に三修社から出版させていただいた。本書は，同書の章立て等を維持しつつも，それに大幅な補訂を行ったものである。国際理解の進展を目指す三修社との繋がりを作ってくださった杉野健太郎先生，また，東京大学出版会からの刊行をお認めくださった三修社にもお礼を申し上げたい。

本書をまとめるに際しては，筆者の初の単著『アメリカ型福祉国家と都市政治』を担当していただいた東京大学出版会の後藤健介さんに再びお世話になった。的確なご助言をいただいたおかげで，本書の内容が改善されたことは間違いない。また，巻末資料の作成に際しては，旧知の西岡穂さんにご協力いただ

いた。これまで筆者と関わりを持ってくださった皆様に，心よりお礼を申し上げたい。

2017 年 12 月

西　山　隆　行

目　次

第1章　アメリカ例外主義とナショナリズム———— 1

第1節　アメリカのナショナル・アイデンティティ———————— 2

第2節　理念の共和国としてのアメリカ————————————— 4

　1.「アメリカ的信条」(4)／2. アメリカ例外主義 (11)

第3節　理念と政治変動———————————————————— 15

　1. サミュエル・ハンティントン『アメリカの政治』(15)／

　2. ハンティントン『アメリカの政治』の批判的検討 (17)

　／3. ハンティントン『分断されるアメリカ』(19)

第2章　合衆国憲法と統治構造———————— 21

第1節　憲法体制————————————————————————— 22

　1. 長期的安定性 (22)／2. 政府の必要性と民主主義体制

　(23)／3. アメリカの建国と合衆国憲法，権力分立 (24)

第2節　大統領制 —— 大統領と連邦議会———————————— 29

　1. 大統領制の特徴 (29)／2. 連邦議会 (31)／3. 大統領

　(34)／4. 大統領と議会の関係 (36)

第3節　裁判所の政治的機能—————————————————— 40

　1. 裁判所の政治的機能 (40)／2. 裁判所の構成と判事の任

　命方法 (41)

第4節　連邦制—————————————————————————— 47

　1. 連邦制の定義とアメリカの特徴 (47)／2. 連邦政府の権

　限拡大 (49)／3. 連邦政府による財政援助 (51)／4. 地方

　政府 (53)／5. 連邦制と政策革新 (57)／6. 連邦制と地方

　政府をどう考えるか (60)

v

第3章　人種とエスニシティをめぐる政治 —————— 61

第1節　アメリカにおける民族とは ———————————— 62

第2節　移　民 ————————————————————— 63

　　1. アメリカにおける移民の意味（63）／2. 移民統合をめぐ
　　る理念・シンボル（64）／3. 連邦の移民政策（1）——1924
　　年移民法と1965年移民法（66）／4. 連邦の移民政策
　　（2）——中南米系移民をめぐって（70）

第3節　人種問題 ———————————————————— 73

　　1. 植民地時代から南北戦争期まで（73）／2. 南北戦争とジ
　　ム・クロウ（75）／3. 公民権運動（77）／4. 積極的差別是
　　正措置と急進的な運動（79）／5. 今日の黒人をめぐって
　　（81）

第4節　「新しいマイノリティ」としての白人 ——————— 82

第4章　官僚制と政党の発展 ———————————— 85

第1節　アメリカの官僚制の特徴 ———————————— 86

第2節　政　党 ————————————————————— 88

　　1. 政党の役割（89）／2. アメリカの政党の特徴（91）

第5章　選　　挙 ——————————————————105

第1節　アメリカにおける選挙 ————————————106

　　1. 意義と特徴（106）／2. 選挙権と投票方法の民主化
　　（109）／3. 投票率の低さ（110）／4. 有権者の投票（112）
　　／5. 選挙戦（113）

第2節　大統領選挙 —————————————————114

　　1. 基本的特徴（114）／2. 民主・共和両党における候補選
　　抜（114）／3. 本選挙（118）

第3節　連邦議会選挙 ————————————————120

　　1. 基本的特徴（120）／2. 下院（121）／3. 上院（123）

第4節　選挙と政策過程 ———————————————124

vi——目　次

第6章 市民的自由と社会秩序————131

第1節 市民的自由と社会秩序————132

第2節 市民社会による社会秩序形成と銃————134

1. 市民社会による秩序形成と法執行機関（134）／2. 北東部の都市と法執行機関の特徴（135）／3. 南部と西部における権力と暴力（136）／4. マフィアとFBI（137）／5. 銃の問題（138）

第3節 上からの秩序形成と権利章典————141

1. 合衆国憲法と市民的自由（141）／2. 修正第1条と言論・プレスの自由（143）／3. 犯罪者の権利（148）／4. 9.11 テロ事件と市民的自由（151）

第7章 社会福祉政策————155

第1節 社会福祉政策の意味————156

1. 再分配政策としての側面（156）／2. 再分配以外の側面（158）

第2節 革新主義時代————159

1. 都市政府の役割（159）／2. 民間慈善団体と政治マシーン（160）／3. 州レベルでの「福祉国家」建設（161）

第3節 ニューディール体制————162

1. 大恐慌と社会統制（162）／2. 公共事業（162）／3. 1935年社会保障法（163）／4. 1960～70年代初頭の拡大期（166）

第4節 近年の動向————167

1. 公的扶助政策再編の背景（167）／2. 個人責任就労機会調停法（168）／3. 社会保障（170）／4. 医療保険制度（171）

第5節 今後の福祉国家像をめぐって————173

第8章 宗教とモラルをめぐる政治————175

第1節 アメリカ政治と宗教————176

1. 宗教とモラルをめぐる政治（176）／2. 信仰心の強さと

目　次——vii

個人主義（179）／3. プロテスタントの分裂（181）／4. 合
衆国憲法上の規定と政教分離の考え方（181）

第2節　アメリカ政治の保守化————————————————183
　　1. 前　史（183）／2. 1960年代への反動としての原理主義
者（184）／3. 宗教右派とロナルド・レーガン（187）／4.
ビル・クリントン政権（188）／5. ジョージ・W・ブッシュ
政権（189）／6. バラク・H・オバマ政権とドナルド・トラ
ンプ政権（190）

第9章　対外政策————————————————————193

第1節　対外政策とナショナル・アイデンティティ——————194
第2節　合衆国憲法の規定と政治主体，制度————————————194
　　1. 合衆国憲法の規定（194）／2. 大統領の役割（195）／3.
行政組織（198）

第3節　アメリカの対外政策の特徴————————————————201
　　1. 理念の拡大と例外主義（201）／2. 対外政策の方針
（203）

第4節　世界におけるアメリカの位置づけ————————————208

文献案内（213）

付表・地図————————————————————————221
　　付表1　大統領選挙と議会多数派（1789-2016）（222）／付
表2　大統領のランキング（228）／地図1　合衆国の各州と
州成立年（230）／地図2　領土拡大地図（231）
図版出典一覧（233）
人名索引（235）／事項索引（237）

第1章
アメリカ例外主義とナショナリズム

ジョン・ガスト「アメリカの進歩」

第1節　アメリカのナショナル・アイデンティティ

　　今夜は私にとって大変名誉です。この舞台に私が登場するのはありそうもないことだからです。

　　私の父親は留学生で，ケニアの小さい村で生まれ育ちました。彼は山羊の番をして大きくなり，トタン屋根の学校へ通いました。彼の父親，つまり私の祖父は料理人，召使いでした。祖父は，その息子に，より大きな夢を持っていました。困難な仕事と忍耐を通して，私の父は夢の国への奨学金を手に入れました。夢の国とは，多くの人にとって自由と機会の地であるアメリカです。

　　ここで勉強している間に，父は母に会いました。彼女はキャンザス，つまり彼とは世界の反対側で生まれました。彼女の父親は大恐慌期に石油掘削と農場で働きました。真珠湾攻撃の翌日，彼は兵役に志願してパットン将軍の部隊に入り，ヨーロッパ戦線に加わりました。帰国後，祖母に赤ん坊を育ててもらい，爆撃機工場で働きました。戦争の後に復員軍人援護法に基づいて勉強して，家を買い，機会を求めて西へ移動しました。そして彼らは，同じように，娘のための大きな夢，2つの大陸に共通する夢を持っていました。

　　私の両親は，類まれな愛情を共有しただけではありませんでした。この国の不変の可能性に対する信頼も共有していました。彼らは，寛大なアメリカでは，名前が成功する上で何の障害にもならないと信じて，私に「祝福」を意味するアフリカの名前，バラクを授けました。彼らは裕福ではありませんでしたが，寛大なアメリカでは可能性を実現するには裕福である必要はないと信じ，私が最も良い学校に行くのを想像しました。

　　……

　　私は，自らが受け継いだ多様性に感謝し，私の親の夢が私の大切な娘たちに引き継がれていることを意識して，今日ここに立っています。私の物語はより大きなアメリカの物語の一部であり，先人の功績に支えられ，地球上の他のどの国であっても私の物語が不可能であったことを知っています。

　　今夜，我々はアメリカの偉大さを確認するために集まっていますが，それは，超高層建築の高さや，軍事力，経済規模などに基づいているわけではありません。我々の誇りは，200年以上前に起草された独立宣言に要約されている，非常に単純な文章に基づいています。「我々は，以下の事実を自明のことと考えている。つまり全ての人は生まれながらにして平等であり，神から不可侵の権利を与えられてい

2——第1章　アメリカ例外主義とナショナリズム

る。その権利には，生命，自由，そして幸福の追求が含まれている」。それこそが，アメリカの本質であり，人々の夢への素朴な信頼であり，小さな奇跡へのこだわりなのです。

……

　多から成る一。

　それでも，我々を分断させようとする人々がいます。政治を何でもありにしてしまう情報操作屋や中傷広告の名人達です。

　しかし，私は彼らに今夜，宣言します。リベラルのアメリカ，保守のアメリカというものはない。あるのはただアメリカ合衆国であると。黒人のアメリカ，白人のアメリカ，中南米系のアメリカ，アジア系のアメリカというものはない。あるのは，ただアメリカ合衆国であると。

　評論家たちは，共和党寄りのレッド・ステイト，民主党寄りのブルー・ステイトと，この国を切り分けたがります。しかし，彼らのために，私も情報を入手しました。ブルー・ステイトでも神を信仰するし，レッド・ステイトでも図書館利用者を監視する連邦捜査官は嫌われます。ブルー・ステイトでもリトルリーグに指導していますし，レッド・ステイトでも，ゲイの友達がいます。イラク戦争に反対した愛国者と，それを支えた愛国者がいます。我々は一つの国民であり，全員で星条旗に忠誠を誓い，ともにアメリカ合衆国を守っているのです。

バラク・オバマ「民主党大会基調演説」
（2004 年 7 月 27 日）

　冒頭に掲げたのは，2004 年のアメリカ大統領選挙で民主党候補となったジョン・ケリーに対し，当時まだ無名だったバラク・オバマがイリノイ州を代表して民主党全国党大会で行った応援演説の一部である。この演説は，アメリカ社会の多様性と，アメリカのナショナル・アイデンティティの重要性，それに基づく団結を訴える名演説とされ，一躍オバマを有名にした。このオバマが2008 年の大統領選挙で勝利し，アメリカ大統領となったのは周知の事実である。

　多民族・多宗教社会のアメリカは，地縁，血縁，言語に基づいて国民性を説明できないこともあり，政治制度や理念の共有に基づいてナショナル・アイデンティティを構築してきた。アメリカはしばしば移民の国と称されるが，その政治制度と文化の基礎は，アングロ・サクソンのプロテスタントを中心とする入植者たちにより築かれたものである。そして，彼らが強調した，自由，平等，

第 1 節　アメリカのナショナル・アイデンティティ——3

個人主義，民主主義，法の支配などの理念は時にアメリカ的信条と呼ばれ，アメリカのアイデンティティの中核を成すといわれる。これらの抽象的・普遍的理念はアメリカの政治制度の中に体現される一方で，移民の流入に伴う社会構成の変化とともに質的な変容を遂げてきた。

　入植者たちは，ヨーロッパの君主制を否定する観点から，個人の自由な活動を尊重するべく「小さな政府」を樹立したといわれる。アメリカで官僚機構が歴史的に発達せず，国民皆医療保険が公的に制度化されてこなかったことや，自衛のための銃の所持が合衆国憲法で権利として認められていることなどが，その端的な例である。その一方で，アメリカでは禁酒法が制定されたり，人工妊娠中絶や同性愛の問題が大争点となるなど，モラルの問題をめぐってはしばしば文化戦争と呼ばれるまでに対立が先鋭化してきた。これらの問題については，立法による規制が常に検討されるなど，諸外国と比べても「大きな政府」が志向されてきたといえる。

　本章は，アメリカのナショナル・アイデンティティの中核をなすとされる「アメリカ的信条」の性格を解明することで，比較政治の観点から見たアメリカ政治の特徴を説明する。アメリカ政治の特徴として，「短期的な変動が激しい一方で，長期的な安定性が高い」と指摘されることがある。長期的安定性に関しては，建国期に制定された合衆国憲法と政治制度が今日まで継続していることが大きな特徴だとされるが，建国期に形成されたアメリカ的信条が現在も力を持ち続けていることも重要な意味を持っているのである。

第2節　理念の共和国としてのアメリカ

1.「アメリカ的信条」

多民族社会アメリカのナショナル・アイデンティティ　アメリカ社会を特徴づけるキーワードの一つは多民族性である。様々な人種やエスニック集団などの，文化的・歴史的背景を異にする人々が，一つの社会に同居していることを意味している。

　諸外国と比べると，アメリカは建国期から一貫して社会的多様性が高かった。植民地時代から，オランダが現在のニューヨークに入植していたし，デラウェ

4——第1章　アメリカ例外主義とナショナリズム

ア川周辺にはスウェーデンやドイツが入植していた。北部や西部の国境付近にはフランスが入植していたし，南部にはスペインも入植していた。イギリスからの入植者はもちろん多かったものの，彼らが社会の圧倒的多数派というわけではなかった。また，宗教的にも，ピューリタンと呼ばれるプロテスタントの人々がニューイングランドに入植していたが，ヴァージニアの入植者たちは英国国教会に忠誠心を持っていたし，メリーランドはカソリックを，ペンシルヴェニアはクウェーカーを受け入れていた。その他にも，奴隷としてアメリカに連れてこられた人々やネイティヴ・アメリカンがいたことは，周知のとおりである。

　そのような中で，いかにして社会の安定，統合を果たすかという問題が，常にアメリカに突きつけられてきた。例えば日本では，社会の一体性が問題にされることはさほど多くない。日本が単一民族社会であるというのは幻想に過ぎず，実際には多様な民族的背景を持つ人々が存在している。とはいえ，大半の日本人にとっては，自らが何故日本人なのかは半ば自明である。親が日本人で，ずっと日本に住んでおり，日本語を話すからという理由，すなわち，血縁，地縁，言語に基づいて国民性が説明できると考えている人が多いのである。もちろん，ベネディクト・アンダーソンが述べるように，国民というのは「想像の共同体」であり，そのアイデンティティも構築されたものだが，日本の場合はナショナル・アイデンティティの構築が比較的容易なのに対して，アメリカではそう簡単ではないのである。

　いずれの時代にも諸外国と比べて社会的多様性が高かったアメリカは，国璽や貨幣に「多から成る一」というモットーを掲げてきた。そして，アメリカを訪れた外国の知識人は，1830年代のフランス人のアレクシス・ド・トクヴィルにせよ，1940年代のスウェーデン人のグンナー・ミュルダールにせよ，アメリカ人が基本的価値観を共有していることを強調している。そして，アメリカ人は歴史的に見て，政治制度や理念，とりわけ，アメリカ的信条と呼ばれる諸理念の共有に基づいて，ナショナル・アイデンティティを構築してきたといわれている。

第2節　理念の共和国としてのアメリカ──5

**アメリカ的
信条の内容**

　アメリカ的信条の中身が何であるかについては論争がある。例えば
マイケル・フォーリーは『アメリカ的信条──アメリカ政治における
アイディアの位置』と題する著作で，自由，個人主義，富，民主主
義，法の支配，平等，モラル，進歩，秩序，資本主義，多元主義，リベラリズ
ム，保守主義，ポピュリズム，ナショナリズムの15をとり上げて検討してい
る。また，サミュエル・ハンティントンは『アメリカの政治──不調和な契
約』で，自由，平等，個人主義，民主主義，法の支配の5つを例にあげている。

　以下ではハンティントンにならって，その5つを中心に考えることにしたい
が，問題となるのは，これら5つの言葉の意味は果たして何なのかである。結
論を先にいえば，これらの言葉の意味は時代とともに変遷していて，一義的に
確定することはできない。むしろ，内容を一義的に確定することができず，多
様な意味を自由に読み込むことができるからこそ，それらの理念がアメリカ社
会をまとめるシンボルとして機能してきたのである。

①自　由

　自由といった場合，何が自由に認められるのかが問題になる。合衆
国憲法の修正第1条から第10条には様々な自由が規定されている。
例えば，合衆国憲法修正第1条には，言論，プレス，集会の自由が定められて
いる（プレスの自由は，出版に加えて，取材，編集，報道の自由を含むとされ
ている）。言論の自由を守るためには，報道や出版，集会を自由に行うことの
できる環境が不可欠になるので，これらの要素は密接に関連している。

　自由な言論が認められなければ，政府が世論を操作することができてしまう
ので，言論の自由を守ることは民主政治を機能させる上で重要な意味を持つ。
では，人種差別的見解を主張するKKKや，根拠なく誹謗中傷を行う人にも，
他の人々と同様に自由な言論を保障するべきだろうか。児童ポルノを販売しよ
うとする者にも出版の自由を認めるべきだろうか。他の例をあげると，アメリ
カでは，信教の自由が認められており，アメリカ国民はそれを誇りに思ってい
る。ならば，キリスト教原理主義者が進化論を否定する立場から執筆した生物
学の教科書を，言論の自由，信教の自由の観点から正統と認めるのは妥当だろ
うか。

　このように考えると，自由というアメリカ的信条の中身は時代や状況に応じ

6──第1章　アメリカ例外主義とナショナリズム

て変化しており，その内容を一義的に確定するのは困難なことがわかるだろう。

②平　等　平等については，平等という価値が及ぶ範囲をどこまでと定めるかについて論争がある。例えば，黒人に対して白人と同程度の権利を認めるか否かをめぐって，大いに論争されてきた。また，ジェンダーやセクシュアリティをめぐる平等をどう捉えるかも大問題である。例えば，男女の間で認められている結婚を同性愛者にも認めるかどうか，男女の雇用差別は許容されるかという問題もある。

　人種，ジェンダーと雇用の関係をめぐって，平等との関連で議論されているのが，積極的差別是正措置と呼ばれる政策である。黒人や女性が就職や昇進の面で不利な状況に置かれていることが，これまでの人種差別，性差別の蓄積の結果だと考える人の中には，黒人や女性が歴史的に被ってきた不利益を補償するためにも，黒人や女性を積極的に登用するべきだと主張する人も多い。他方，そのような積極的差別是正措置は逆差別になり，白人や男性に不当な不利益を負わせるという議論も強い。そのような立場をとる人々によれば，今日では，就職や昇任についてのルールは平等なものに改められており，仮に黒人や女性の就職状況が悪かったとしても，それは個人の能力の問題だというわけである。

　この論争は，平等といっても，機会の平等と結果の平等のいずれを重視すべきかという問題とも関連している。日本やヨーロッパと比べて，アメリカでは，機会の平等に力点が置かれる傾向が強いと指摘されているのは広く知られているだろう。

③個人主義　アメリカは個人主義の国だとよく指摘される。個々の人格の独自性と自律性を重視する伝統がアメリカに存在することは間違いないだろう。

　個人主義も，積極的差別是正措置の問題と密接に関わっている。積極的差別是正措置は，個人ではなくて，黒人や女性という集団を対象とした議論であり，アメリカの伝統に合わないという批判がなされるのである。

　アメリカの政治文化を理解する上では，個人主義と宗教の関係についての考察が不可欠である。アメリカでは禁酒法や人工妊娠中絶など，道徳に関わる社

第2節　理念の共和国としてのアメリカ——7

会問題が大きな争点となることが多いが，それは先進国の中でも例外的といわれるアメリカ国民の信仰心の強さに由来している。一般的に宗教が人々の生活に様々な制約や義務を課すことを考えると，宗教の強さと個人主義は矛盾するように思えるかもしれない。個人主義は宗教的伝統を打破する中で生み出されてきた考え方でもある。だが，アメリカでは信仰心の強さと個人主義が矛盾するとは考えられていない。アメリカは多宗教の国であり，例えばキリスト教のプロテスタントであっても，聖公会や長老派など多くの宗派，教派が信者の獲得競争をしている。これを信者の側から見れば，その信仰は自らが主体的に選びとったものであり，その信仰心の真正さを証明するためにも，信者は社会的争点に強硬な態度で臨むのである。このように，宗教の影響力の強さと個人主義は矛盾するとはされておらず，むしろ個人主義の理念が強固であるが故に，宗教が重要な意味を持つと考えられているのである。

　また，個人主義は，個人が自由に競争することと関連しているので，理論的には資本主義と結びつきやすい。個人主義は，個人の重要性を国家に対して主張する側面もあるため，国家による規制に反対するという次元においても資本主義と関連している。このように，アメリカが小さな政府を主張したり，自由貿易を強調するのは，個人主義という価値と関連しているのである。

④民主主義　　民主主義は，今日では倫理的正統性を備えた価値観だと見なされているが，古代ギリシャでは多数者による支配を意味しているに過ぎなかった。むしろ，当時は，貧しく無教養な人々が数の力に訴えて支配する無秩序で過激な政治体制とイメージされていた。民主政治という言葉が今日のように肯定的な意味合いを伴って用いられるようになる上でアメリカが果たした役割は大きかった。ヨーロッパの貴族制や君主制の伝統から逃れてきた人々が建国したと考えられたアメリカは世界で最初の民主主義国家となったが，民主政治が，都市国家という狭い領域のみならず，広大な領土を持つ国家でも実現可能なことを世界に示したのである。

　今日，民主主義は，エイブラハム・リンカン大統領の「人民による人民のための統治機構」という台詞との関連で理解されることが多い。これは，ヨーロッパの君主制から逃れて来た人々によって建国されたというアメリカの神話か

ら考えても、重要な意味を持つ。すなわち、絶対的な権威、権力を持つ特定の人ではなく、人民の利益を実現するために、人民が政府を構成するという考え方である。アメリカでは、立法部や行政部の構成員のみならず、州レベルでは裁判所の判事や検察官をも選挙で選出するところが多いことは、民主主義という価値がアメリカで重視されていることを示している。

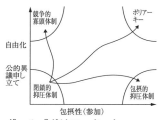

ダール『ポリアーキー』

ただし、この考え方には不明な点がある。例えば、人民とは誰かと問われると、特定の自然人をあげることはできず、回答困難である。そこにネイティヴ・アメリカンや黒人が含まれるのかは、アメリカ史上大問題だった。また、「人民による」という部分と「人民のための」という部分が両立するかどうかも、理論的にも実践的にも疑念がある。このように、人民による人民のための統治機構という考え方には不明な点が多く残っているが、シンボルとしては、非常に重要なものとされているのである。

もう少し詳しく、民主主義に必要な要件を検討するならば、ロバート・ダールがポリアーキーとして定式化したように、政治参加の増大と政治的異議申し立ての自由の二つの側面が不可欠だということになるだろう。単に政治参加の権利が形式的に認められているだけではなく、政権担当者に対して公的に反対意見を述べることが制度的に権利として認められている必要があるのである。

アメリカで政治参加という場合、単なる投票行動を意味するのではない。アメリカ国民は、選挙の際の投票率こそ低いものの、自発的結社を組織して政府に対して利益関心を表明することに熱心である。日本では陳情は否定的にとらえられがちだが、アメリカでは利益集団による活動は重要な政治参加の形態と考えられている。マイノリティの権利確立と地位向上を求めて展開された公民権運動を想起すればわかるように、様々な形で体制、政権に対して異議を申し立てるための社会運動が組織されている。これほど積極的かつ多様な形で国民が政治に関与しようとする国は、あまりないだろう。

⑤法の支配　　法の支配という考え方は，実は理解しにくい。これには少なくとも二つの面がある。一つは，「人の支配」，つまり，特定の人間の恣意に基づいて統治を行うことを否定し，法律に基づいて決定を行うという考え方である。規則を決めて，元首を含む国の代表の行動も拘束しようというのである。

　もう一つの側面は，道徳や価値観の問題は法律で定めずに，限定された行為に絞って規則を定めることを原則とするということである。宗教や価値観の異なった集団が社会内に共存する状況では，それぞれの価値観や常識と考える内容が違ってくるので，常識や価値観を問題にすると，意見の対立から集団間の紛争，ひいては，内戦につながる危険性がある。これを避けたければ，人々の内心には立ち入らず，人を殺してはいけないといった最低限の共通事項を守ることだけに法の内容を限定する方がよい。つまり，内面は問わずに，外面に表れた短期間での行為に限定し，誰がいつどこで行ったその行為に対しても同じ処分を科すという，法の前の平等を確保する。この考え方は，多民族，多宗教社会を統治する上で有益である（ただし，今日のアメリカでは，文化戦争と呼ばれるほどまでに道徳に関わる問題が争点化されるようになっている）。

　なお，アメリカでいう法の支配は，日本や中国でいう法治国家とは位相の異なる概念である。法治国家という場合は，様々な法律や規則があって，問題が発生した時や問題が発生する前に，役人が規定に従って粛々と事を運ぶことがイメージされるだろう。しかし，そのような対処法は，アメリカでは官僚国家化として否定的にとらえられる。むしろアメリカでは，まずは個人や集団が自由に行動して，何か問題が発生した場合，その解決を裁判所に持ち込むというのが一般的なイメージである。アメリカでは，実際に頻繁に訴訟が提起されていて，裁判所が積極的な役割を果たしている。アメリカの裁判所は日本と比べればはるかに迅速に問題を処理することもあって，アメリカ人の裁判所の利用率は高いのである。

　この背景には，アメリカ人の統治機構や国家に対するイメージが日本とは異なることがある。アメリカ人は一般に「小さな国家」を志向するといわれるが，常備軍と官僚制という言葉に代表される意味での国家機構の発展はアメリカでは遅かった。日本では問題があると役所に相談に行くのが一般的だが，アメリ

カでは歴史的にはそうではなかったのである（ただし，今日ではアメリカも行政国家化しているので事情が変わっている）。また，アメリカでは，大陸法系の国とは違って体系的な法整備がされているとは限らず，慣習法，コモン・ローのレベルで対応することもあって，裁判所が積極的に活用されたのである。

　以上，アメリカ的信条を代表するとされる，自由，平等，個人主義，民主主義，法の支配の５つを例にあげて説明した。これらの言葉は漠然と良い印象を伴っているものの，その意味するところは明らかではない。また，それらの概念が両立するとも限らず，これら諸理念の解釈の可能性は開かれている。

　政治の世界における言葉には，意味を明確化することに重要性がある場合と，その意味は不明確であってもシンボルとして機能することが重要な場合がある。アメリカ的信条の構成要素は，シンボルとして，政治的に機能してきたといえる。アメリカ史は，それらの意味の解釈をめぐって争われ，展開してきたともいえるのである。

　多民族社会のアメリカは，このような価値観にナショナル・アイデンティティの核を求めなければ，国家としての存立が怪しくなる。多様な解釈が可能であるとともに，ほぼ万人に受け入れ可能な価値観にアイデンティティの基礎をおいていることが，アメリカの強みであるとともに弱みでもある。

2. アメリカ例外主義

　アメリカ的信条は，どのようにして生まれてきたのだろうか。移民の国であるアメリカはこのような価値観にアイデンティティの基礎を求め，移民にこれらの価値を習得するよう求めてきた。だが，これらの価値観の基礎を作ったのは移民ではなく入植者だった。

　アメリカが移民の国なのは間違いないが，1775 年にアメリカの独立を成功させた人々の多くはイギリスを中心とするヨーロッパからの入植者であり，その大半がプロテスタントだった。彼ら入植者がアメリカ社会の基本理念を定め，それを独立宣言や合衆国憲法という形で明文化したのである。

　このことは，アメリカ例外主義の考え方と密接に関わっている。アメリカ的信条を構成する自由や民主主義などは，かなりの程度に普遍性を標榜できる価

値観である。これらの価値観は，他の多くの国でも程度の差こそあれ，受け入れ可能である。そして，アメリカでは，そのような価値観を世界に広めるのがアメリカの義務だと考えられている。例えば，圧政に苦しむ人々のいる地域に自由と民主主義を広めるのはアメリカの責務だという考えが大統領などにより当然のように表明され，時に行動に移されるのである。

　だが，一般的にいえばその活動は他国に対する内政干渉である。何故，そのような一般的には認められない活動がアメリカには許されるのかというと，アメリカが例外的な国だからだというより他はない。このような議論は，アメリカ例外主義論と呼ばれており，アメリカ国民に広く受け入れられている。それをどのように正当化するかを理解するには，建国期以前に遡って歴史を検討せねばならない。以下では古矢旬の卓越した整理に主に依拠して，議論を展開しよう。

　18世紀は，世界の中心であったヨーロッパが，世界の「未開」かつ「野蛮」な地域に文明を広げようとした時代だった。当時アメリカに来ていた入植者たちが，そのようなヨーロッパ人特有の意識を持っていたことをまず念頭に置く必要がある。

　その上でアメリカに特有だったのは，ヨーロッパからの断絶という側面も併せ持っていた点である。入植者たちはアメリカに進歩的な意味を付与し，自分たちを，神によってその意味を実現するよう命じられた集団と位置づけていた。ピューリタンによれば，当時のヨーロッパは君主制を採用していて自由や民主主義の価値が尊重されておらず，宗教的にも腐敗していた。彼らは，腐敗したヨーロッパとは異なる，神により選ばれし民と自己規定し，アメリカを聖地と見なした。ヨーロッパの啓蒙思想から影響を受けていただけでなく，ヨーロッパよりさらに優れているという選民意識が，アメリカ例外主義の根本にあったのである。このような意識を背景に，アメリカはネイティヴ・アメリカンや黒人に対する支配も正当化した。そのようなアメリカのあり方を，建国者のひとりであり，第3代大統領を務めたトマス・ジェファソンは，「自由の帝国」と呼んだのである。

　アメリカが例外主義を維持できた条件は，ヨーロッパから地理的に離れていたことと，フロンティアが存在したことだった。アメリカはヨーロッパから大

12——第1章　アメリカ例外主義とナショナリズム

西洋によって隔てられていたため，18〜19世紀には，その影響をあまり受けずにすんだ。腐敗したヨーロッパから距離を置き，ヨーロッパの国際政治への関与を避けるという孤立主義的態度は，初代大統領であるジョージ・ワシントンによる，「告別演説」で明白に表明された。

　アメリカ例外主義を現実のものと思わせたもう一つの要因はフロンティアの存在だった。アメリカは北東部から西へと領域を拡大していったが，これは，神の意思に基づいて自由の帝国が徐々に拡大していったものと解釈された。このように，アメリカは19世紀において，ヨーロッパから隔絶するとともに，フロンティアに向かって拡大していくことによって，アメリカ例外主義の考え方を確立していったのである。

　しかし，20世紀になると，19世紀型のアメリカ例外主義を支えた条件は崩れていく。第1に，対外的孤立主義から転換せざるを得なくなったため，第2に，フロンティアが消滅したため，第3に，ヨーロッパ的なものがアメリカ社会に浸透したためである。

　これらの要素は互いに密接に関連している。一番イメージしやすいのは，フロンティアの消滅だろう。1893年にフレデリック・ジャクソン・ターナーは，アメリカのフロンティアが消滅したと宣言した。これが意味したのは，自由の帝国の膨張に限界が見られたのに加えて，それまでならば回避することができた諸問題が顕在化し始めたということである。19世紀のアメリカは，膨大な土地が存在したが故に，多くの移民を受け入れることができたし，移民も安価に土地を取得することができた。しかし，フロンティアが消滅すると，移民の流入が止まらなければ，土地の価格は高騰するし，一部の都市では人口密度が上昇して犯罪が多発するようになった。ヨーロッパで見られたような労働問題や社会階級に基づく紛争も顕在化した。これは，神によって特別な位置を与えられたというアメリカ例外主義の信憑性に疑念を呈し，アメリカにヨーロッパ化と堕落の懸念を抱かせたのである。

　20世紀に入ると，アメリカは孤立主義的な対外政策も撤回するようになった。19世紀末，急速な成長を遂げつつあった国内産業の要請を受けて，より積極的な対外政策に転じるべきという考えが強まっていった。そして，1895年に圧政的なスペインによる統治からの開放を求めた反乱がキューバで起きた

第2節　理念の共和国としてのアメリカ——13

のを契機に，アメリカはスペインと戦争を始めた。この米西戦争は，アメリカが孤立主義的伝統から距離を置く契機となった。

　孤立主義からの脱却を最も強く唱えたのが，ウッドロウ・ウィルソン大統領である。彼は，20世紀にアメリカは世界史的使命を持つに至ったと宣言した。19世紀のアメリカが西部への膨張を自らの使命と考えたように，ウィルソンは，海外への進出こそが新しいアメリカの使命だと主張した。そして，実際に，自由と自治という価値を伝道するため，キューバとフィリピンに対する支配を正当化した。これを客観的に見れば，アメリカが従来批判してきたヨーロッパの膨張主義的な帝国主義政策を，アメリカ自身が採用するようになったことの表れだといえる。

　とはいえ，20世紀に入ってからもアメリカは，ヨーロッパとは異なる特徴を持ち，例外的な位置を占め続けていると主張することができた。それは，アメリカが多様な移民を受け入れ続けたからである。

　建国当初のアメリカ人の大半はプロテスタントの移民だった。しかし，19世紀後半以降，カソリックやユダヤ系の移民がアメリカに流入するようになった。アメリカはそれらの移民に対してアメリカ的信条に体現される価値観を伝えることで，移民をアメリカ社会に統合していった。そして，アメリカでは，移民がアメリカ的価値観の素晴らしさに魅了されてアメリカを訪れ，その価値観を受け入れていったのだと主張された。その結果，アメリカ的信条は普遍性を持ち，世界中で受け入れられるべきものだと解釈されるようになっていったのである。

　世界で多くの国が自国の文化的伝統に誇りを持ち，その独自性を強調するのは，一般的に見られる現象である。だが，その特殊性は他の国には模倣することのできない固有のものだと主張されるのが一般的である。これに対し，アメリカでは，その特殊性はむしろ他の国によって模倣されるべきモデルだと主張される点に特徴がある。それらの特殊性を表記する際に英語では，アメリカ以外の国については，例えばJapanese uniquenessのようにuniqueという表現が用いられるのに対し，アメリカではAmerican exceptionalismという表現が用いられる点も興味深いといえるだろう。

14——第1章　アメリカ例外主義とナショナリズム

第3節　理念と政治変動

1．サミュエル・ハンティントン『アメリカの政治』

　以上，アメリカのナショナル・アイデンティティの特徴を，アメリカ的信条を中心に据えて説明してきた。アメリカ政治の特徴として長期的に安定していることがしばしば指摘されるが，その背景の一つに，アメリカ人の間に基本的な価値観が共有されていることがあるのは間違いないだろう。

　とはいえ，アメリカ政治も変動を免れているわけではなく，ジャクソニアン・デモクラシーの時代や，19世紀末から20世紀初頭にかけての革新主義時代，公民権運動などが展開された1960年代などには大規模な政治変革が見られた。しかも，今あげた3つの例は，政治エリートや統治機構の側から提起された政治改革というよりも，社会運動が主導する形で達成された政治変革である。ハンティントンは，以上のような政治変動は，アメリカ的信条が国民によって強固に保持されているが故にこそ発生すると指摘している。

　一般に国家のアイデンティティやナショナリズムは，共通の祖先，共有された経験や歴史的体験，エスニシティ，言語，文化，宗教などの共通性に基礎を置くことが多い。しかし，アメリカの場合は，それらの要素を国家の基礎と見なすことができないこともあり，ナショナル・アイデンティティの核としてアメリカ的信条と呼ぶべき理念を据えているとハンティントンも指摘している。ただし，この理念は体系だったイデオロギーではないし，その担い手がエリートというわけでもない。むしろ，一般のアメリカ国民によって共有され，議論されている性質のものである。自由，平等，個人主義，民主主義，法の支配などのアメリカ的信条を構成する要素については，その解釈は一貫せず，時に大きく変動するものの，その中核部分は損なわれていないと信じられているのである。

　なお，政治的理想や理念と現実の間にはギャップがあるのが常だが，ハンティントンは，アメリカの場合，そのギャップが政治変動をもたらす可能性が他国と比べて高いと指摘している。基本的価値や信念に対するコンセンサスが高いことに加えて，その内容が自由，個人主義，民主主義のように，政治的権威や統治機構に対する反発と警戒心を前提としているからである。法の支配につ

いても，国家や統治機構に対する不信があるが故に，法によって国家を縛るという意味も持っている。それぞれの価値に対する信念の強さは集団ごとに，また，時代とともに変化しており，アメリカ政治の発展は，それらの価値観の解釈の変化，展開として描き出すことができるというのである。

これらの自由民主主義的な価値観はアメリカ政治の基礎となっており，アメリカ政府がそのような価値観を適切に体現していると考えられる時には，政府は信任される。他方，政府がその価値観を十分に体現していないと考えられる時には，アメリカ的信条についての強固なコンセンサスは，政府の正統性に疑問を突き付ける役割を果たす。アメリカ的信条は，政府に対する警戒感を前提にしているし，その解釈は国民に開かれている。また，それぞれの構成要素，例えば自由と民主主義は，互いに矛盾する側面を持っている。政府はアメリカ的信条を制度化しようとするものの，その制度ないし現実と，理想の間にギャップが常に存在し，そのギャップが政治変動をもたらす原因となる。ハンティントンによれば，アメリカ政治を不安定化させる要因は，マルクス主義などの外部からもたらされる要因よりも，アメリカの理想や信条など，その内部から発生するのであった。

ハンティントンは，現実と理想のギャップに対する反応について，理想に対する思い入れの強さとギャップに対する認識に基づいて，表のように類型化している。

ハンティントンによれば，理想と現実のギャップに対する認識が不明確か，あるいは理想に対する思い入れが弱い時期には，政治変動は発生しない。しかし，理想に対する思い入れが強くなっているにもかかわらず，理想と現実のギャップが大きい場合には，政治変動が発生する。

ハンティントンは，そのような変革が発生した道徳的実践の時期として，革命期，1830年代のジャクソニアン期，19世紀末から20世紀初頭にかけての革新主義時代，そして1960年代から70年代初頭の時期をあげている。これらの時期には，政治権力や権威に対する不満が表面化して，その問題点を指摘する声がジャーナリズムによる暴露などと相まって強まり，アメリカ的信条ないしそれと密接にかかわる大義が社会全体に広まって，既存の政治権力を批判する社会運動が広範に展開されるようになる。

ハンティントン「現実と理想のギャップ」

		ギャップに対する認識	
		明確	不明確
理想に対する思い入れ	強い	道徳的実践：ギャップをなくす	偽善：ギャップを否定
	弱い	冷笑：ギャップに寛容	自己満足：ギャップを無視

（出典）Huntington, Samuel P., *American Politics: The Promise of Disharmony* (Cambridge: The Belknap Press of Harvard University Press, 1981), p. 64.

　この際には，通常は政治に積極的に参加しなかった人々が社会運動に関与するようになる。また，メディアが変革のムードを盛り上げ，コミュニケーションを促進して，社会運動や改革を主張する集団の形成に寄与する。通常の政治過程では，既存の政治の枠内で政党が変革の要求を取り込み，交渉と妥協を通して改革が行われる。他方，道徳的実践の時代には，単なる改革にとどまらず，既存の社会勢力，とりわけ政党を横断する形で，信条とその解釈に基づいて政治権力と社会勢力の関係が再編される。

　諸外国では，大規模な政治変動が起こった際には，憲法体制の変革や統治機構の刷新が目指されることが多い。だが，アメリカの場合は，アメリカ的信条を体現するとされる独立宣言と合衆国憲法の理念に立ち返るよう求められることが多い。これはある意味，アメリカで保守主義が強いことを意味している。また，西欧の場合は政党を形成して変革を追求するのが一般的だが，アメリカの場合は社会運動が主導して変革が追求されるのも大きな特徴である。

　多くの国では，変革が達成された際には，政治システム内で権力の集中が行われることが多い。アメリカでも，同様に権力の集中が実現することもあるが，それ以上に，権力を国民に対して開くよう求められることが多い。このようにして実現された新たな体制は，万人のためのものだと位置づけられる。これは，見方を変えれば，その体制を維持することに権益を持つ集団が形成されにくいということであり，その結果，変革の結果として達成された体制は脆弱な性格を帯びるといえよう。

2. ハンティントン『アメリカの政治』の批判的検討

　ハンティントンの議論は，アメリカの政治変動の性格を大まかに捉えるのに

有益である。反エスタブリッシュメントを掲げる政治運動は，近年でもオバマ旋風やティーパーティ運動などの形で登場している。政治家が反ワシントンの立場を名乗り，国民の声を代弁していると主張して国民への訴えかけを重視する傾向があるのも，広い意味で，ハンティントンの枠組みに位置づけることができるだろう。政治家が，常に変革を主張し続ける必要があるのも同様である。

　しかし，ハンティントンが指摘するような理想と現実のギャップをどのようにして測定するのかは困難な課題である。

　また，ハンティントンの枠組みでは，アメリカの国家機構を強化させた南北戦争期やニューディール期の変動を説明することができない。この点を踏まえて，五十嵐武士は，アメリカではハンティントンが主張するような社会運動が主導する変革の時期とは別に，国家主導で変革が達成される時期が登場するサイクルが発生することを指摘している。この指摘はアメリカの国家の発達を理解する上で重要である。

　次に，ハンティントンは，アメリカ的信条の基礎は建国期にピューリタンによって作られたと論じる一方で，その価値観を普遍化可能で，万人に平等に受け容れられるものと位置づけている。その観点からすれば，アメリカは人種やジェンダーとは関係ない平等社会だということになるだろう。しかし，今日では，アメリカ的信条として重視される価値観は，入植者によって放逐されたネイティヴ・アメリカンや，人種差別を受け続けてきた黒人，性差別を受け続けてきた女性や同性愛者には及んでこなかったと指摘されるようになっており，そもそものアメリカ的信条に，人種的，ジェンダー的なバイアスがかかっているのではないかと批判されるようになっている。この点について興味深いのは，キリスト教徒の白人男性がアメリカ的信条の卓越性を主張すれば保守的，反動的な発言と見なされる一方で，オバマのようなマイノリティに属する人がアメリカ的信条に訴えかけると高く称賛されるという，言説の次元での非対称性がみられることである。

　さらには，ハンティントンが重視するアメリカ的信条の構成要素は，たしかに個人の自由と政府や権威への反発を重視するものが中心となっており，古典的リベラリズムと呼ばれるものに基礎をおいている。だが，アメリカではそれとは別に，自ら秩序を作り上げていこうとする伝統や，公民としての徳や共同

18——第1章　アメリカ例外主義とナショナリズム

体を重視する共和主義の伝統も存在している。このような点を踏まえて，今日では，アメリカにはハンティントンが指摘するような自由主義的伝統だけではなく，複数の伝統が併存して発展してきたことを強調する説も提起されている。

　もちろん，複数の伝統の存在を指摘することは，より正確なアメリカ政治の理解には不可欠だろう。とはいえ，諸外国の政治との相違を際立った形で整理し，その特徴を論争的な形で指摘したハンティントンの議論は，今日においてもその重要性を失っていない。

3. ハンティントン『分断されるアメリカ』

　だがハンティントンは『アメリカの政治』を刊行してから20年近くたった時点で，今日のアメリカ政治に重要な挑戦がなされるようになったと主張するようになっている。その挑戦とは，多文化主義理論の発達と中南米系移民の増大であり，それらはともに，アメリカ的信条の重要性に疑問を呈しているという。

　多文化主義とは，社会のマイノリティ集団に，特有の文化や慣行を維持し表明する権利を認めようとする考え方であり，黒人などのマイノリティ集団がアメリカ社会に対して行ってきた貢献を位置づけ直そうとするものである。だが，マイノリティの活動を歴史的に位置づけ直す中で，多数派の位置を占めてきた白人とはどのような存在かが問い直されるようになると，白人はマイノリティを社会的に劣位に置こうとする差別的な存在だという主張が強くなっていった。そのような白人が作り上げてきたアメリカ的信条に対する批判が徐々に強まっていったのである。

　中南米系移民については，かつての移民とは行動原理が違う可能性のあることが問題とされている。かつての移民はアメリカ人になりたいと思って移住してくる人が大半だったが，中南米系移民の多くは出稼ぎ感覚で移民してきている。また，中南米諸国が二重国籍を容認するようになっている中で，中南米系はアメリカに忠誠を示さなくなっているという。ハンティントンによれば，中南米系が英語を身につけなくなっていることがその端的な表れである。アメリカ的信条を身につけようとしない中南米系の人口が増大することは，アメリカ政治を危機に陥れるというのであった。

第3節　理念と政治変動───19

このハンティントンの指摘をめぐっては様々な議論がなされている。この問題については，本書の第3章で再び検討することにしたい。

第2章
合衆国憲法と統治構造

ハワード・C・クリスティ「憲法制定会議」

第 1 節　憲法体制

1. 長期的安定性

　アメリカ政治の特徴として、「短期的には変動が激しいものの、長期的には安定している」ことが指摘されることがある。短期的に変動が激しいというのは、民主党と共和党という二大政党が圧倒的な影響力を持っている点と、官僚制の特徴に起因していて、大統領が民主党から共和党に変わった時、大幅に政策が変動しうることを意味している。

　例えば、民主党の影響力が強かった1960年代や70年代には、アメリカは社会福祉関連支出を大幅に増大させ、いわゆる大きな政府の政策を展開した。しかし、1980年大統領選挙の結果をうけて、民主党のジミー・カーターが政権を去り、共和党のロナルド・レーガンが大統領になると、一変して小さな政府がアメリカの内政を特徴づけるキーワードとなった。政権交代に伴う政策の急激な変化は対外政策でも顕著に見てとれて、バラク・オバマ政権からドナルド・トランプ政権に移行すると、環太平洋パートナーシップ協定（TPP）や気候変動抑制に関するパリ協定から離脱するなど大変化が起こった。

　他方、アメリカ政治は、長期的に見れば、例外的なまでに変動が少ない。アメリカでは、1787年に制定された憲法が現在でも通用している。もっとも、合衆国憲法には、修正条項という形で憲法の条文が追加されている。だが、統治構造（government）の基本原則は、1787年に起草され、翌88年に発効したものが、そのままで現在まで採用され続けている。日本で1787年といえば将軍が11代目の徳川家斉に代わり、田沼意次が失脚した年である。フランスではブルボン王朝に対する貴族の反乱が起こった年で、バスティーユ襲撃の2年前に当たる。このような時代に制定された憲法が、今日まで存続しているのである。アメリカは、歴史の浅い国だが、政治制度の基本構造とそれに基づく共和政体は今日まで200年以上続いていて、そういう意味で連続性、安定性が強い国なのである。

　アメリカでは政治制度に対する誇りが圧倒的に強いことも大きな特徴である。先進国で、自国の政治制度に対して誇りを持っているかと問うた調査で、アメ

22——第2章　合衆国憲法と統治構造

リカ国民の 80% 以上がイエスと答えている。2 位のイギリスでイエスと答えたのが 40% に過ぎなかったことを考えれば、アメリカ国民の政治制度に対する誇りの高さが圧倒的であることが理解できるだろう。

ただし、政治制度の誇りというのは、現実の政治状況に対する評価とは異なる。例えば、ウォーターゲート事件は、共和党のリチャード・ニクソン大統領がワシントン DC のウォーターゲート・ビルにあった民主党の全国委員会の本部に盗聴装置を仕掛けようとした事件である。その後の調査で、ニクソンがホワイトハウスの随所に録音装置を設置して会話を録音していたことが発覚したために、弾劾決議が出されそうになったのを受け、ニクソンは辞任した。この辞任は一面では恥ずべきことだが、腐敗した権力者を辞めさせることのできる制度が存在することの証明だと考えられているのである。

2. 政府の必要性と民主主義体制

今日、先進国では軒並み、有権者の間で政府や政治に対する不信感が強まっている。一般論として述べるならば、政府に対する不信があるのは必ずしも悪いことではない。政府は、人々の財産を徴収したり（税金や土地の収用など）、活動を規制したり（子どもを学校に通わせたり、犯罪者を刑務所に収容したり、陪審の義務を果たさせるなど）、命を奪う（死刑制度など）ことができる。政府が人々の自由を合法的に侵害することができ、強制力を持っていることを考えれば、人々が政府に対して不信や警戒を抱くのは理に適っている。

では、そもそも何故政府が必要なのだろうか。建国者のひとりであるジェイムズ・マディソンは、人がみな天使であれば政府は不要だと述べた。だが、トマス・ホッブズがいうように、自然状態における人生は、孤独で貧しく、卑しく、残忍で、短い。それ故に、万人の万人に対する闘争を回避し、秩序を維持するために、人々は社会契約を結び、政府を形成する必要が出てくる。人々の財産を保護したり、公共財を提供することも政府の重要な役割だといえる。政府や国家は人々の自由に制限を課すが、それがなければ人々の自由が保証されなくなってしまう可能性があるのである。

次に問題となるのは、どのような政府を作るのが望ましいかである。今日では民主政治は倫理的正統性を備えた政治体制だと考えられているが、古代の哲

第 1 節 憲法体制——23

学者であるアリストテレスによる政治体制の分類では，民主政治は好ましくない政治体制と位置づけられていた。多数者による支配を意味する民主政治は，古代ギリシャでは貧しく無教養な人々が数の力に訴えて支配する無秩序で過激な政治体制だと考えられていた。長い歴史を経て，徐々に民主政治という言葉に肯定的な意味合いが伴うようになってきたが，そのような変化をもたらす上でアメリカが果たした役割は大きかった。ヨーロッパの貴族制や君主制から逃れてきた人々が建国したと考えられたアメリカでは，民主政治に積極的な意味が与えられた。また，民主政治は古典古代には都市国家という狭い領域でのみ実現可能だと考えられていたが，アメリカは民主政治が広大な領土を持つ国家でも実現可能であることを世界に示したのである。

3. アメリカの建国と合衆国憲法，権力分立

アメリカの建国　建国者が独裁政治や寡頭政と異なる政治を実現する上で重要だと考えたのは，統治機構のできる事柄を明確化し，その限界を設定することだった。当時のヨーロッパでは，君主の権力と支配を王権神授説によって正統化していた。それに対し，建国者は合衆国憲法に連邦政府のできることを列挙する立憲制の政治体制をとることで，権力が暴走する危険を防止しようとした。

　ただし，独立戦争終了直後には，アメリカが一つの国家としてまとまるのが当然だとは必ずしも考えられていなかった。各植民地はイギリス本国の課す税金に対し「代表なくして課税なし」という原則を掲げて対抗し，独立戦争を戦って勝利した。1776 年に大陸会議は独立宣言を発布し，1783 年にパリ条約でイギリスがアメリカの独立を認めたが，イギリスという脅威がなくなった以上，アメリカが一つにまとまらねばならないとは必ずしも考えられていなかった。とはいえ，独立後，独立戦争の大尉だったダニエル・シェイズが起こした反乱に邦が十分に対応できなかったことや，カナダを植民地としていたイギリスや，フロリダを植民地としていたスペインとの軍事衝突の可能性があり，西インド諸島との貿易をめぐってフランスと衝突するなどの事態が発生するに及び，アメリカが一つの国家としてまとまる必要性が認識されていったのである。

　アメリカの建国を導く上では，イギリスで発達を見たいくつかの哲学的理念

が重視された。一つは，ホッブズ流の社会契約の考え方，すなわち，国家は人民の同意を得たものとして構築されねばならないということだった。2つ目は，権力は複数の異なる機関によって分立されねばならないというジョン・ロック流の考え方だった。ホッブズが，権力は単一の主権者の下で独占されなければ紛争が不可避になると考えたのに対し，ロックは，政府を構成する機構を分立させ，それぞれに対応する権力を主管させることが必要だと論じていた。すなわち，法律の作成に携わる立法機構，法律の執行に携わる行政機構，具体的事例への法律の適用とその妥当性を検討する司法機構に権力を主管させようという，いわゆる三権分立の考え方である。最後の3つ目は，市民の権利を保護することの重要性を説くジェイムズ・ハリントン流の共和主義の考え方だった。

　このような理解を共有する人々が各邦を代表して合衆国憲法を作成するために集まったのだが，当時，すでに各邦では長年にわたり独自の政治が行われていた。各邦の利害関係は錯綜しており，少なくとも2つの明確な対立が存在していた。ひとつは，多くの人口を擁する邦と少ない人口しか擁していない邦の対立である。もうひとつは，奴隷を擁する南部の邦と，奴隷に頼らない経済を構築していた北部の邦の対立である。

　このような対立状況を反映して，大きな州の利益関心を代表すると考えられたヴァージニア・プランと，小規模州の利益を代表するとされたニュージャージー・プランが提出されたが，対立の結果として国家が分裂することよりもひとつの国家としてまとまることが重視され，合衆国憲法は様々な妥協の産物として作り上げられた。

三権分立　　　合衆国憲法の第1章は，立法を主管する議会について規定している。連邦議会は上院と下院に分けられ，上院には各州一律2名の，下院には人口に比例した数の議員が割り振られることになった。小規模州は上院で有利となり，大規模州は下院で有利となるよう設計されたのである。

　構成員は，下院は2年ごとに有権者の投票によって選出されるが，その投票資格は州が定めることになり，各州の下院議員選挙に投票できる資格を持つ者には連邦議会の下院の投票資格を認めねばならないとされた。上院議員は，6年任期で州議会によって選出されることと定められた（1913年に修正第17条

第1節　憲法体制——25

で州の有権者による直接選挙に変更されている）。そして，上院議員は2年ごとに約3分の1ずつ改選されることとなった。上院議員の構成が一時的な政治的趨勢によって大規模に変更されることがないようにすることで独裁的決定が行われるのを防止するとともに，下院に対する牽制を可能にすることが目指されたのだった。

　議会には，課税，貨幣の鋳造，通商の規制，開戦の宣言，軍の保持などの権限が与えられた。上院と下院の役割分担として，上院には大統領が締結した条約を承認する権限が与えられる一方で，下院には予算の先議権が与えられた。その他の権限については，連邦議会の権限を増大させるべきとする州と，多くの権限を与えるべきでないとする州が存在したため，妥協が行われた。連邦議会は合衆国憲法に規定された権限のみを行使できると規定する一方で，議会はその他「必要かつ適切」な行動をとることができるという規定を挿入したのである。この規定が，後にアメリカの連邦政府の権限を増大させる上で重要な役割を果たすことになる。

　下院の議席配分と関連して問題となったのが，黒人奴隷の扱いである。南部諸州の代表者の多くは奴隷保有者だったので奴隷制を維持したい（すなわち，黒人を人ではなく財産と見なしたい）と考える一方で，下院の議席を多く獲得するためには黒人を人と見なす方が都合がよかった。北部は経済的に奴隷に依拠していなかったために奴隷制に反対していたが，黒人を下院の議席算出の際の人と見なすことで南部が連邦議会の構成上優位に立つことは避けたかった。その結果，合衆国憲法では，奴隷制ではなく奴隷貿易を憲法制定の20年後に廃止することとし，連邦下院議員の数の算出にあたっては奴隷は5分の3人として算出すると定めることとなった。この規定は，南北戦争を経て修正第14条で廃止されることになる。

　次に，行政部については合衆国憲法第2章に規定されているが，大統領がイギリス国王のような圧政を布かないように，その権限を限定するための工夫がなされた。大統領は軍の最高司令官だが，開戦は議会によって決定されねばならないとされた。大統領は議会の開会を宣言し，議会に向けて話をすることはできるが，議会の議論を中止させることはできない。また，大統領は議会の法案に対して拒否権を行使することはできるが，議会は上下両院の3分の2の議

26——第2章　合衆国憲法と統治構造

決をもってそれを乗り越えることができる。その他，大統領が上院の助言と承認を得て行使することができる権限についても規定されている。例えば外国と条約を締結することはできるが，それは上院で３分の２の賛同を得なければ発効しないことになった。また大統領は連邦裁判所の判事や行政部の職員を任命することができるが，判事や上級官職については上院の承認を得なければならないとされた。さらに大統領は，反逆，収賄，その他重罪を犯した際には，連邦議会下院が訴追（弾劾決議）をし，上院が３分の２以上の多数で決議した場合には職を辞さねばならないとされた。

　大統領の選出に関しては，各州から選出された大統領選挙人が投票することで大統領を決定するという間接選挙が採用された。このような制度が採用されたのは，国家元首を兼ねる大統領を国民投票で選ぶと扇動家が選出され，古代ギリシャ以来おそれられた衆愚政に陥る危険があると考えられたためである。また，独立した諸州の取りまとめ役として大統領を置くという考えも反映している。各州には連邦の上院議員と下院議員の数を合計した数の大統領選挙人が与えられることになっており，その選出方法は各州に委ねられている。この複雑な方法も様々な妥協の産物であることが理解できるだろう。

　最後に司法部を主管する連邦裁判所については，合衆国憲法第３章に規定されている。各州の代表者は，州の境界を越える事柄については連邦裁判所が管轄すべきこと，また判事の任期は終身とすべきことについて，見解が一致していた。連邦裁判所の判事は大統領による任命と連邦議会上院による承認を経て選ばれることとされたため，終身職にすることで就任後に他機関から政治的影響が及ぶのを回避しようとしたのである。

　他方，連邦や州の議会が作成した法律を無効化する可能性のある司法審査制を導入するべきかについては，意見が分かれていた。だが，この問題を争点化すると合衆国憲法が採択されなくなる可能性があると判断された。そこで，司法審査という表現を使わずに，合衆国憲法は最高法規であるとの文言を合衆国憲法第６条に入れることで連邦最高裁判所の優位を示す一方で，州の立法が必ずしも連邦裁判所によって覆されるとは限らないという曖昧な意味を読み込める妥協がなされた。

　このように，合衆国憲法はアメリカの統治機構を意図的に複雑な制度とした

第１節　憲法体制——27

のだった。この制度は一般的には三権分立制と呼ばれ，立法権，行政権，司法権が分立していると説明されることが多い。しかし，これまでの議論から明らかなように，分立しているのは，それぞれの権力を主として行使することが期待されている機構である。むしろ，立法権，行政権，司法権はそれらの機構によって分有されている点が重要である。

　例えば立法権については，それを主管するのは連邦議会であるが，上下両院が法案を通過させても大統領が拒否権を行使すればその法案は発行しない。行政権については大統領が主管するが，条約などは議会が承認しなければ効力を持たない。司法権に関しても，大統領の弾劾裁判を行うのは連邦議会であるし，大統領は恩赦を決定することで裁判所の決定を覆すことができる。

　このような状態を踏まえて，政治学者のリチャード・ニュースタットは，一般に権力分立（separation of powers）と呼ばれているものの実態は，権力を分有する異なる機関から成る政府（separate institutions sharing powers）だと説明した。単に複数の機関に権力を分有させるだけでなく，それぞれの構成員の任期に差をつけ，選出方法も異なったものとすることで，独占的な権力が出現するのを防止することが目指されたのである。

連邦制と権利章典　　合衆国憲法では，連邦政府の権力の増大を抑制するために，いわゆる三権分立（機能的な分立）以外にも，空間的な権力分立として連邦制が導入された。日本のような単一主権制の国家とは違い，アメリカでは連邦を構成する諸州（現在は 50 州存在する）がそれぞれ主権と憲法を持っており，その一部を連邦政府に移譲することで連邦政府を構成する。すなわち州政府と連邦政府が主権を分有することで，それぞれの政府が強大化し過ぎるのを抑制しようとしたのである。

　また，合衆国憲法は，修正条項に権利章典を定め，人々の権利を保障することで，連邦政府の権力が巨大化するのを防ごうとした。合衆国憲法は本体部分に権利章典にあたる規定を含んでいないが，これは建国者たちが人々の権利を保障することの重要性を認識していなかったことを意味するのではない。これは，独立宣言で，生命，自由，幸福追求など，決して侵害されてはならない権利が存在するとされていたことからも明らかだろう。憲法制定時，多くの代表

28——第 2 章　合衆国憲法と統治構造

者は，人々の権利を保護するのは州の任務であり，合衆国憲法で定める必要は
ないと考えていた。しかし，人々の市民的自由を保障することが合衆国憲法に
対する支持を得る上で不可欠であることが徐々に認識されるようになり，権利
章典は合衆国憲法の最初の10個の修正条項として加えられたのだった。

　複数の機関に権力を分有させ，連邦政府と州政府に権力を分立することは，
様々な集団が多様な次元で利益関心を表出するのを可能にするとともに，特定
の集団が全ての次元で権力を独占することを防止する。合衆国憲法は，このよ
うな複雑な制度を作ることで，人々の野心を様々な次元で表明可能にする一方，
それらを互いに対抗させることで，独占的権力の出現を抑制することを立憲的
に目指した。さらに，人々の権利を修正条項に規定することで，政府による市
民的自由の侵害が起こらないよう，工夫されたのである。

　当時合衆国憲法が確実に制定できると考えていた人は必ずしも多くなく，初
代大統領となったジョージ・ワシントンは，仮に合衆国憲法が制定されたとし
ても，20年も持たないと考えていたといわれている。そのような憲法が，200
年以上にわたってほとんど変更されることなく存続していることは驚くべきだ
ろう。

第2節　大統領制——大統領と連邦議会

1．大統領制の特徴

　アメリカの権力分立が徹底していることは，アメリカの大統領制と日本の議
院内閣制を比較すれば明白になる。アメリカの大統領制は，行政部の最高責任
者である大統領を，国民が選出する制度である。大統領制は，行政部の長たる
大統領が，議会によって任命されたり免職させられたりすることがない制度だ
ということもできる。大統領は議会に対してではなく国民に対して直接責任を
負い，議会が大統領に対して不信任決議権も持たなければ，大統領が議会を解
散することもできない。連邦議会の議員が閣僚になろうと思えば，議員の職を
辞さなければならない。

　これに対して，日本で採用されている議院内閣制は，内閣の存在が議会の意
思で定められる制度である。首相は議会の多数党，ないしは多数派連合から選

第2節　大統領制——29

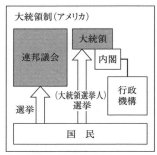 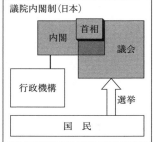

大統領制と議院内閣制

ばれ，その首相が閣僚を任命し，内閣を構成する。日本の場合は，閣僚の過半数が議会に議席を持っていることが憲法上要求されている。内閣は議会に対して連帯して責任を負い，議会は内閣に対して不信任決議権を持っている。内閣が議会に対して解散権を持つ一方で，議会で不信任決議案が可決された場合，内閣は議会を解散するか総辞職しなければならない。

このように，権力分立の観点から見るならば，アメリカの大統領制の方が日本の議院内閣制より厳格である。大統領制の下では行政部と立法部が全く別の選挙で選ばれ，両者の兼職が許されていない（例外として副大統領は上院の議長を務めることになっているが，通例は欠席する）。他方，議院内閣制の下では不信任や解散権という形で行政部と立法部の間に抑制と均衡の関係は見られるものの，行政部の長が立法部によって選出されるとともに，閣僚の多くが議会に籍を置いている。比較政治の観点からいえば，議院内閣制は，行政部と立法部の間に権力の融合が起こることを想定しているのである。

大統領制と議院内閣制の下では，政党の果たす役割も異なってくる。

議院内閣制の下では，議会は安定した政府・内閣を創出する機能を果たす必要がある。そのため，内閣を支えるための多数派をいかに創出するかが重要となる。議院内閣制の下では，議会多数派が与党となって法案を提出・議決することで政治が運営されるので，ある程度の党議拘束が必要だと考えられている。

これに対して，大統領制の下では，大統領と議会は独立した選挙で選ばれ，互いに抑制と均衡の関係に立つので，議会は大統領を支えるための多数派を形成する必要はない。もちろん，立法活動を円滑に行うために政党は多数派を形

成したいと考えるものの，その重要性は議院内閣制の下でのそれほど高くなく，政党規律も往々にして弱い。議員も法案に対する自分の票が政権を倒さないかと心配する必要がないので，政治的信念や選挙区の有権者の要望などに基づいて，比較的自由に決定をすることができる。従って，大統領や法案提出者は，立法活動を行うためには，時に政党を横断して議会工作を行う必要がある。

　なお，大統領と連邦議会の議員が独立した選挙で選ばれる結果，大統領の所属する政党と議会多数派の政党が異なる，分割政府と呼ばれる状況が生じる可能性がある。大統領制と議院内閣制の違いは単なる制度の問題にとどまらず，大きな政治的相違を生み出す可能性があることを念頭に置く必要がある。

2. 連邦議会

代　表　　　連邦議会は，世界で最も権限の強い議会だといわれている。例えば，日本やイギリスの議会は政府が提出した予算案をほぼそのまま承認するのに対して，アメリカの議会は大統領が提出した予算案に対して多くの場合大きな修正を加えている。また，法律の90％以上の作成が官僚に委ねられている日本とは異なり，アメリカでは連邦議会が立法活動の中心を担っている。

　連邦議会は二院制をとっている。上院議員は合衆国憲法創設時には州議会によって，そして今日では州民の投票によって，各州2名ずつ選出される。今日のアメリカは50州から構成されているので，上院は合計100名から成っている。その任期は6年で，2年ごとにほぼ3分の1ずつ改選される。これに対し，下院は1929年以降は435名から成るが，10年ごとに行われる人口統計調査の結果に基づいて各州に議席が分配され（ただし，人口が少ない州にも最低1議席は割り当てられる），選挙区割りの見直しが行われる。選挙区割りは各州の法律が定める手続きによって行われることになっており，当該時期に州で優位に立つ政党に有利になるような区割りが行われるのが一般的である。下院議員の任期は2年で，毎回全ての議員が改選される。このように，上院議員は長期的な観点から広範で多様な有権者の意向を代表し，下院議員は地域に密着して有権者の関心を時宜を得て反映しやすいように制度設計されているのである。

　連邦議会議員は選出地域の有権者を代表するのが任務である。もっとも，有権者を代表する方法は議員によって異なり，有権者の代理人としてその意向を

そのまま連邦議会に届けるのが任務だと考えている人もいれば，有権者からの信任を基に自らが国益に適うと信じることを連邦議会で実現するのが任務だと考えている人もいる。実際はその両者が明確に分かれるわけではなく，バランスをとりつつ行動することになるのだが，その際に大きな判断基準となるのは，次の選挙において自らが再選できるか否かだと想定することができるだろう。

　制度の観点から見ると，下院議員はより頻繁に地元有権者の利益関心に応える必要があるため，選挙区に短期的な利益を還元しやすい政策を志向する傾向がある。それに対し，上院議員は短期的な利益還元を行う必要が相対的に低いため，有権者に直接的利益をもたらすとは限らないものの重要な問題，例えば外交などに精力を注ぎやすい。また，より狭く均質的な利益を実現せねばならない下院議員の方が，自らの再選にとって重要と思われる争点については非妥協的な態度で臨みやすいのに対し，多様な人々を選挙区に含む上院議員の方が比較的妥協しやすいと指摘されている。

　一般に有権者は，自らの地域の政治家には地元利益を代表する代理人として振る舞うことを期待する一方で，その他の地域の政治家には地元利益にこだわらず国益の実現を目指してほしいと望むことが知られている。その結果，世論調査を行うと，国民の連邦議会全体に対する不信は強いものの，自らの選挙区の選出議員に対する支持率は比較的高くなる（この傾向を指摘した政治学者の名をとって，フェノのパラドックスという）。連邦議会議員もこのような事情を理解しているため，地元に利益を還元するための行動を積極的に行う。また現職議員は選挙資金を集めやすいことや選挙区割りの問題もあり，近年では，再選を目指す現職議員の再選率は下院の場合は 95% 以上，上院の場合はほぼ 90% と高くなっている。

組織と制度　連邦議会の上院と下院の組織には異なる特徴が存在する。例えば，下院では議長が選挙で選ばれることになっており，基本的には多数党のリーダーが就任する。これに対し，上院の議事は副大統領が進行することになっており，評決が 50 対 50 に分かれた時には副大統領が票を投じることができる。もっとも，副大統領が欠席の時（実際にはほとんど欠席）には上院議長代行が議事を進行することになっており，多数党の上院議員が務めるのが慣

例となっている。

上院を特徴づけている制度にフィリバスターがある。フィリバスターとは上院議員が発言を無制限に続けることを認める制度であり，問題となっている法律を通過させないようにするために，あるいは修正を迫るために行われるのが一般的である。フィリバスターを打ち切るには討論終結と呼ばれるものが必要だが，そのためには少なくとも60名の賛成が必要となる。従って，評価の分かれた論争的な法案を通すには，上院の多数党は単に過半数を持つだけでは十分でなく，60議席を確保する必要がある。選挙の際に劣勢の政党も，審議過程で影響力を持つために41議席以上の確保を目指すのである。

**委員会と
スタッフ**　連邦議会下院では1980年以降，一会期（2年）あたり6000〜8000の法案が提出されているが，法案は上院と下院にそれぞれ設けられた政策領域ごとの委員会，並びにその下の小委員会で審議，作成される。それぞれの委員会や小委員会の長は，多数党でシニオリティの高い議員（連続してその委員を務めている期間が長い議員）が務めるのが一般的である。本会議で採決されるのは各委員会で承認された法案についてのみであり，提出された法案の85〜90%が本会議にあげられることなく葬り去られている。このように，実際の政策過程では委員会や小委員会での議論が法案の成否に重要な役割を果たすため，各議員は自らの再選にとって有利な委員会への配属を望む。議員は委員会への所属年数が長くなるにつれ，政策に関する知識も豊富になっていく。

重要法案が千頁を越えることがあるアメリカの法律を，議員だけで作成するのは不可能である。広範な立法活動を可能にするため，議員は，今日では下院では合計7000，上院では4000を超える個人スタッフを抱えている。それに，委員会，小委員会で雇われている人員や，議会調査局や会計検査院などの人員を加えると，2万を超えるスタッフが勤務している。なお，大統領もホワイトハウスのスタッフとして800を超えるスタッフを，また大統領府のスタッフとして900名近い人員を抱えている。

第2節　大統領制——33

政党の役割 上院で 100 名，下院で 435 名に及ぶ連邦議会議員をまとめる上で政党が果たす役割は大きい。各党ともに下院の院内総務と，その補佐をする院内幹事を中心とする指導部が意見の集約を図るのが一般的である。

　歴史的に見ると，連邦政府があまり重要な役割を果たしておらず，議員の職がパトロネージに基づいて配分されていた前世紀転換期には，連邦議会議員の投票行動はほぼ完全に党派別に分かれていた。しかし，20 世紀に入って以降，議会政党の規律は弱く，下院議長を選出する投票などを除いて，多数党，少数党ともに離反者が出ることの方が多い。上院議員は各州の，下院議員は各選出地域の利益関心の実現のために選出されてきた人々であり，議院内閣制の場合とは違って行政部の長を政党が支える必要がないことを考えれば当然だといえるだろう。

　しかし，近年では，とりわけ下院において重要法案についての政党規律が強まっている。1960 年代以降に党派対立が強まったことが一つの背景にあるが，それ以外にも，大統領が果たす役割が高まってきたことも大きな要因である。連邦議会選挙の結果が大統領選挙の結果と連動することをコートテイルというが，大統領の人気が高い場合には大統領と行動をともにした方が，政権党の連邦議会議員の再選可能性も高まるのである。

　また，昨今は選挙を戦う上で膨大な費用が必要になっており，候補者が政党から配分される資金に依存する度合いが高くなっている。各党の政治活動委員会の資金配分に関わる政党指導部の影響力が増大し，議員がその意向に沿った決定をする傾向が強まったことも大きな要因だろう。

　さらには，各議員の委員会への配属や，議会での発言の機会と時間の決定について政党が大きな役割を果たすようになると，議員は政党指導部に忠誠を示すようになる。また，自らの再選にとって重要な法案を通す際には他の候補との協力が必要なこともあり（これをログ・ローリングという），その取引コストを下げる観点からも，政党を単位にして活動する議員が徐々に増えつつあるのである。

3. 大統領

　建国者たちは大統領の位置づけに苦慮したといわれている。行政権力が複数

の主体に分散するのを避けるためには，単独で行政権力を主管する機構が必要である。だが，それが大きな権力を持ち過ぎてはいけない。そこで，大統領がいざという時には大きな権力を行使できるようにするものの，それが圧政を行なわないように，連邦議会や裁判所による権力の抑制が図られた。その結果，「行政権は大統領に属する」と規定することで，行政部門内部では大きな権限を持つものの，他の部門との関係では権限が相対的に抑制される形で大統領職が設けられたのである。

アメリカでは，連邦政府の権限は合衆国憲法に列挙されたものに限られることを原則としていた。だが，19世紀末から20世紀にかけて連邦政府は徐々に役割を増大させていき，それに伴って大統領の権限も徐々に拡大している。連邦政府と州政府の力関係の変化については連邦制の所で説明するとして，ここでは連邦政府内での権限について説明する。大統領の権限は，合衆国憲法の規定に明確には反しない範囲で徐々に拡大してきたのである。

1885年に，当時プリンストン大学で政治学を講じており，後に大統領になるウッドロウ・ウィルソンは，公刊したアメリカ政治のテキストを『議会政府』と題した。それは，19世紀においては，連邦議会が連邦の政治で中心的役割を果たしていたことの表れである。歴史を振り返っても，トマス・ジェファソン以降の19世紀の大統領で大きな権力を行使したのは，アンドリュー・ジャクソンとエイブラハム・リンカンだけだったといわれることもある。19世紀には連邦政府よりも州政府が優位するとともに，連邦政府内部でも議会が優位していて，大統領が大きな役割を果たすことは期待されていなかった。

だが，19世紀末から連邦政府が果たさねばならない役割が増大していくにつれ，連邦議会が行政部に多くの権限を委譲するようになり，大統領権力も増大していった。また，革新主義時代に連邦議会の腐敗が問題視されるようになると，シオドア・ローズヴェルトやウィルソンなどの大統領が民主的なイメージを伴ってメディアで描かれるようになった。実際に彼らも独自の政策方針を掲げて，大きな役割を担おうとした。

連邦政府，そして，大統領の権限は，とりわけフランクリン・デラノ・ローズヴェルト大統領の下で増大した。連邦最高裁判所がニューディール政策を徐々に承認するようになったこと，また，連邦議会も様々な政策の執行に必要

第2節　大統領制——35

な措置を行政部門に委ねるようになった結果だった。

4. 大統領と議会の関係

基本的構図　　　19世紀にイギリスで活躍した政治学者のウォルター・バジョットは，政府には法律を制定したり紛争を解決したりする面と，儀式などを執り行い国家の一体性を確保する面が存在すると論じていた。初期のアメリカ大統領は後者を重視して，時に議会等で展開される政策論争から距離を置くことでその威信を保とうとする場合もあった。だが，今日では大統領は前者の役割を果たすことも期待されるようになったので，議会対策を行って，自らの掲げる政策方針を実現するように努めている。大統領は国民全体から民主的に選出された唯一の公職者であるため，多くのことを為すように国民から期待されている。しかし，合衆国憲法上大統領の権限は制約されており，とりうる手段も限定されている。

大統領選挙が終わると，国民は大統領が選挙中に掲げていた争点の立法化を期待する。しかし，合衆国憲法上，立法権を主管するのは議会なので，大統領は争点を政策へと結実させるためには議会の協力を得なければならない。

その点で，合衆国憲法に規定されている大統領の権限の中でも，議会に国家の状態を伝える役割が重要な意味を持つ。とりわけ，大統領が毎年1月末ないし2月初頭に行う一般教書演説は，大統領が重視する争点を議会と国民に伝える上で重要である。もっとも，歴史的には大統領が議会や一般国民に向けて演説をすることは稀であり，ジェファソン以降の19世紀の大統領は議会に書簡を送るのが一般的だった。大統領が連邦議会の両院合同会議で演説を行うようになったのはウィルソン以降であり，国民にむけて積極的に演説をするようになったのはT・ローズヴェルト以降のことである。今日では大統領が議会や国民に向けてメッセージを発するのは一般的であり，大統領はこの手段を通して，立法上の課題を設定しようとするのである。

今日，連邦議会が大統領の望む政策課題を検討しそうにない場合に大統領がとる方法には，主に3つある。

ひとつは，政界勢力を結集する方法である。数多くの大統領を補佐してきたことで知られる政治学者のニュースタットは，大統領が権力を行使する上で最

36――第2章　合衆国憲法と統治構造

も重要なのは人々を説得する能力だと述べている。連邦議会議員やメディア関係者などと信頼関係を築き，彼らへの説得を通して政界勢力を結集することが，大統領が連邦政界で成功するための秘訣だというのである。

1960年代以降に党派対立が激化するようになると，大統領が権力を行使する上で政党を活用する傾向が強まっている。議院内閣制下の首相とは異なり，大統領は自らの属する政党を統制することはできない。だが，連邦議会選挙の結果は大統領のパフォーマンスと連動することが多いこともあり，大統領と議会の政党指導部は協力関係に立つことも多い。そこで，大統領は政党指導部を説得して，自らの政策争点の立法化を要請するのである。だが，分割政府の下では，大統領は自らが属する政党にのみ依拠していては自らの方針を実現することができないため，超党派的な立場をとる必要がある。大統領が他の政党に妥協的な態度を示すことがあるのは，大統領が政党を越えて政界勢力を結集せねばならないことの帰結である。

2つ目の方法は，世論を動員することである。各々の選挙区の有権者のみから選出されている連邦議会議員とは異なり，全国民を選出母体として選出されていることが，大統領の政治資源となっている。

19世紀には大統領が国民に対して直接訴えかけるのは南北戦争などの例外的な時を除いて不適切と考えられていたが，20世紀になるとT・ローズヴェルトやウィルソンが国民に向かって直接呼びかけるようになった。国民への訴えかけをさらに徹底して行うようになったのはF・ローズヴェルトであり，彼は炉辺談話と呼ばれるラジオ放送を通して国民に自らの考えを表明することで，世論と行政部を直接結び付けることに成功した。F・ローズヴェルトは2週間に一度の記者会見を制度化したし，広報担当の報道官も設置した。

F・ローズヴェルト以降の大統領は広報に力を入れるようになった。それは一面では次回の大統領選挙で優位に立つために自らの政権の成果を公表しようという選挙活動の一環であるが，世論の支持を調達することで連邦議会に対して優位に立つための手段でもある。世論の支持を調達することに成功すれば，連邦議会もその政策を立法化せねばならないという圧力を感じるようになる。

3つ目の方法は，大統領令を用いることである。1936年に連邦最高裁判所が大統領令の合憲性を承認して以降，大統領は大統領令を出すことで政策を実施

することが多くなっている。リンドン・ジョンソン大統領が積極的差別是正措置を実施したことや，W・ブッシュ大統領がテロの嫌疑をかけられたアルカイダのメンバーに軍事裁判を行うことを承認したことなどがその例である。これらの措置は，立法を経ずに大統領が政策を直接実施するための有効な手段である。とはいえ，大統領令は憲法や法律に何らかの根拠を持たなければ裁判所によって無効とされてしまうため，大統領令の有効性は制限されている。

拒否権をめぐるバーゲニング　　大統領が立法過程に影響力を行使する方法としては，審議中の法案について拒否権を行使すること，あるいは拒否権の行使をほのめかして妥協を迫ることがある。

　法案は連邦議会の上下両院を通過した後，大統領の承認を得て初めて効力を持つが，大統領が拒否権を発動した場合は上下両院で3分の2以上の賛成をもって再可決されなければ無効となる。法案の上下両院通過後10日以内に大統領が法案に署名しなかった場合，拒否権が行使されたと見なされる。法案通過日が議会が休会に入る10日前より後の場合，大統領が署名しなければ法案は無効となり，議会はそれを覆すことができない（3分の2以上の賛成で可決という手段をとることができない）。これは握り潰し拒否権と呼ばれている。もっとも，今日では議会がほぼ一年中開かれているので，それが発動されることはあまりなくなっている。

　大統領は19世紀には拒否権を発動するのは稀だったが，20世紀中盤，とりわけ1933年から68年までの間は，大統領は毎年30回程度拒否権を発動するようになった。それ以降は大統領が拒否権を発動する回数は大幅に減少し，1969〜2005年の平均は年8.3回となっている。

　もっとも，法案の中には重要なものもあれば重要性に乏しいものもあり，単純に拒否権の回数の増減を見ることには意味がない。それよりも，大統領は拒否権の発動をほのめかすことで法案の審議にその意向を反映させようとするようになっており，拒否権は大統領が立法内容に影響を与えるための重要な手段となっている点が重要である。

　逆に，世論の支持が強いものの大統領には容認できない争点が存在する場合に，連邦議会が大統領の支持率低下を目的として，拒否権を行使させることを

38——第2章　合衆国憲法と統治構造

狙ってあえて法案を提出する場合もある。このように，拒否権をめぐる大統領と連邦議会の争いは興味深いゲームとなっている。

分割政府　アメリカでは，連邦議会議員と大統領が相互に独立した選挙で選ばれ，一方が他方を選出する関係にないため，両者を異なる政党が支配する可能性がある。連邦議会の少なくとも一院の多数と大統領の所属政党が異なる状態が，分割政府と呼ばれている。この現象はかなり頻繁に発生している（巻末付表1参照）。アメリカでは，分割政府は決して例外的な事態ではないのである。

合衆国憲法制定期のアメリカでは，単一の分派が政府の全体を支配するのを防止することが目指されたので，建国者たちは分割政府の出現を否定的にとらえていなかった。しかし，今日では，分割政府は政党間対立を激化させ，政治を行き詰まらせ，停滞させるのではないかと危惧する人々も存在する。

民主政治では，政党は互いに競合関係に立つことが想定されており，健全な競合関係は権力の乱用を防ぐとともに，リーダーや政策について有効な選択肢を提示すると期待されている。しかし，二大政党が健全な討論を通して望ましい政策の創出を模索するのではなく，分割政府の下で他党の打倒を目指して消耗的な対立を展開すると，政治は行き詰まる。その対立が，スキャンダルの暴露など，政策とは異なる次元で発生する場合は特に，政治が統治能力を失う可能性が高くなる。さらに問題なのは，分割政府は二大政党が部分的に統治機構を支配している状況なので，政治を停滞させた責任の所在が不明確になることである。このような状態では，有権者の間で政治不信が高まり，健全な民主政治が営まれなくなってしまうと危惧される。

これに対し，重要法案の成立数は分割政府の下でも統一政府の下でも大差がないことを膨大なデータで示し，分割政府の下でも政治が停滞しないと主張する研究もある。さらには，分割政府の下でこそ，政策革新が起こりやすいとする説もある。この説によれば，改革の必要性についての超党派的な合意があり，国民からの改革要求が強いにもかかわらず，いずれの政治勢力も強力な主導権を発揮できない政治的真空状態が生まれれば，シンクタンクなどに属する政策専門家が政策起業家として政策案を売り込みやすい状況が生まれる。そのアイ

第2節　大統領制——39

ディアがアピール力を持っていて世論の支持が得られそうな場合には，両政党ともにその政策案に飛びついて超党派的に政策革新が達成されるというのである。

　以上の説はいずれも一面の真実を含んでおり，分割政府が政治に及ぼす影響を一義的に確定することは不可能である。念のために付言すれば，分割政府に対する評価は，アメリカの政党に対する評価，とりわけ政党規律の問題と密接にかかわっている。政党規律が弱いとはいえ，同じ政党名を掲げている人々はかなりの政策領域で協調するはずだということになれば，分割政府が政治を停滞させる面が強調される。他方，政党規律が弱く，各議員の行動の独自性が強いことに着目すれば，分割政府で政策革新が起こる可能性が強調される。このように，分割政府は大統領制という制度によりもたらされるが，それが政治に及ぼす影響は，その時々の政党の性格などにも左右されるのである。

第3節　裁判所の政治的機能

1. 裁判所の政治的機能

　裁判所の政治的機能という表現を見て違和感を覚える人もいるかもしれない。日本では裁判所は政治的対立とは距離を置いて中立的な立場から正義を実現するところと見なされることが多いからである。実際，日本では裁判官は政治的問題については判断を避ける傾向が顕著である。しかし，アメリカでは，裁判所は統治機構の一部門として，政治過程で重要な役割を果たす政治主体だと考えられている。

　一般的な権力分立の考え方によれば，立法部が政策を作り，行政部がそれを執行する。立法部が作成した政策や行政部の法執行の妥当性が問われた際には，司法部が憲法や既存の法律に基づいて判断することになる。連邦議会は膨大な量の法案を作成するが，あらゆる事態を想定して法案を作ることなど不可能である。また，現状に合わない法律が廃止されずに残っていることから不利益を被る人もおり，そのような状況を立法部が放置している場合は，裁判所が救済を行う必要がある。さらには，連邦議会が法律の詳細を定めずに具体的な執行を行政部に委ねた場合，行政部が行う判断には立法部の判断と同様の問題が伴

40——第2章　合衆国憲法と統治構造

う可能性があるし，そもそも立法部が想定しているのを越えた活動を行政部が
する可能性もある。立法部や行政部の決定や活動についての合憲性を判断する
ことは，裁判所の重要な機能である。

2. 裁判所の構成と判事の任命方法

州裁判所と
連邦裁判所
の役割分担

アメリカの裁判所は，州の裁判所と連邦の裁判所に大きく分けるこ
とができる。アメリカでは州政府と連邦政府がともに憲法を持ち，
それぞれがその統治機構の在り方を規定している。そして，州の憲
法や法律に関する事柄は州の裁判所が，州を越えた事柄や合衆国憲法，連邦法，
条約などについては連邦の裁判所が扱うことになっている。しかし，両者の関
係は曖昧であり，両方の法律に違反した事例については両方の裁判所が扱うこ
とができる（この場合は合衆国憲法修正第5条が定める二重の危険禁止条項に
は該当しないと判例で示されている）。また，連邦の裁判所は，州の法律や統
治機構の活動についての合憲性を判断することも認められている。その根拠は，
合衆国憲法第6章が合衆国憲法を最高法規と定めているのに加えて，1789年
の司法法が，合衆国憲法や連邦法，条約に反する州の憲法や法律を覆す権限を
連邦最高裁判所に与えていることにある。それ故に，州の最高裁判所の判決に
不服な人々は連邦最高裁判所に審査を申し立てることもできる。

　アメリカの裁判所は，その活動の政治的性格が強いのも特徴である。その性
格は裁判所の判事の任命方式にも表れている。日本の場合は，最高裁判所の判
事は首相によって任命され，衆議院議員選挙に付随して行われる国民審査で罷
免される可能性があるが，他の裁判官は資格任用制に基づいて任命されている。
アメリカの場合は，より政治的な方法で裁判官が選出されている。一般には専
門知識に基づいた決定がなされると想定される裁判所すら，判事の選出という
点で民主化しているのがアメリカの特徴である。

州の裁判所

　州の裁判所の構成は州により異なるが，50州のうち39州が，少な
くとも一部の判事を選挙で選出している。例えばアラバマ州で州最
高裁判所長官を選ぶ選挙で，ロイ・ムーアという候補が州の裁判所の庁舎内に
モーゼの十戒を刻印した石碑を立てると公約して勝利したという，日本では考

第3節　裁判所の政治的機能——41

えられないようなことも起こっている。

　どのレベルの判事がどのような方法で選出されるかは州により異なり，第一審を行う裁判所の判事は選挙で，第二審の判事は知事による任命で選出する州（ニューヨーク）もあれば，逆の州もある（ジョージア）。地方政府ごとに裁判所を設置し，その任命を地方政府に委ねている州もある（テキサス）。

　州レベルの判事の選挙にも多くの選挙費用が必要になるものの，一部の場合を除いて有権者の注目を集めないことが多いため，人工妊娠中絶や銃規制などの単一争点の実現に向けて活動する利益集団が，その大義への賛同を条件に，選挙資金を提供するのも一般的である。これは，アメリカの訴訟の 99% 以上が州の裁判所で行われていることを考えれば，政治的に重要な意味を持つ。

連邦の裁判所　　連邦の裁判所については，第一審裁判所である 94 個の連邦地方裁判所があり，その上に 13 の巡回控訴裁判所が存在する（11 が各地に割り当てられ，残りがワシントン DC と知的財産権を専門とする裁判所となっている）。それとは別の第一審裁判所として，国際貿易などに関する特別裁判所も存在する。それらの上に立つのが連邦最高裁判所である。

　全ての連邦の判事は大統領が指名し，上院司法委員会での審議を経て，上院の過半数の承認を得て決定される。ただし，連邦地方裁判所の判事については，大統領と同じ政党の上院議員がその州に存在する場合は，そのうちシニアの上院議員が賛同しない候補を大統領が指名した場合は上院が承認を拒否する，言い換えれば，大統領と同じ政党のシニアの上院議員が賛同しない候補を大統領は指名しないという不文律がある。

　決定した判事については，その活動の独立性を保証するために，任期は本人が辞意を表明しない限り終身となっている。連邦議会による罷免を認める制度は存在するものの，賄賂を受け取った判事や南北戦争の際に南部連合側についた判事など，極端な例外を除き罷免された者は存在しない。また，気に入らない判決を下した判事の給与を下げる動きが出てこないように，給与面でもその独立性が保証されており，連邦議会は判事の給与を上げることはできるが，下げることはできない。

　ちなみに，連邦最高裁判所は，他の機関から影響を受けない超越した機関だ

42——第 2 章　合衆国憲法と統治構造

というわけではなく，連邦議会や大統領が判事の決定に対して影響を及ぼす方法も存在する。合衆国憲法は最高裁判所の判事の数を定める権限を連邦議会に与えている。連邦最高裁判所の判事の数は時代とともに変化しており，19世紀初めには6人だったのが，やがて7人になり，1869年に9人になって以降は変更されていない。ただし，初期のニューディール政策に対し，連邦最高裁判所が違憲判決を出したのを受けて，F・ローズヴェルト大統領はニューディールに賛同する裁判官を任命することができるように最高裁判所判事の増員を行うよう1937年に連邦議会に要請した。この方針については連邦議会でも賛否が分かれたものの，連邦最高裁判所は以降立場を変更し，ニューディール政策を合憲と認めるようになった。

　なお，大統領が連邦裁判所判事の選定に大きな影響力を持つため，大統領や所属政党への忠誠心の有無が判事の選定に際し大きな基準とされることが多い。最高裁判所を除く裁判所の判事については，イデオロギーや党派の違いを理由として議会が承認を拒否することはあまりないが，審議日程を遅らせたりフィリバスターを行うことで承認のための投票を行わないという戦略をとって，大統領に候補者の再考を迫ることはある。

　これに対し，最高裁判所判事の場合は，大統領が指名した人物について上院の司法委員会で検討する際に，候補者を召致して対立的争点についての見解を問うのが一般的となっている。そして，ジョンソン政権期の1968年以降，上院が大統領の指名した人物を拒否する事例が増えるようになり，特に1987年にレーガンが指名したロバート・ボークが非常に保守的な立場をとっていることを根拠に承認されなかった事例が有名である。それ以降，イデオロギー的理由に基づき指名，承認プロセスを政治争点化する現象をボーキングと呼ぶ。また，1991年にジョージ・H・W・ブッシュがクラレンス・トーマスを任命した際，それに反対する人々がトーマスのかつての部下であるアニタ・ヒルに対するセクシャル・ハラスメントの疑惑を追及して紛糾したことがある。

　連邦最高裁判所長官の選出に際しては，とりわけ論争が激しくなる。長官は票決に際しては他の8名の判事と同じく一票しか持たないものの，長官が多数意見側に立つ場合は，判決の多数意見を書く判事を指名することができるためである。多数意見は先例として評決と同様に大きな影響力を持つ。コモン・ロ

一の国であるアメリカでは，特定の法規には根拠を持たない裁判所の判断が法律と同等の規則や原理として効力を持つため，その政治的，政策的意味合いは大きい。

　先ほど，分割政府が政治を停滞させるか否かをめぐる論争を紹介したが，判事の承認についても，大統領の所属政党と上院の多数党が異なる場合は長期化したり否決される可能性が高まる。両者が一致する場合でも，少数党の議事妨害を抑制できるだけの議席を持たない場合には少数党の意向に配慮する必要がある。また，同一党内で路線対立がある場合にも，慎重な配慮が必要である。このように，裁判所判事の任命に際しても，大統領と連邦議会上院の間で一定の抑制と均衡が働いている。このような事態を受けて，大統領は最高裁判所判事の候補として，上院から批判的な言質をとられないように，判事としての経験があまりなく，論争的な争点について立場を表明していない候補を指名する戦略をとることもある。

　なお，1951年に批准された合衆国憲法修正第22条第1節で大統領の任期が2期8年まで（大統領の死亡などで副大統領から大統領職を継いだ場合は最大で10年まで）に限られているのに対し，判事の任期は終身なので，イデオロギー的影響を残したいと考える大統領にとっては，判事の任命は重要な意味を持つ。判事は任命した大統領と同様のスタンスをとることが多いものの，当初想定されたのと異なる立場をとるようになった事例も存在する。例えば，保守的なスタンスを期待してアイゼンハワーとニクソンによって指名されたアール・ウォーレンとハリー・ブラックマンは，それぞれ，黒人の公民権と，人工妊娠中絶を認める立場をとった。ハリー・トルーマン大統領は，最高裁判所判事に親友を任命することはできるが，判事になるともはや親友ではなくなるとコメントしたことがあるが，大統領と裁判官の間でも政治的な駆け引きがなされるのである。

　以上のように，アメリカの裁判所は非常に政治的色彩が強い。それ故に，アメリカの裁判について議論する際には，判事がリベラル寄りか，保守寄りかというのが重要な意味を持つ。なお，裁判官が果たすべき役割について，司法積極主義と司法消極主義と呼ばれる対立がある。判事の中には，裁判所は合衆国憲法の制定者の意図をできるだけ忠実に反映するべきだとの立場の者もいれば，

44——第2章　合衆国憲法と統治構造

逆に，時代の変化に応じて積極的な役割を果たすべきだと考える人も存在する。例えば，プライヴァシーの権利は合衆国憲法には規定されていないが，判例上形成された。これは，裁判所が司法積極主義の立場をとった成果だといえよう。判事の中には，司法積極主義の立場をとったり消極主義の立場をとったりする者もいる。例えば，公民権の拡充が大きな論点となった時代には，リベラル派の判事は司法積極主義の立場をとり，保守派の判事は消極主義の立場をとっていた。逆に，アメリカ社会の保守化が進んでいる近年では，保守派の判事の方が積極主義の立場をとることも多い。

判事以外の任命職 連邦の刑事法の違反で被疑者を訴追する権限を持つ検事も，大統領により指名され，連邦議会上院の承認を経て就任する。この職は政治的野心の強い者が高職を目指すために利用することの多い職である。

また，連邦最高裁判所で判断がなされる事例について政権が強い関心を有する場合，その立場を示す役割を果たすのが訴訟長官という司法省の高官である。訴訟長官は，連邦控訴裁判所に提起された，連邦政府が当事者となる訴訟の大半に関与する。また，訴訟長官は連邦政府が直接的な当事者でない事案に関しても法定助言書を提出することができ，そのおよそ6割が裁判所によって受理されるため，訴訟長官は第10番目の判事と呼ばれることもある。

裁判所の政治的活用 以上のように，アメリカの裁判所は政治的な性格が強い。これには，日本の一般的な考え方からすれば違和感があるかもしれないが，アメリカでは当然のこととされている。政治家は，立法を迅速に行うことを重視する観点から，対立的要素の強い争点については，重要部分をあえて曖昧なままにして立法化することがある。日本ではそのような場合には中央省庁の役人が統一的見解を出すことで全体的な整合性が保たれるが，アメリカの場合は執行が州ごとにバラバラになることも多く，その解釈の相違をめぐって訴訟が提起される場合など，裁判所が大きな役割を果たさねばならない。合衆国憲法創設時には，連邦裁判所は最も恐れるに足りない部門と呼ばれていたが，とりわけ1950年代以降，最高裁判所は公民権や市民的自由などの分野で

大きな役割を果たすようになっている。

　社会正義の観点からも，裁判所が政治的役割を果たすことに大きな意味のある場合がある。アメリカのように社会的多様性の高い国では，恒常的少数派とならざるを得ないマイノリティの利益関心は，選挙政治の枠組みでは実現されにくい。アメリカが大半の選挙で小選挙区制を採用していることは，マイノリティの利益関心の実現を困難にしている。また，利益集団や社会運動を組織する観点からしても，マイノリティが集団の組織化に必要なコストを負担するのに困難を伴うことが多いことを考えれば，利益集団政治の枠組みでその利益関心を実現するのも困難である。

　また，マイノリティが公式の政治過程への参加をやめてしまって独自の政治空間を作ってしまうと，民主政治は危機に直面する。多数派が少数派を抑圧することは，宗教的少数派が本国の抑圧から逃れて移民してできたという建国神話にも反する。民主政治においては，現在の少数派であってもいずれ多数派となりうる，少なくとも，その利益関心はいずれ実現されうるという期待を持って，公式の政治過程に関与し続けることが重要な意味を持つ。多数派の意向を尊重することは民主政治のひとつの重要な軸であるが，マイノリティを保護し，その意向を実現することも民主政治に不可欠の役割である。その点において，裁判所が重要な役割を果たすことが要請されているのである。

　実際に，障害のある児童が平等な教育を受ける権利をめぐって訴訟を提起したり，煙草の健康被害をめぐって煙草会社を訴えた事例のように，通常の立法過程では取り上げられにくい争点を提起したい集団が訴訟を政治戦略として用いるのは，アメリカでは一般的である。人種別学を違憲として公民権運動に足掛かりを与えたブラウン判決や，人工妊娠中絶について女性の決定権を認めたロウ対ウェイド判決などは，選挙政治の枠組みでは利益関心を実現するのが困難だったマイノリティが，裁判所を活用して政策革新を達成した事例である。このような政策転換は，アメリカではマイノリティによる集団訴訟が積極的に活用されることによって，容易になっている。

　いずれにせよ，少数派の人々が持つ利益関心は，多数決を基本とする民主政治の下では十分に実現されない可能性があるので，マイノリティは自らの要求が単なる利益関心ではなく，権利であると裁判所から認定されることを目指し

て活動をするのである。

その他　アメリカの違憲審査権は，フランスのように議会通過後の大統領の署名の前に裁判所が判断を行う憲法保障型（抽象的違憲審査制）と呼ばれるものではなく，日本と同様に，法律成立後に私人からの具体的な訴訟をもって判断を行う私権保障型（付随的違憲審査制）と呼ばれるものである。従ってアメリカでは，違憲審査や行政訴訟を専門に扱う裁判所は存在しない。これは，いかに疑念のある法律が制定されても，それが実際に適用されて不利益を被った者が現れない限り，その法律の合憲性を判断することはできないことを意味する。また，違憲判決は厳密には当該事案にしか効力を持たないため，判決が法令の廃止や改正を直接的にもたらすとも限らない。

とはいえ，裁判所によって下された判決が以後の立法部や行政部の活動を拘束するのが一般的である。立法部や行政部は根拠とされた合衆国憲法や法律の規定を改定したり，裁判所の判決に従った行動をとらないという対応をすることで抵抗することもあるかもしれない。とはいえ，そのような事態は例外的で，裁判所の判決に基づいた措置がとられるのが一般的である。アメリカの訴訟は日本のように長期に及ぶのは稀なので，立法部や行政部による政策革新を期待できない人々が，裁判所を活用することで政策革新の実現を図ることも多いのである。

第4節　連邦制

1．連邦制の定義とアメリカの特徴

古典古代から今日に至るまで，権力を単一の制度的な主体に集中させておくことの弊害，危険性が，繰り返し主張され続けている。そこで，民主政治を適切に機能させるために，権力を制度的に分立させようとする考え方が登場し，実践されている。そのひとつが，水平的，機能的な権力の分立を行う，いわゆる三権分立であり，もうひとつが，垂直的，空間的な権力の分立とでもいうべき連邦制である。

連邦制とは，主権を少なくとも2つのレベルに分割した政治体制のことであ

第4節　連邦制——47

る。アメリカでは，政府の根本的な構成単位は，ワシントンDCに首都を置く連邦政府と50の州政府であり，両者は互いに一定の独立性を保持している。日本のような単一主権制の国では，都道府県のような下位政府の権限は，主権を持つ中央政府から委任されたものに限られる。これに対して，連邦制を採用するアメリカでは，連邦を構成する州がそれぞれに主権と憲法を持っており，州が主権の一部を連邦政府に委譲する契約を結んで，それを合衆国憲法に明記する方式をとっている。

これは，独立戦争の時のことを想起すれば理解しやすい。一般には独立戦争でアメリカがイギリスからの独立を勝ち取ったといわれるが，実際はイギリスから独立したのは13の植民地であり，それらが邦（state）となった。一般にstateとは国家を意味するが，それらのstateが連合して新たな国家を作り上げたのがアメリカ合衆国なのである。合衆国憲法を改正するには連邦政府と州政府双方の同意が必要であり，州政府が単独で連邦から離脱することは認められていない。そして，連邦政府が行いうることは，合衆国憲法に列挙されている事項に限られる。このような権限配分方式を制限列挙方式と呼ぶ。

連邦政府と州政府が主権を分有するという考え方は，西洋政治思想史上，画期となる考え方であった。それまでは，主権は単一にして不可分でなければならず，それを分割すると戦争状態になるとのジャン・ボダンやホッブズ流の考えが支配的だったからである。しかし，アメリカの建国者たちは，政府の権力を分割することが自由を保持するのに最良の方法だと考えた。政府を連邦と州に分割すれば，単一の多数派が全ての政府権力を握ることが難しくなるからである。さらにいえば，この連邦制の背後には，人民主権というさらにラディカルな主権概念が存在していた。それぞれのレベルの政府は主権を持つ人民から委任されたものであると議論を構成することで，連邦政府に権限を委譲した州の主権ですら，論理的には人民に由来するものとして理論化されているのである。

なお，日本で，地方分権を推進するために連邦制に類似した制度を導入するべきだとの主張がなされることがあるが，単一主権制か連邦制かという問題は，政治体制が集権的か分権的かという論点とは位相の異なる問題である。もちろん，アメリカの場合は州以下の政府の決定を基礎とする伝統が強いが，それが

48——第2章　合衆国憲法と統治構造

連邦制という制度を採用した結果として，当然に導かれる結論だということではない。

　また，アメリカの連邦制には，世界的にみて大きな特徴がある。多民族社会において多民族の共生を容易にするために連邦制を採用し活用する国とは異なるからである。例えば，フランス語系住民が集住しているカナダのケベックのようにエスニック構成に対応する形で州を作り，他州（すなわち他のエスニック集団）との共存を立憲的に図る国がある。しかし，アメリカの場合は，特定のマイノリティが多数派となる州を作るのを意図的に回避してきた。フロリダ州を作った時には伝統的居住地域に居住していたマイノリティが少数派となるように州の境界線が引かれたし，ハワイや南西部については人口構成が変わるのを待って州に昇格させた。プエルトリコやグアムのようにマイノリティが少数派になる可能性が低いところは，州ではなく自由連合州と保護領として設定されている。これは，アメリカがエスニックな紐帯に基づく国家統合という理念によってではなく，アメリカ的信条の下に異なる背景を持つ人々が結集するという考えが強かったことによる帰結である。

2．連邦政府の権限拡大

　アメリカでは，連邦政府と州政府の双方が主権を持っているため，両政府がどのような関係に立つべきかが問題となる。合衆国憲法では，連邦法が州以下の法律と齟齬をきたした場合には連邦法が優先すると定められてはいるものの（第6章2項の最高法規条項），連邦政府の権限は合衆国憲法に列挙されたものに限られ，その他の権限は州，もしくは人民に留保されている。ただし，合衆国憲法には連邦政府の権限の拡大解釈を可能にする条項が存在しており，その解釈を行う司法部，とりわけ，最高裁判所が連邦政府の権限を確定する上で大きな役割を果たしてきた。

　19世紀までのアメリカでは，連邦法のうち，合衆国憲法に照らして違憲だと州政府が判断したものは州内での実施を拒否することができるという州権論の考え方が有力だった。だが，その考え方が否定された19世紀後半以降，連邦の裁判所は連邦政府の権限を徐々に拡大する解釈を行うようになった。その際に根拠とされたのは，時代順にあげれば，合衆国憲法第1章8条18項の

「必要かつ適切」条項，同3項の州際通商条項，同1項の支出条項の3つであった。

　第1の必要かつ適切条項は，合衆国憲法によって付与された一切の権限を行使するために，必要かつ適切な全ての法律を制定することを連邦議会に認めている。この条項の意味が初めて問題となったのは，合衆国銀行設立の合憲性をめぐって争われた事件である。ジョン・マーシャル判事が，1819年の判決でこの条項の意味を広く解釈して以降，裁判所は，連邦議会が正当な目的を達成するために採用する様々な手段を認めるようになった。

　第2の州際通商条項は，連邦議会に各州間の通商を規制する権限を与えている。裁判所は，19世紀には，連邦議会が管轄する州際通商と，各州の管轄に服する州内通商を厳格に区別していた。しかし，前世紀転換期に交通・輸送網の発達に伴って州の境界を越えた経済活動が活発になり，またF・ローズヴェルト大統領が一連のニューディール政策を実施するようになると，連邦裁判所は州際通商条項を根拠に連邦政府の権限拡大を認めるようになった。例えば，19世紀には雇用者と労働者の関係については州以下のレベルで律されるべきとされていた。しかし，連邦最高裁判所は，全国的に労働者の団結権および団体交渉権を認めた1935年の全国労働関係法を合憲と認めた。それ以降，州際通商条項が適用される範囲は拡大し続け，1960年代には人種差別を撤廃する際の根拠としても用いられるようになった。

　第3の支出条項は，一般の福祉を実現するために，連邦議会が税を賦課，徴収することを定めている。高齢者に対する給付を認めた1935年の社会保障法に対して，高齢者という特定の人々を対象としたものであって一般の福祉を目的としてはいないのではないかとの訴訟が提起された際に，連邦裁判所は，一般の福祉の内容を確定するのは議会の役割だと述べて，その権限を幅広く認めた。

　裁判所は，連邦議会に支出目的を定める権限を与えたのみならず，その資金を使用するための条件，規制を課す権利も認めている。例えば，連邦裁判所は，法的に飲酒が認められる年齢を連邦議会が一律に定めるのは州の主権の侵害だとする一方で，飲酒が認められる年齢を21歳以上に引き上げない州政府に対して連邦政府が高速道路整備費用補助金を削減するという法律を合憲としてい

50——第2章　合衆国憲法と統治構造

る（州政府は連邦政府からの資金を受けとらないという権利を保持しているので，州政府の主権侵害にはあたらないからである）。このように，州に対する補助金に対して様々な規制を課すことができる点において，この支出条項は，連邦政府にとって最も重要な条項のひとつとなっている。

3. 連邦政府による財政援助

協力的連邦制と移転支出の類型　ニューディール期以降，連邦政府は様々な政策を遂行するようになった。しかし，連邦政府はアメリカ全土で政策を執行するための機関を持ち合わせてはいなかったため，州政府と地方政府の協力を仰いで，政策プログラムを実施した。連邦政府と州政府の分業体制が確立していたそれ以前の時期の連邦制が二重連邦制と呼ばれるのに対し，連邦と州以下の政府が協力するのを特徴とする連邦制は，協力的連邦制と呼ばれている。なお，ジョンソン政権期の偉大な社会プログラムのように，連邦政府が主導しつつも，政策立案の段階から州以下のレベルの政府の関与が求められたものを，特に，創造的連邦制と呼ぶ。また，連邦政府の権限増大を批判し，州政府や地方政府に多くの自主性を与えようとするニクソン政権以降の動きを，新連邦制と呼んでいる。

協力的連邦制を財政面で支えるとともに，論争の対象となったのが，連邦政府からの移転支出である。合衆国憲法制定時には，税源として，連邦政府に間接税，州以下の政府に直接税が割り当てられていた。しかし，連邦所得税の導入を認める憲法改正が行われた 1917 年以降税制は再編され，今日では連邦政府に所得税が，州政府に一般売上税と所得税が，地方政府に財産税が配置されている。再編後の税制の下では，連邦政府が多くの税金を徴収できるようになっている。また，州と地方政府は増税するのがとりわけ難しく，通貨を発行したり赤字財政を組むこともできないため，今日では，連邦政府からの移転支出がなければ，州政府も地方政府も連邦のプログラムを実施することが不可能な状況にある。

連邦政府からの移転支出には 2 つのタイプがある。第 1 は使途別補助金である。連邦政府の定めた使途のみに用いることができ，連邦政府のガイドラインに従う必要がある。州政府，地方政府が，資金の交付額に応じて対応分担金を

第 4 節　連邦制──51

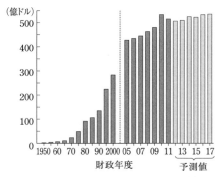 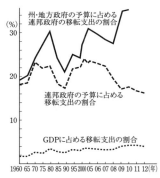

州・地方政府に対する連邦政府からの移転支出額（左）と移転支出の割合（右）

準備せねばならないのも，大きな特徴といえる。

　使途別補助金については，その具体的な執行方法をめぐって連邦政府と州以下の政府の間で対立が起こることが多い。また，連邦政府がプログラムについて誇大な宣伝をしたものの，実際にはそれを実現するに足る資金を与えないために，政策の執行主体たる州以下の政府に対して批判が集中することもある。

　第2は一括補助金である。これは，使用目的が大まかに定められてはいるものの，具体的な運用については州以下の政府に大きな裁量が認められているところに特徴がある。この方式は，1970年代以降に使途別補助金に対する批判が強まるにつれ，頻繁に用いられるようになった。このような政策変更は，州以下の政府にとっては，連邦政府からの規制も緩く，対応分担金を準備する必要もないという利点がある。他方，州以下の政府の自主性を尊重するという美名の下で，実質的には，連邦政府からの補助金の額を削減することを目的としているとの批判もある。

連邦政府からの財政移転の必要性　　連邦政府からの財政移転の必要性を主張する最大の根拠は，社会プログラムに適切な財政的基礎を与えることである。歳入のほとんどを中央政府からの移転支出に依存している日本の地方自治体と異なり，アメリカの州以下の政府は，財源の多くを自主的に確保する必要がある。とはいえ，州以下の政府は，通貨を発行することができないし，住民や企業の移動を制限することもできない。

それ故，アメリカの州政府や地方政府は，税収をもたらす中産階級や企業を引き寄せるために，彼らを利する開発政策を積極的に展開する傾向がある。他方，再分配政策は，彼らに負担を求めることになるとともに，サービスを一方的に利用するだけの貧困者を呼び寄せることになるので，その実施には消極的にならざるを得ない。合衆国憲法には，日本国憲法第25条に規定されている生存権に該当する規定が存在しないこともあり，州の自主性に任せていたのでは，福祉サービスが提供されなくなってしまう恐れがある。そこで，州間の財政上のバランスを保つとともに，最低限の水準を満たした社会サービスを提供するためには，連邦政府の財政支援が不可欠だというのである。

だが，実際には，補助金の必要性を主張する人々が掲げる目的は十分には達成されていない。連邦政府からの補助金は，州ごとのニーズに基づくのではなく，多くの場合，貧しい州よりも豊かな州により多く配分されている。福祉給付も，貧困者が多くニーズの多い州の方が，給付額が少ない状況にある。この背景には，選挙での再選を目指す連邦議会議員が自らの出身州により多くの財源をもたらそうとして，州間のバランスをとることを必ずしも重視していないことがある。

4. 地方政府

地方政府の位置づけと種類　日本で地方政府という場合には，主権を持つ中央政府以外の全ての政府，すなわち，都道府県と市区町村を指す。アメリカでは，州政府は主権を持っているため，地方政府には含まれない。アメリカでは，地方政府は州政府の下部組織である。

アメリカでは地方政府も重要な統治機構であるが，合衆国憲法の中で位置づけられてはいない。法的には，地方政府は州政府の創造物とされており，州政府と地方政府は明確な上下関係にある。地方政府の機能と権利は，州議会の委任によって定められるのである。

アメリカの地方政府には様々な種類がある。アメリカの地方政府は，州の行政区分であるカウンティと，法人格を与えられたミュニシパリティ，特定目的を実現するために組織された特別区や局の3つに大別することができる。

カウンティ（ルイジアナ州ではパリッシュと呼ばれる）は州の行政の出先機

関としての性格が強く，自治がほとんど認められていない。これに対してミュニシパリティは，ある地域の住民が自治組織を作るために州議会に請願を行い，州議会が自治のための基本法としての憲章を与えて，あるいは，独自に憲章を作ることを認めて，法人格を付与したものである。都市や町，村はミュニシパリティの例である。

　ミュニシパリティは，ニューヨーク市のように複数のカウンティに及ぶこともあるが，特定のカウンティの内部に作られるのが通例である。また，州内の大半の地域がいずれかのカウンティに属しているのに対し，いずれのミュニシパリティにも属さない地域は広く存在し，その地域の行政はカウンティが担っている。なお，セントルイスなど，いずれのカウンティにも属さない独立市と呼ばれる都市も例外的に存在する。ヴァージニア州では全ての市が独立市であり，アメリカの独立市の大半が同州内に存在する。

　最後に，特別区とは，教育や消防などの特定の目的を達成するために設立された地方政府であり，しばしばミュニシパリティやカウンティの境界を越えて広域行政を担っている。港湾局のように，州の境界を越えて広域的な役割を果たす場合もある。

　以上の記述からわかるように，アメリカの地方政府は多様である。さらに，同じく都市政府といっても，その内容も多様である。組織構成を例にとれば，日本で一般に見られるような，議会が立法活動を行い，市長が政策の執行を行うという市長—市議会制を採用しているところもある。行政首長として活動する専門行政官である支配人を議会が任命する市支配人制や，議会も市長も設置せずに，数名の理事からなる理事会が立法と政策の執行をともに行う理事会制を採用する都市もある。

　機能面から見ても，都市政府が行使できる権力は大きく異なる。社会福祉や学校教育に及ぶ多くの機能を果たしているニューヨークのような都市もあれば，警察や消防などのごく基本的な機能しか果たせないシカゴのような都市もある。

　このような違いは，都市政府の財政にも大きな影響を及ぼす。例えば，教育活動に関する費用は学校区を通して融通する方式が一般的だが，ニューヨークやボストンなどの古くからの都市は学校区方式が定着する以前から学校を直接運営している。福祉に関しても，ニューヨーク州はメディケイドの費用を地方

54——第2章　合衆国憲法と統治構造

政府に分担させるとともに，公的扶助政策の運営と費用負担の一部をニューヨーク市などに義務づけている。他方，イリノイ州のシカゴはメディケイドに関する費用を負担する必要がなく，公的扶助も周辺の富裕な郊外を含むクック・カウンティにより提供されている。このように，アメリカの都市政府は，担わなければならない機能，そのために調達せねばならない資金がそれぞれに大きく異なっているのである。

このような特徴は，都市政府ごとに政策の組み合わせが異なるために，独創的な政策革新が行われる可能性があることを示唆している。これは，地方自治法によって組織や機能が一元的に定められているために画一性が高い日本の地方自治体と対照的である。

地方政治と民主主義　アレクシス・ド・トクヴィルやジェイムズ・ブライスは，民主政治論の観点から，アメリカの地方自治を高く評価している。選挙で選出される政治家の数はアメリカの地方政府全体で50万人以上に及んでおり，地方政治は多くのアメリカ人が実際に政治の運営に携わる機会を提供している。また，地方政治は，国民に選挙政治の基本を教えるという意味で，民主主義の学校としての機能を果たしている。地方政治は，連邦や州の政治での活躍を志す政治家に訓練の場を提供しているともいえる。

その一方で，地方レベルでの選挙の投票率は，州や連邦のレベルと比べて低い。この制度的な背景としては，州や連邦の選挙が偶数年に実施されるのが多いのに対して，多くの地方政府が選挙を奇数年に実施していることがある。また，地方政府は数が多いため，有権者が選挙に頻繁に参加するのに煩わしさを感じていることも指摘できる。

だが，この投票率の低さは国民が地方政府に不信を持っていることを意味しているのではない。例えば，直面する問題に対してどのレベルの政府が最もよい仕事をしているかを問うた世論調査で，連邦政府と応えたのが14％なのに対し，地方政府と答えた人は41％である。どの政府が税金を最も無駄にしているかとの問いに対して，連邦政府と答えた人が66％なのに対し，地方政府と回答した人は8％に過ぎない。

アメリカ国民が地方政府に高い評価を与えている最大の理由は，アメリカの

第4節　連邦制——55

地方政府が多様だという事実にある。アメリカの地方政府は，提供するサービスの質や量について，多様な選択肢を提供している。地方政府は，政治的，経済的に有力な個人や団体を引き寄せるために，互いに政策の次元で競い合わなければならない。地方政府の政策パッケージに不満を感じる人は，より望ましい政策パッケージを提供する地方政府に移動することができる。実際，アメリカでは，毎年17％以上の人が，住居を移動している。この「足による投票」が機能しているが故に，アメリカ国民は地方政府に対して満足する度合いが高く，あえて投票行動で不満を示さなくてもよいのだと考えることができる。

地方政府の限界　地方政府の自律性が高く，様々なアイディアを独自に採用できること，そして，好ましいアイディアが他の地方政府にも広まることは，自由競争と市場原理の観点から見て好ましい。ただし，地方政府は，政策を完全に自由に採用することができるわけでもないし，地方政府間の競争が全ての人に平等に恩恵をもたらすわけでもない。

　そもそも，地方政府の行使しうる権限は州政府によって制約されている。地方政府は，自らの統制の及ばない社会，経済的趨勢や，上位政府の決定から影響を受けることが多い。例えば，担税力のある中産階級の郊外への流出や，移民の都市への集中，都市人口の貧困化などはアメリカ全土で見られる傾向であり，地方政府にはそのような問題の発生を防ぐ余地が少ない。にもかかわらず，それらに起因する問題に対応する必要がある。

　地方政府は，このような制約の中で財源を確保する必要がある。大半の地方政府は財政赤字が非合法とされていることもあって，税収を常に確保できる状態になければならない。とはいうものの，増税は企業や中産階級に税率の低い地域に移動する誘因を与えるため，長期的には歳入増につながらない可能性がある。むしろ，地方政府は，税収をもたらす企業を呼び寄せるために，税率を引き下げようとする傾向が強い。企業を利するような政策も競って展開されるだろう。

　その一方で，地方政府は，社会福祉政策などの再分配政策の執行には消極的になる傾向がある。寛大な再分配政策を実施するには増税が不可避になるし，よりよい福祉サービスを求めて貧困者が集まってくるかもしれないからである。

この議論は，磁石が砂鉄を引き寄せるように福祉が貧困者を引き寄せることから，福祉磁石論と呼ばれる。地方政府は，社会サービスの支出をどんどんと切り下げようとする「底辺への競争」を行う制度的誘因を持っており，これは貧困者にとっては好ましくない事態だといえるだろう。

5. 連邦制と政策革新

州や都市と
政策革新の
必要性

連邦制と地方政府のこのような特徴ゆえに，アメリカでは州や地方政府のレベルで独創的な政策革新が達成され，それが連邦レベルでの政策革新につながることもある。例えば，F・ローズヴェルト大統領はニューディールについて，「我々が連邦政府で行ったことは全て，アル・スミスがニューヨークで知事としてやったことだ」と述べている。また，ニューディールの福祉政策を終焉に導いた1996年の福祉国家再編も，ニューヨーク市やウィスコンシン州などの都市政府や州政府が行った試みをクリントン政権が取り込むことで達成された。

先に指摘したように，州や都市政府は自らの統制の及ばない社会，経済的趨勢や，高位の政府の決定から影響を受けていることが多く，州や地方政府が解決を迫られる問題の多くは連邦政府の政策に起因することが多い。一般に，連邦の政治家には，政治的批判を招く可能性の高い政策についての負担を州以下の政府に押しつける傾向がある。連邦の政治家が誇大な宣伝をしてプログラムを策定したものの，財政的裏付けのないままプログラムの執行を州以下の政府に義務付けることも多い。

このように，州以下の政府はとり得る政策の幅が狭められることが多い。にもかかわらず，有権者の不満は政策の執行主体である州以下の政府に向かう傾向があるため，州以下の政府は批判を回避するために対応せねばならず，ここに州以下の政府で政策革新が達成される可能性が生まれる。その意味で，州以下の政治にはアメリカ政治が抱える問題が集約的に表れているともいえ，連邦レベルでの政策革新につながるアイディアがこれらのレベルから提起されることも多くなる。

第4節　連邦制——57

州・地方の政治と政策革新　連邦レベルと州以下のレベル，とりわけ地方レベルでは，利益集団の活動が異なってくることも，州以下の政府が直面する課題への対応を複雑にしている。利益集団を組織するにはコストがかかるので，多くの資源を持つ富裕層や民間企業は全国的な活動ができるのに対し，資源に乏しい人々は地方レベルでしか活動できないからである。福祉磁石論によれば再分配政策は連邦レベルで提供するのが合理的だが，再分配政策に批判的な富裕層が連邦レベルで活動するのが比較的容易なのに対し，福祉サービスを希望する人々は地方政府にしか働きかけることができないのである。

　この結果，直接的な社会サービス提供を行わない連邦の政治過程では，党派やイデオロギーに基づく対立が激化しがちなのに対し，実際に問題を解決せねばならない地方政府は実践的な改革を行う誘因を持つ。身近な有権者からの批判を免れるためにも，地方政府は党派対立を越えて様々な工夫をしなければならない。提供するサービスの量や質について多様な選択肢を提供し，政治的，経済的に有力な個人や団体を引き寄せるべく競い合わなければならないことも，地方政府で政策革新を行うことの誘因を高めている。

　地方政府には，政策革新を行う条件が整いやすい場合もある。連邦政府では全ての地域が同じ問題を抱えていることは少ない。それに対し，地方政府は地域全体にひとつの問題が顕在化することも多く，問題に対処することについての合意が比較的得やすい。また，地方の選挙は投票率が低いため，極端な見解を持つ人物が選出される可能性も高い。とりわけ，人種やエスニシティ，宗教などの面で似通った人々が多く居住する地域や，社会経済的地位の近い人々が多く居住する地域では，連邦の政界では提起されることの少ない，斬新な見解が支持を集めることがあり得る。

　他方，地方政治は連邦や州と比べて，極端な政策を実施しにくい側面もある。リベラル派が多数を占める場合でも，地方政府は財政上の限界から極端な再分配政策をとることはできない。逆に，保守派が政府の中核を担う場合でも，多様な価値観を持つ人々からなる大都市では，社会の平穏を保つために社会的争点についてリベラルな態度をとるのが得策なことが多い。このように，地方における政策革新は，斬新なアイディアが提起される可能性があるとともに，比較的穏健で実践的なものとなる可能性も大きい。

58——第2章　合衆国憲法と統治構造

最後に，アメリカの地方政府では，連邦とは異なった政策決定方式が採用されている場合も多い。連邦政府は，特定の機関が政策過程で圧倒的な影響力を行使することがないように制度設計されている。それに対し，地方政府の制度は地方ごとに異なっている。例えば，同じく市長―市議会制を採用しているところでも市長の権限はそれぞれ異なり，相当大きな権力が与えられている場合もある。市支配人制や理事会制を採用する都市もある。その結果，連邦の政治では想定されないようなメカニズムに基づいて政策決定がなされることもあり得るのである。

州・地方の政策革新と連邦政治　州や地方において達成される政策革新の元となるアイディアは，シンクタンクの研究者などによって提起される場合もあれば，その地域で独自に生み出される場合もある。その政策革新が優れている場合には，他の州や都市政府によって模倣され，広まることもある。一見政策としてのアピール性がないようなプログラムであっても，一旦実効性が証明されると，他地域で採用される可能性も生まれてくる。そして，優れた政策革新が多くの地域で積み重ねられる過程で，政策革新の元となったアイディアの抱える限界や，それを実現する上で乗り越えなければならない制約が明らかになっていく。

　政治過程で提出される改革案は，内容が理論的に優れていても，政治過程を乗り越えて政策に結実しなければ机上の空論に過ぎない。また，仮に政策として採用された場合でも，適切に執行できなければ意味がない。このように考えると，多くの地域に広まった政策革新で提起されたアイディアは，実際に執行可能なものだという点で，実効的な制度設計を模索する連邦の政治主体にとって魅力がある。また，そのアイディアが都市や州で限界に直面した場合にも，その制約が連邦の政策に起因する場合，連邦政府は特例措置をとることでその制約を一時的に免除することもできる。連邦の政治主体は州や地方における政策革新に注目していることが多いのである。

　州や地方の政治家にも，政策革新を連邦の政治に売り込む誘因がある場合もある。州や地方の政治は，高位の政府での活躍を志す政治家に名を売る場を提供している。例えば，元ニューヨーク市長のジュリアーニは 2008 年大統領選

第 4 節　連邦制――59

挙の共和党の有力候補となったし，カーターからW・ブッシュまでの大統領はH・W・ブッシュを除いて州知事出身である。より高職に就きたいと考える政治家は，州や地方で突出した改革を行う誘因を持つだろう。

　アメリカの政党は地域を基本とするために同じ党名を冠していても地域ごとに異なる性格を持つ可能性がある。しかし，それらの政党組織は大統領選挙などの際に協力体制に入る。その際には，立場の違いを超えて協力する条件として，地方の要望が全国党大会で党の綱領に含まれることもある。このように，アメリカでは，州や地方のレベルで達成された政策革新が，連邦の政治とつながる経路があるのである。

6. 連邦制と地方政府をどう考えるか

　最後に，以上の議論を踏まえて，アメリカの連邦制と地方政府という枠組みをどう評価すればよいか，簡単に整理しておこう。

　アメリカの連邦制を評価する際に最も問題となるのは，州以下の政府に多くの自律性が認められていることをどう考えるかである。肯定的な側面としては，州や地方の政府は多様なアイディアを提示し，互いに競争しあう環境におかれているために，国民に多様な選択肢を提供することができるとともに，より優れたアイディアに基づいて政策革新を達成しやすい状況が作り出されている点を指摘することができる。

　他方，州に自律性を認めることには弊害も存在する。1960年代まで南部諸州が州の主権を根拠として人種差別を存続させてきたことはその端的な例である。州政府は，連邦レベルでの争点に対して否定的な結果をもたらすような介入を行うこともありうる。また，連邦政府が社会福祉などの分野で，アメリカ全土で一律のサービスを実施するのを困難にしていることも指摘できるだろう。

　近年では，中央政府と地方政府の役割分担に関する議論が世界的に高まっている。アメリカの事例は，地方分権改革が大きな争点となっている日本の今後のあり方を考える上でも，多くの示唆を与えるだろう。

第3章
人種とエスニシティを めぐる政治

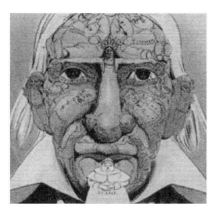

移民で構成される「アンクル・サム」

第1節　アメリカにおける民族とは

　これまでの章で，アメリカが多民族社会であることを強調してきた。ただし，アメリカ社会の多民族性について理解する上では，いくつか注意すべき点がある。

　まず，日本語の民族という言葉とエスニック集団という言葉では，意味合いの異なるところがある。日本語の民族という言葉は，共同体的な絆の強さを感じることを当然のこととして想定している。日本人ならばこう考えるはずだという形で，民族の個々のメンバーが文化的に同質的で，その基本的な発想が類似していると見なす傾向が強いのである。

　これに対してアメリカでは，エスニック集団ごとに性格の違いはあるものの，総じてエスニック集団としての自立性や一体性が強く保持されているわけではない。アメリカの都市部では，様々なエスニック集団が，エスニック・コミュニティを形作っている。この例としては，中国からの移民が多いチャイナ・タウンなどがあげられるだろう。だが，そのように民族性を残しているのは，むしろ例外的である。

　また，アメリカへの移住者ないしは移民が，母国ないし故地では民族と見なされていないのに，アメリカに移住して定着することによって，エスニック集団化するものがある。例えば，メキシコにおけるメキシコ人は，民族集団とは考えられていない。しかし，合法・非合法問わず，越境してアメリカに入国した人々は，メキシコ系アメリカ人と見なされるようになる。メキシコ系アメリカ人は，メキシコから来たという共通意識はあるかもしれないが，もともと民族意識があるわけではないので，日本で民族といって想起されるような，自立性や一体性を持っているわけではない。

　このようなメカニズムは，程度の差こそあれ，どのエスニック集団にも当てはまる。難しいのは，移民はアメリカでは純粋なアメリカ人と見なされているわけではないことである。その意味で彼らのアイデンティティの問題は困難な問題を突きつけている。同時に，アメリカ側からすれば，エスニック集団をどのようにして国内で統合するかが大問題となる。

62——第3章　人種とエスニシティをめぐる政治

アメリカについて考える上で避けて通ることができないのが，黒人の問題である。アメリカの黒人については，近年ではカリブ海やアフリカから移民してきた人も増えている。仮に，移民という言葉を移動する民とその子孫と定義するならば，黒人はその大半が祖先がアフリカ大陸から移動してきた人々である。とはいえ，黒人の祖先の多くはかつて奴隷として強制的に連れてこられた人々であり，自発的にアメリカに入国した移民とは性格が異なる。バラク・オバマという黒人大統領を戴いたことのある今日においても，黒人がアメリカの政治や社会に占める位置は独特である。

本章の最後では，白人をめぐる問題についても検討する。中南米系やアジア系の移民が増大する中，1960年には人口の85％を占めていた白人（中南米系を除く，以下同様）の人口は，2040年代には半数を下回ると予想されている。白人の中には近年社会経済的地位を低下させつつある人がいる。彼らの意識が政治にどのような影響を及ぼしているかを検討する。

第2節 移 民

1. アメリカにおける移民の意味

アメリカは，建国以来多くの移民を迎え入れてきた国であり，今日も合法移民だけで年間70万人を受け入れている。また国内に，1000万人を超える不法移民が居住している。

アメリカは，ヨーロッパの君主制や宗教的迫害から逃れて，すばらしい世界を作り上げた移民の国という自己認識を持っている。その経緯や信念からすれば，自分たちと同じく自由や成功を求めてアメリカへの移民を希望する人を受け入れるのは自然である。難民や亡命者も，アメリカ国民に，自身やその祖先の苦難に満ちた過去の移動を思わせ，アメリカが自由と機会の国であることを再確認させる。このような観点からすると，アメリカが移民，難民を受け入れるのに積極的なことは理解できるだろう。

とはいえ，移民を受け入れることにも問題が伴っている。移民が携えてくる出身国の文化と価値観は，アメリカの一般的な文化や価値観としばしば異なるからである。アメリカは移民の国であるとともに，イギリスを中心とするアン

グロ・プロテスタントの入植者によって建国され，その文化や価値観を前提とした上で，アメリカ的信条を中心とする国家の基盤を作り上げてきた。自由や平等などの普遍的，抽象的理念を国家のアイデンティティの基礎として位置づけ，そのアメリカ的信条を共有する人をアメリカ人と定義してきたのだが，新たな移民がそれらの価値を受け入れるかどうかは事前にはわからない。また，移民にアメリカ的信条を身につけるよう強制する制度的装置も存在しない。

アメリカが行いうるのは，入ってくる移民の数を制限すること，あるいは，移民を教育してアメリカ的な価値観を身につけさせることである。連邦制との関係でいえば，流入する移民に制限をかける権限があるのは連邦政府なのに対して，実際に流入してきた移民に対応するのは州政府や地方政府である。これは，連邦政府と州・地方政府の意思疎通がうまくいかないことがありうることを意味している。

以下では，移民をアメリカ国内に統合する上で提示されてきた様々な理念を簡単に整理した上で，連邦政府が採用してきた移民の出入国政策について説明したい。

2. 移民統合をめぐる理念・シンボル

アメリカについては，人種の坩堝という表現がなされることが多い。金や銅などが坩堝の中で融合して合金となるように，諸々の民族的背景を持つ人々がアメリカという坩堝の中で平等な立場で混じり合い，新たなアメリカ人として生まれることを意味する比喩である。これは，いわば，国民性についての融解・再形成論ということができる。前世紀転換期に3度も民主党の大統領候補に選出された経歴を持つウィリアム・ジェニングズ・ブライアンは，「ギリシャ人も，ラテン人も，スラブ人も，ケルト人も，チュートン人も，そしてサクソン人も偉大である。けれども，これらの人々の徳を集めたアメリカ人はさらに偉大である」と述べたとされるが，これはまさに人種の坩堝の信念を表現しているといえる。イズレイル・ザンクヴィルの同名の戯曲により人口に膾炙するようになったこのヴィジョンは，とりわけ出身国での迫害から逃れてきた人々にとっては一種のユートピア思想であり，国民統合を促進する上で大きな役割を果たしたとされている。

64——第3章 人種とエスニシティをめぐる政治

だが，この坩堝の中に入ることが認められるのはヨーロッパ系のエスニック集団のみであり，いわゆる有色人種が加わることは想定されないことが多かった。また，実際のアメリカ社会は，全ての民族が平等な立場で混ざり合う坩堝ではなく，トマト・スープのようなものだったといわれることも多い。トマト・スープでは，パセリやセロリなどが風味を増すために加えられることはあっても，いずれはベースのトマトと一体化して原形をとどめなくなる。この比喩から推測できるように，WASP（白人，アングロ・サクソンのプロテスタント）の文化的基盤は揺らぐことがなく，移民が入ってきても，いずれはWASPの文化に同化するという考え方であり，アングロ順応論とでも呼ぶべきものである。

　人種の坩堝にしてもアングロ順応論にしても，移民が持っていた属性は，いずれ変質ないし消滅することが前提とされていた。このような考え方への反発を背景に生み出されたのが，多文化主義につながる考え方である。しばしばサラダ・ボウルやモザイクに例えられるように，それぞれの文化集団の特性は変化せずに残ることを強調するこの考え方は，広く文化的多元論と呼ばれ，20世紀初頭から強調されるようになる。ただし，初期にこの立場をとった人々の議論はエリート・レベルで行われた規範論であり，ネイティヴ・アメリカンや黒人，アジア系などの非ヨーロッパ系白人を含んでいなかった。

　これに対し，第二次世界大戦後，とりわけ1950年代以降に主張されるようになった第二期の文化的多元論は，黒人，中南米系，アジア系，ネイティヴ・アメリカンなどのいわゆる有色人種と呼ばれるマイノリティを含み，社会運動の次元でも展開された。この第2期の文化的多元論は多文化主義と呼ばれることもある（ただし，多文化主義という表現は多義的で，論者により念頭に置かれるものが異なることも多い）。この思想と社会運動は，時に各集団の文化的特性を強調する，一種のエスノ・セントリズムを伴うことも多い。この考え方によれば，万人に向かって普遍性を標榜できるとされていた理念や思想，例えばアメリカ建国の理念も，書き手の民族人種的アイデンティティやジェンダーによって規定され，特定の集団の利益関心を表明するものと評価されるのである。

　このような第二期の民族的多元論は，アメリカ社会に大きな論争を巻き起こ

第2節　移　民——65

している。多元性を強調し過ぎるとアメリカ社会に混乱を引き起こし、アメリカが分裂するのではないかという懸念が示されたのである。

　実際に、どの比喩を用いるにしても、アメリカ内部にどのような要素を取り込むかは困難な問題を伴っている。坩堝に複数の金属を投入するにしても、その圧倒的な部分が金であるならば、それは純度の低い金と見なされるだろう。トマト・スープに若干のクルトンが入れば食感を楽しむことができるかもしれないが、クルトンがあまりに巨大でトマトより比率が高くなれば、もはやトマト・スープといえないだろう。また、サラダ・ボウルも、中に多少のハムやベーコンが入っても構わないが、それらが野菜を凌駕してしまうと、もはやサラダとはいえなくなるだろう。このように考えると、アメリカに入ってくる移民をどのように制限するかが重要になるのである。

3. 連邦の移民政策 (1)——1924 年移民法と 1965 年移民法

　移民政策は、相矛盾する利益や理念がぶつかり合う争点であり、雇用や経済成長、人口動態、文化、社会福祉、権力分布、外交関係、安全保障など、様々な領域に影響が及ぶ。エリートの合理的判断と、時に非合理な一般国民の感情的判断がぶつかり合う政策領域でもある。

　アメリカは時に移民から成る国と評される一方で、新たな移民に対しては複雑な態度を示してきた。多くのアメリカ人は、自ら、ないしその祖先の移民としての経験に思いをはせる。その一方で、今日、そして将来の移民に対して反発心や不安を感じるのである。

　経済面に関しては、企業経営者は、潤沢で安価な労働力を提供する移民をアメリカに繁栄をもたらすものとして高く評価する。他方、労働組合の人々は労働基準や経済的保障を損なうものとして移民を批判的にとらえている。

　外交、安全保障面に関しては、冷戦の文脈で、資本主義陣営に引き入れたい国からの移民を受け入れたり、共産主義圏からの難民受け入れに積極的になることもあった。他方、2001 年の 9. 11 テロ事件以降に顕著に見られたように、安全保障の観点から移民の受け入れに消極的になることもある。

　このように、移民政策は多様な理念と利益関心が表出される政策領域なので、時期に応じて全く異なった表れ方をすることになる。一般に、アメリカ人が自

66——第 3 章　人種とエスニシティをめぐる政治

国の政治社会の安定に自信を持ち，その経済的繁栄を疑わない時には，人種的・民族的差別感情も弱くなり，安価な労働力に対する需要も大きくなるため，開放的な移民政策が採用される。逆に，政治社会が動揺し，不況が見舞うと，移民は低賃金や文化的な分裂をもたらすとして嫌悪され，排斥されてきた。その意味で，移民制限立法は，アメリカ社会の自己診断としての意義を持つともいえるのである。

今日のアメリカの移民法の大枠を規定しているのは，1965年の移民法である。そして，その移民法が設定された際の主眼は，1924年の移民法の原則を覆すことにあった。1924年の移民法は，アメリカ史上，最も本格的な移民制限を課した法律である。同法は，アメリカに入ることのできる移民数に制限を設けるとともに，1890年の人口統計調査における外国生まれの人口を基準として，元国籍を同じくする集団にそれぞれにその2%を移民枠として按分する，元国籍割り当て制度と呼ばれる方式を採用していた。

第一次世界大戦中，労働力が不足したために，南部の黒人が農村から都市へ，また，南部の都市から北部の都市へと移住してきていた。だが，第一次世界大戦後に復員兵が戻ってくると，労働力が余剰になった。当時は機械化，産業化が進展していたため，労働力の必要性も従来と比べて低下していた。このような経済状況の中で，移民を制限しようとする機運が高まったのだった。

また，法律が1924年に採択されたにもかかわらず，1890年の人口統計調査を基準とした背景には，当時のエスニック構成の大変化があった。19世紀のアメリカ国民の大半がプロテスタントだったのに対して，1890年以降，東・南欧から，ユダヤ系やカソリックを中心とする，新移民と呼ばれる人々が，急速，かつ大量に流入してきたからである。

興味深いのは，当時の移民問題がしばしば人種問題として議論されていたことである。前世紀転換期には，新聞に掲載される風刺漫画などでアイルランド系やイタリア系の人々が有色人種として，顔に色が付けられていることが多かった。プロテスタントではないヨーロッパからの移民は，WASPとは異なる人種と見なされた。プロテスタントの人々は，カソリックの大量流入に不安を感じた。アメリカ的信条を信じる個人主義的な人々こそがアメリカ社会の中核だと考えていた人々からすれば，バチカンのローマ・カソリック教会に忠誠心

第2節 移 民——67

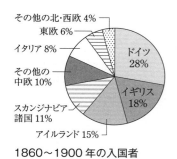
1860〜1900年の入国者

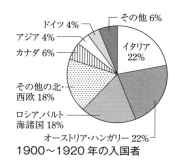
1900〜1920年の入国者

を示すカソリック教徒が大量に流入してくるのは脅威だった。

　ユダヤ教徒の流入は，それ以上に脅威だった。そもそも，彼らはキリスト教徒ではない上に，1914年にロシア革命が起こって以降に東欧から移民してきたユダヤ系の多くは，共産主義に共感するところがあった。異教と共産主義から自由と民主主義を守らねばならないという主張は，国民の支持を集めた。

　そこで，移民制限論者は，100％アメリカニズムを主張するシオドア・ローズヴェルト政権期の1917年に入国希望者に識字テストを課した。1921年には，西半球の国を除く全ての国を対象に，1910年の国勢調査の結果に基づき，出身国ごとにアメリカ国内に居住する者の3％を上限とする割当制を導入した。1924年の移民法はそれをさらに進めて，東・南欧やアジアからの移民がさほど来ていない1890年を基準として，移民の流入に歯止めをかけることが目指された。同法は年間の移民数の上限を16万5000人に定め，移民査証発行枠の84％を北欧と西欧に割り当てた。

　だが，第二次世界大戦を経て，かつては排斥の対象だった新移民のアメリカ社会への定着，同化が進むにつれて，元国籍主義に対する批判も強まっていった。戦争は国家に対する忠誠心を強く問う出来事だが，命をかけてアメリカのために戦った，カソリックやユダヤ教徒，アジア系を拒み続ける理由はないと考えられた。また，冷戦の開始に伴って，自由主義の守護者を任じて，その勢力を拡大しようとしているアメリカが，味方にしたいと考える地域からの移民を拒むのは問題だと考えられた。実際，冷戦下の難民受け入れを機に，割り当て制は徐々に崩れていった。

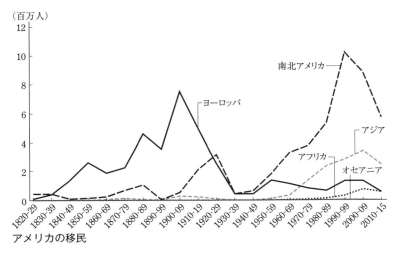
アメリカの移民

　元国籍主義に潜む民族的偏見を覆し、この制度を廃止に向かわせたのは、アイルランド系移民の曾孫であり、アメリカ史における移民の貢献を高く評価していた、ケネディ大統領だった。これは、ケネディの個人的イニシアティヴというだけではなく、その背景に、1950年代後半以降の公民権運動の帰結として、人種、エスニシティ観が激変したことや、冷戦下で勢力圏を広げようとする意図が存在したことも指摘できるだろう。

　しかし、ケネディ大統領は移民法を改正する前に暗殺されてしまった。ケネディの死をうけて大統領に就任したリンドン・B・ジョンソンは、最初の年頭教書で、「我々は、我が国への移民志願者に対して、『あなた方はどこに生まれたのですか』とではなく、『あなた方はアメリカにどんな貢献をできるのですか』と問わなければならない」と述べた。その年の大統領選挙でジョンソンが大勝利したのをうけて、移民法改正は、人種や民族を理由とする差別の撤廃を謳った偉大な社会計画の一環として、議会の討論の俎上に乗せられた。

　ジョンソン政権の下で採択された1965年移民法は、移民査証の発行において、人種、性別、国籍、出生地、居住地に基づく差別的措置を禁じ、高技能者と、すでにアメリカに居住している人と近親関係にある人を優先的に受け入れることになった。

　この1965年の移民法は、1年間の受け入れ移民数の上限を、東半球につい

第2節　移　民——69

ては 17 万，西半球については 12 万と定めたため，大量のアジア系移民が訪れることとなった。これは，19 世紀末の中国人排斥に始まるアメリカのアジア系に対する法的差別の歴史に終わりを告げた点で画期的だったが，アメリカ国民の間に新たな反アジア感情を引き起こす契機となった。アジア系の中でも家族の再結合という原理に基づいてやってきた人々は，最底辺の仕事を低賃金で行うことが多かった。それらの仕事は従来は黒人が担っていたため，アジア系移民が黒人の仕事を奪った形になり，黒人の間で反アジア系の意識が芽生えることとなった。新たな移民が黒人の仕事を奪うのは，アジア系のみならず中南米からの移民においても見られた現象である。

4. 連邦の移民政策 (2)——中南米系移民をめぐって

　1965 年の移民法改正がもたらした最大の影響は，中南米系移民の増大をもたらしたことである。アメリカは伝統的に自らを西半球の盟主と位置づけ，中南米をアメリカの経済圏に属すると考えてきた。中でも，隣接するメキシコはかねてよりアメリカに安価な労働力を供給しており，米墨国境の警備もほとんど行われていなかった。

　中南米からの移民が増大したのは，1965 年移民法で定められた離散家族の再結合という原則と，合衆国憲法が採用する出生地主義原則が大きな意味を持ったからである。アメリカとメキシコの間には圧倒的な経済格差が存在するため，仕事を求める人々が越境してきた。移民してアメリカ国籍を取得した人が申請すれば，その家族はアメリカ国籍を取得しやすくなるので，合法移民が雪だるま式に増大した。また，出入国管理が厳格に実施されていない状況を利用して，不法移民も増大した。合衆国憲法の規定上，不法移民や外国人の間にできた子どもであっても，アメリカ国内で生まれた場合にはアメリカ国籍が与えられる。彼らが 21 歳になると家族を呼び寄せてアメリカで合法的に居住できるようになる。近年ではその制度を利用するため，米墨国境付近にはメキシコ人専用の出産用クリニックも建設されて活用されている。

　この状態は移民を送り出す中南米諸国にも利益をもたらしている。移民送出国にとってアメリカへの移民がもたらす外貨は魅力的なので，近年では中南米の国の中に二重国籍を認めるところが増えている。その結果，中南米系移民の

中にはいずれ出身国に帰国することを想定して，子どもに英語ではなくスペイン語で教育をうけさせようとする人々もいるのである。

　アメリカは二大政党制の国だが，移民問題は党派を横断する争点となっている。民主党内では，中南米系の票獲得を目論む政治家が，近親者を呼び寄せたい有権者を意識して移民に友好的な立場をとっている。ただし，民主党でも労働組合に近い立場の政治家は，移民増大に伴う賃金低下を懸念して移民に敵対的な立場をとる。片や，共和党についても，労働者の賃金低下を目論む企業経営者に近い議員は移民を歓迎するが，移民がもたらす社会的混乱に不満を感じる地域から選出された議員は，移民に厳格な態度をとるのである。

　このように，移民問題に対する立場が党派を横断する中で移民改革を達成するためには，相矛盾する立場を妥協させて呉越同舟的な連合を形成する必要がある。それが成功した事例が，ロナルド・レーガン政権期に通過した 1986 年の移民改革統制法（IRCA）である。これは，①300 万人の不法移民に合法的地位を与え，②以後の不法入国を防止するために国境警備を強化し，③不法移民であることを知って労働者を雇用した者に罰則を与えるという 3 つの措置から成っていた。だが，国境警備厳格化と不法移民の入国防止は成功せず，今日も不法移民対策の必要性が提起され続けている。

　レーガン以降の政権が実現を目指してきた改革案も，IRCA と同様，アメリカ国内にすでに居住する不法移民の一部に合法的地位を与えるとともに，以後の不法入国を防止するための策をとることだった。共和党のジョージ・W・ブッシュ大統領は，中南米系移民が多く居住するテキサス州で知事を務めたこともあり，共和党の大統領の中でも例外的に多くの支持を中南米系有権者から得た。そこで，不法移民に合法的地位を与えることで，中南米系有権者を共和党の支持連合の中に組み込めないかと考えた。だが，共和党内の移民反対派はそのアイディアに反対した。IRCA の結果として合法的地位を与えられた人々の多くは民主党支持に回っており，不法移民への合法的地位付与は民主党の支持基盤を強化する可能性が高いと考えられたからである。その結果，ブッシュ政権による改革案は連邦議会下院の支持を得られなかった。そして，2001 年の 9.11 テロ事件以降，国土安全保障と移民問題の関係が大きな争点となるようになった。

オバマ政権も不法移民への合法的地位付与と国境取締り強化の両立を図ろうとした。ブッシュ政権案の挫折が与えた教訓は，共和党議員の多くは，国境強化と不法移民取締りを優先していることだった。そのため，オバマ政権はブッシュ政権以上に取締りを重視し，不法移民のうち犯罪者を国外退去させることに力点を置いた。しかし，共和党が多数を占める下院では，国境取締り強化のみを実施するよう主張され，移民改革法案は通過しなかったため，オバマは大統領令で不法移民対策をとろうとした。

アメリカでは2050年までには中南米系を除く白人が全国民中に占める割合は50％を下回ると予想されており，今後はマイノリティ，とりわけ中南米系の票が大統領選挙の行方を左右するともいわれている。こうした中で，近年の大統領選挙の出口調査結果を見ると，民主党が中南米系やアジア系，黒人などのマイノリティ票を獲得できている一方で，共和党は白人の票に依存しており，マイノリティ票を獲得できていない。

中南米系の多くは民主党に投票する傾向があり，移民法改革の成否にかかわらず，以後も民主党は中南米系の票の多数を獲得し続けると予想することができる（ただし，キューバ系は共和党を支持している）。他方，移民法改革の行方は共和党に深刻な問題を突きつけている。共和党が今後大統領選挙で勝利するためには，中南米系の票を一定程度獲得することが不可欠だからである。

だが，移民法改革の前途は多難であり，とりわけ下院の共和党議員の中には不法移民への合法的地位付与に強硬に反対する人々が存在する。上院議員は州全体が選挙区となっているために，多様な民族的背景を持つ人々が居住する州では多様な有権者に訴えかける必要がある。このため，共和党議員の中にも移民改革法案に賛成する人が存在する。しかし，下院の場合は，全米435の選挙区から1名ずつ選出されているので，保守的な白人の多い選挙区で選出された議員の多くは，不法移民への厳罰化と国境取締まり強化のみを実現するよう主張している。

アメリカに特有の大統領選挙の方式も，共和党の大統領候補が不法移民に寛大な対応をとるのを困難にしている。大統領を目指す人が党の正式な候補として認められるためには，各州で予備選挙や党員集会を勝ち抜く必要があるが，その投票率は低く，党員集会の場合は1〜2％程度となることもある。平日に

72——第3章　人種とエスニシティをめぐる政治

行われる予備選挙や党員集会に参加する人は，特定の争点で強硬な立場をとる活動家が多い。そのため，反移民活動家の支持を獲得するために，本来は移民に友好的な態度を示していた候補であっても，選挙が進むにつれ，立場を強硬化していくのが一般的となっている。

すでに国内に多数居住する不法移民にどう対処するか，今後数が増大すると考えられる中南米系移民にどう対応するかは，移民国家アメリカのアイデンティティに関わる問題であるとともに，今後の大統領選挙の行方も左右する大問題である。

第3節　人種問題

1．植民地時代から南北戦争前まで

アメリカで黒人は独特の位置を占めている。その理由を解明するためには，奴隷制の問題に立ち返る必要がある。

アメリカでは，植民地時代の初期から黒人奴隷制が確立されていたわけではない。むしろ，植民地時代の初期には，白人の年季奉公人が労働力として用いられることが多かった。黒人奴隷の輸入は17世紀初頭に始まったが，その後しばらくは，黒人と白人年季奉公人の間で，労働条件に大きな違いはなかった。むしろ，黒人奴隷の購入価格は高かったため，初期には年季奉公人がプランテーションの労働力の中心だった。しかし，時が経つにつれて，黒人に対する依存度が高まっていった。

その理由については必ずしも明らかになっていないが，年季奉公人が確保しにくくなる一方で，奴隷の寿命が延びて奴隷制が採算に合うようになったからという説明がされることがある。それに加えて，ベイコンの反乱に見られるように，年季奉公人の不満が高まっていったことも背景にあるだろう。また，宗教が原因の一つではないかという説もある。

ヨーロッパ的な啓蒙主義に立脚したアメリカでは，社会の構成員は自由で平等と見なされた。この原則に従えば黒人も自由で平等な存在となるはずだが，当時の白人には黒人はそう映らなかった。そのような中で，全ての人間は自由で平等だという理念を維持するためには，自由でも平等でもない者は人間でな

いというより他はない。つまり，黒人を人ではないとすることで，（黒人と先住民を除く）白人からなるアメリカは，自由と平等の国として成立することができたのである。「アメリカは自由と平等を重視する民主主義国であるにもかかわらず，先住民や黒人に対する極端な差別がある」といわれることがある。だが，建国期には，アメリカは自由と平等を重視していたが故に，極端な人種差別を生み出さざるを得なかった側面もあるのである。

　もちろん，奴隷制が自由や民主主義という理念にそぐわないと主張する人々も，建国当初から存在した。イギリス国王の圧制に立ち向かいつつも，国内では圧迫者となるのは矛盾しているからである。しかし，当時のアメリカでは，国家の統一を保つことを最優先する立場から，黒人奴隷の問題を争点化しないことになった。

　問題となったのは，合衆国憲法における黒人の位置づけだった。黒人をめぐる南北間の温度差は建国当初から存在した。南部がプランテーション経営のために大量の奴隷を必要として黒人を財産と位置づけるよう主張したのに対し，北部諸州が黒人も人と見なすよう主張したからである（ただし，植民地時代には奴隷は南部に限られていたわけではない）。

　ただし，当時の状況では，憲法を制定してイギリスからの独立を完全なものとすることが最優先された。そこで，合衆国憲法制定会議では，①奴隷という表現は使わずに，アメリカにいる者を「自由な人間」と「その他の人間」に分けること，②連邦議会下院の議員定数配分の算出にあたって，その他の人間，すなわち奴隷1人を自由人の5分の3人と計算すること，③20年後の1808年には奴隷貿易を廃止すること，という妥協がなされた。なお，黒人が自由人かその他の人間かの決定は州政府に委ねられたため，南部諸州が黒人を奴隷とすることが実質的に認められてしまった。かくして，黒人は，北部では自由人，南部では奴隷となったのである。

　このような状況は南北戦争で改められることになるが，南北戦争勃発までの黒人奴隷の地位は，実はさほど低くなかったという説もある。黒人は連邦議会の議席配分の際には5分の3人として参入されていたので，南部諸州は北部と対抗するためには奴隷人口を増加させた方が良いと考えたからである。また，奴隷主にとっても，自らの財産である奴隷をある程度優遇して逃亡を防止し，

74——第3章　人種とエスニシティをめぐる政治

人数を増やす方が，経済的にも望ましかった。奴隷に対する体罰も，体を傷つけてしまうと財産価値が下がるので，控えられる傾向にあった。他人の奴隷に対して暴力をふるうことは，財産権に対する侵害と見なされた。奴隷の処遇は，奴隷を使い捨ての消耗品と見なして酷使した中南米の奴隷制と比べると良好だった。黒人に対するリンチなどは，むしろ，黒人が財産とは見なされなくなって以降，すなわち南北戦争以後に増大したのである。

2. 南北戦争とジム・クロウ

先ほど，アメリカの北部は奴隷制を禁止した自由州，南部は奴隷州だったと説明したが，アメリカが徐々に西部に拡大していくにつれ，新たに州に昇格した所を自由州とするか奴隷州とするかが問題となった。

南部諸州は奴隷州を増大させようとしたが，北部では自由州とするように主張する人が多かった。ただし，これは，北部が人種差別を否定していたことを意味したのではなかった。北部では，奴隷制は人道に悖るという意識を持つ人は相対的に多かったものの，白人と黒人が平等だと考えられていたわけではなかった。実際，奴隷制導入に反対した人の中には，西部に自由な白人労働者のための土地を確保する観点から，奴隷制の拡大阻止を主張した人々も存在した。彼らの運動は自由土地運動と呼ばれている。

歴史的には，1820年に，自由州と奴隷州の数を均衡させるというミズーリ妥協が行われた。しかし，ミズーリ妥協は次第に尊重されなくなり，準州が州に昇格する際には，住民主権の原則に基づいて住民が自由州にするか奴隷州にするかを選択できるようにされた（キャンザス＝ネブラスカ法，1854年）。当時は，民主党とホイッグによる二大政党の時代だったが，奴隷制は両党を横断する争点となり，連邦議会の政党政治は行き詰まりを見せた。その中で，自由土地運動の流れを汲み，奴隷制拡大に批判的な共和党が登場し，1860年の大統領選挙では同党のエイブラハム・リンカンが勝利した。

とはいえ，当時は連邦政府よりも州議会の権限が強かったこともあって，大統領就任当時のリンカンは，奴隷制度が現存している州の奴隷制には介入しないと宣言していた。しかし，奴隷制拡大に批判的な立場を示す共和党が躍進したことを脅威と考えた南部諸州は，南部連合を結成して，連邦政府からの離脱

第3節　人種問題——75

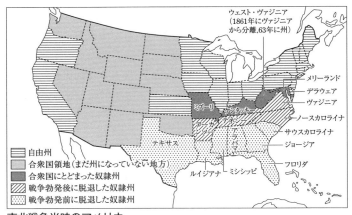

南北戦争当時のアメリカ

を宣言した。これに対してリンカンは，連邦を維持するために武力行使を宣言した。南北戦争の戦争目的は連邦の維持であり，奴隷解放は戦争目的ではなかったのである。

　だが，奴隷制の問題は，徐々に中心的争点になっていった。南北戦争は志願兵によって戦われていたが，開戦後，黒人たちが入隊を願い出るようになった。連邦軍は当初，奴隷州でありながら連邦にとどまっていた境界州（ミズーリ，ケンタッキー，デラウェア，メリーランド，ウェスト・ヴァジニア）を刺激するのを恐れてその申し出を断っていた。しかし，南部から多くの奴隷が北部に逃亡し，従軍を希望するようになっていった。当初は現場の指揮官が黒人を元のプランテーションに追い返すこともあったが，逃亡奴隷が急速に増大していくと，徐々にそれら黒人を受け入れるようになっていった。

　そして，戦争が長期化し，南部と綿製品の取引のあるイギリスやフランスが南部支援の動きを見せるようになると，連邦軍は南北戦争を奴隷を解放するための人道的戦争と位置づけ，反奴隷制感情の強いイギリスの国内世論に訴えかけるなどして，英仏両国の介入を阻止した。また，奴隷解放宣言を出せば，南部の奴隷が北部に逃亡してくるようになるので，南部の社会・経済の根幹を破壊できると考えられた。当初リンカンは大統領には奴隷解放を決定する権限はないと考えていたが，このような経緯を踏まえて奴隷解放宣言を出すに至った。いうなれば，奴隷解放は連邦を守るための軍事的措置だったのである。

最終的に，リンカンは奴隷にも自由や権利を認めると宣言し，これはアメリカ国民の意識改革につながった。リンカンは 1865 年に暗殺されたが，これをもってリンカンは，全ての国民は平等だという一種の市民宗教を打ち立て，殉教したのだという人もいる。

　しかし，リンカンの死後，副大統領から大統領に昇格したアンドリュー・ジョンソンは，黒人の地位向上のために積極的な措置を講じなかった。そもそもジョンソンは，境界州を刺激しない，人種問題に関して保守的な人物であるが故に，副大統領に選ばれた人物だった。ジョンソンは南部諸州に対して，奴隷制の廃止，南北分離の取り消しなどを謳った州憲法を制定することを条件に連邦への復帰を許可したが，選挙権を含む黒人の扱いについては各州の判断に委ねることとした。

　その結果，黒人は何らの制度的保障もないまま解放されたため，白人の経営するプランテーションで奴隷に近い状態で労働することを余儀なくされた。もはや財産と見なされなくなった黒人に対する扱いは，劣悪なものとなった。また，選挙権については，南部では，祖父が選挙権を持っていなかった者には選挙権を認めないという祖父条項や，識字テスト，納税額などに基づいて選挙制限が課されることとなった。そもそも，本選挙が行われる前に候補を決定するための予備選挙が白人だけで行われていたこともあり，南部では黒人は実質的に政治参加の権利を奪われたままだった。

　19 世紀末には，南部諸州で黒人に対する差別が合法化されていった。例えば，黒人と白人は別々の学校で教育されたし，バスの座席やレストランのテーブルも人種別に分離されていた。このような分離を行う法律はジム・クロウと総称されるが，合衆国連邦最高裁判所も，1896 年のプレッシー対ファーグソン事件判決で，「分離すれども平等」という原則を打ち立て，施設が平等ならば黒人と白人を隔離しても合衆国憲法の定める平等条項には違反しないとしてジム・クロウを正当化したのだった。

3. 公民権運動

　南北戦争後，北部では選挙権を行使する黒人も一定程度存在した。それを踏まえて，フランクリン・ローズヴェルト大統領とハリー・トルーマン大統領は，

第 3 節　人種問題——77

黒人の支持獲得を目指して連邦裁判所の判事に黒人の公民権を重視する人物を任命したため，下級審を中心に，ジム・クロウに批判的な判決も出されるようになった。だが，人種隔離の問題が改善されるようになるには，1950～60年代を待たねばならなかった。

1950年代後半以降の公民権運動を活性化する契機となったのが，1954年に連邦最高裁判所が下した，ブラウン対トピーカ市教育委員会事件に関する判決だった。これは公立学校における人種分離教育を違憲としたもので，前年にドワイト・アイゼンハワー大統領が連邦最高裁判所長官に任命したアール・ウォーレンの下，9人の判事の全員一致で下された。連邦最高裁判所は，人種隔離制度そのものが本質的に不平等で，法の下の平等を定めた合衆国憲法修正第14条に違反するとして，分離すれども平等という考え方を否定した。

このブラウン判決の理念は，形を変えて以後何度も表明されるようになる。1955年にアラバマ州のモントゴメリーで，全米黒人地位向上協会の書記を務めていた黒人女性のローザ・パークスがバスで白人に席を譲るように運転手から指示されたのを拒否し，逮捕された。これをきっかけにモントゴメリーの黒人はバスのボイコット運動を開始したが，その中心となったのが，マーティン・ルーサー・キング2世だった。この運動はほぼ1年間続き，1956年に連邦最高裁判所はバスにおける人種差別を違憲とする判決を下した。

ブラウン判決はアメリカの人種関係を根本から変革する契機となるものだったが，南部の白人社会の抵抗は強固だった。例えば，1958年に，アーカンソー州リトルロック市が白人と黒人の共学に踏み切る決断をしたが，オーヴァル・フォーバス州知事はそれを阻止するために州兵を派遣すると宣言した。それをうけてアイゼンハワー大統領は黒人生徒の安全を確保すべく連邦軍の派遣を決定した。このように，人種統合を進めるためには，最高裁判所の画期的な判決と，連邦の行政部の確固たる意思が不可欠だった。

人種差別撤廃への道を一層推し進めたのはケネディ大統領だった。アメリカ初のカソリックの大統領だったケネディはリベラルな思想の持ち主でもあったが，冷戦の文脈から，アフリカを含む全世界でソ連と影響力を競い合う中で国内に人種差別制度を残しておくわけにはいかないという戦略的思考もあり，包括的な公民権の実現を模索した。

78——第3章　人種とエスニシティをめぐる政治

その頃，南部キリスト教指導者会議の議長となっていたキングを中心に，公民権運動と呼ばれる社会運動が全米に広まっていた。そのクライマックスともいえる 1963 年のワシントン大行進でキングは，「私には夢がある」という有名な演説を行った。キングは，白人と黒人がひとつの社会で平等に生活する夢を語り，アメリカの独立宣言や憲法で謳われた原則や価値に依拠しながら，非暴力的手段を通じて人種統合を実現しようと訴えた。

公民権運動が高まりを見せる中，ケネディ大統領の暗殺を受けて公民権推進に対する世論の支持は強まり，ジョンソン大統領の下で 1964 年に公民権法が成立した。その結果，レストランなど全ての公共施設において，また，投票，公立学校，連邦予算を用いる事業において，人種を理由に差別を行うことが禁止された。25 人以上を雇用する企業が，人種，宗教，出身国，性の違いを理由に，雇用差別をすることも禁止された。

ジョンソン大統領は，1965 年には，黒人の有権者登録の保護・促進を目的として投票権法を成立させた。公民権法の成立にもかかわらず，アラバマ州やミシシッピー州など深南部での黒人の有権者登録は，州当局や白人人種差別主義者の妨害によって進展しなかった。そのような地方で，有権者登録作業を監視する権限を連邦司法省に与えたのである。また，1968 年には住居に関する差別撤廃を目指す公正住宅法も制定された。

4. 積極的差別是正措置と急進的な運動

公民権運動などの成果として，黒人に対する，手続き上，法律上の差別は撤廃された。しかし，その結果として，黒人の社会的地位が白人と同等な水準にまで向上したわけではない。黒人はその後，貧富の差や失業など，事実上の差別や格差という，より困難な現実に直面することとなった。そして，その状況を改めるために，2 つの立場が現れた。積極的差別是正措置と，より急進的な運動である。

積極的差別是正措置は，ジョンソン大統領が大統領令で行った政策で，人種問題，ならびに女性差別問題に関して，単なる機会の平等の達成にとどまらず，結果の平等の実現を目指したものである。ジョンソンは大統領令で，連邦政府と契約する企業に対して，黒人などの少数集団および女性を優先的に採用する

第 3 節　人種問題——79

よう義務付けた。ジョンソンは，教育改革など，黒人の地位向上につながりうる広範なプログラムを積極的差別是正措置の中に含めて考えていたとされる。

だが，共和党のリチャード・ニクソン大統領やロナルド・レーガン大統領は，採用数などに一定の枠を設けるクオータ制や，同等の達成度を示す人物が複数存在する場合にマイノリティを優遇するプラス評価制などを積極的差別是正措置として強調するようになった。これらの措置は，包括的な社会改革を行うのに比べれば安上がりなため，共和党にも相対的に容認可能だった。また，積極的差別是正措置の対象が黒人だけでなく中南米系やアジア系にも拡大していくに及び，積極的差別是正措置の根拠は，過去の差別に対する補償から，多様性の確保へと変化していくようになった。

積極的差別是正措置の考え方は，1960年代のリベラルな考え方の下では国民の支持を集めたが，70年代後半以降にアメリカ社会が保守化していく中で批判にさらされるようになり，今日ではむしろ，逆差別をもたらすものと解釈されることも多くなっている。

もうひとつの，急進的な運動には様々な系譜があるが，初期のマルコムＸに代表される分離主義運動が代表的である（ただし，マルコムＸは後期には立場を変えている）。マルコムＸは，穏健なキングの戦略には批判的だった。キングは人種差別を否定するものの，非暴力不服従の立場に立って白人社会との統合を求め，黒人の平等な政治参加を求めていた。しかし，急進的な立場に立つ活動家はキングらの方式を，白人社会の価値観に追従し，黒人の誇りを否定するものと見なした。彼らは，アメリカ社会のルールを根底から作り直すこと，場合によっては白人社会からの黒人の分離を求め，その目的実現のためには暴力行使も辞さないという立場に立っていた。彼らからすれば，積極的差別是正措置も弥縫策に過ぎなかった。

比喩的に述べるならば，キングらの戦略は，白人と同じスタート・ラインに立つことが認められていなかった黒人が，同じスタート・ラインに立てるようにすることを目指すものだった。他方，マルコムＸらは，アメリカ社会におけるゲームのルールがそもそも白人優位に偏っている以上，スタート・ラインを操作しても不十分だと主張した。彼らによれば，中立的に見える社会制度が，人種的に偏っているのである。

このような急進的な立場を全ての黒人が支持しているわけではない。また，理論的に見ても，黒人と白人の相違と断絶を主張する立場は，人種の違いや差別を当然視するものだという批判もある。しかし，アメリカ社会に人種的なバイアスがかかっているという見解を共有する人々からすれば，選挙などの公式の政治参加だけに依拠するのではアメリカの政治と社会のあり方を根底から作り直すことはできないので，抵抗運動などを通して政治のあり方を問い続けることが重要だということになるのである。

5. 今日の黒人をめぐって

歴史的に黒人が差別を受け続けてきたことは，否定しえない事実である。そして，政府が過去の不正を是正する義務があるとの考え方にはコンセンサスがある（あった）といってよいだろう。だが，このような措置としてどのような活動を認めるべきか，また，どの程度まで認めるべきかについては意見の一致が見られていない。例えば積極的差別是正措置は白人に対する逆差別だという主張もなされている。また，マイノリティのみに特別な措置をとることは他の人々との差異を明確化し，固定化する役割を果たすという考え方も一定の支持を得ているといえる。

2008年の大統領選挙では，オバマが初の黒人大統領に選出された。これは，今日，黒人の社会的地位が向上していることの象徴的な表れである。ただし，オバマはケニア人留学生である父親と白人女性の間に生まれた人物であり，奴隷に起源を持つ典型的な黒人というわけではない。また，オバマはハーヴァード大学を出たエリートでもある。このような卓越した能力を持つオバマが黒人初の大統領となったことは，かえって，アメリカ社会で黒人が活躍するためのハードルを上げてしまったと指摘されることもある。

今日でも黒人は貧富の差や失業などの困難な現実に直面しており，その社会的地位は白人と同等なところまで向上していない。今日，福祉受給者数は黒人より白人の方が多いものの，黒人人口中に占める福祉受給者の割合は他人種と比べて高い。医療保険の無保険者率も高い。また，人種的プロファイリングなどもしばしば行われており，黒人の収監率も高い。

黒人の社会的地位を向上させるためには，黒人の政治参加が不可欠となる。

第3節　人種問題——81

にもかかわらず，黒人の投票率は低い。これは，黒人の間で政治的有効性感覚が低いことが一つの原因である。それと共に，ニューディールと1960年代を経て黒人と民主党との結びつきが強固になったのに伴い，共和党が黒人を動員しようとはしなくなったし，民主党も黒人が民主党に投票するのを当然とみなして，黒人の利益関心の実現に積極的に取り組む必要が低下したためでもある。

ただし，近年のアメリカの黒人政治は徐々に性格を変えつつある。アフリカやカリブ海から移民としてやってきた黒人が徐々に増大しつつあるからである。W・ブッシュ政権期に国務長官を務めたコリン・パウエルのように，彼らは共和党に政党帰属意識を持つことも多い。移民としてやってきた黒人の中には経済的に豊かな人も多く，民主党を支持する黒人とは共通性を持たないことも多い。さらに，そのような移民の黒人が，積極的差別是正措置を活用して名門大学に優先的に入学するなどして社会的地位を向上させることもある。アメリカの黒人を取り巻く状況は今日，大きく変化しつつあるのである。

第4節 「新しいマイノリティ」としての白人

近年，移民人口の増大と黒人の地位向上を受けて，労働者階級の白人に対する注目が集まるようになっている。彼らは経済的には必ずしも豊かではないため，リベラルな方針を示す民主党を伝統的には支持してきたが，ニクソンやレーガンの時期から，徐々に共和党を支持するようになっていき，その傾向が2016年大統領選挙に際して，共和党のドナルド・トランプ候補に対する支持という形で明確になった。

相対的に社会経済的地位を低下させつつある彼らは，1960年代以降に民主党やリベラル派が推進してきた進歩的政策に対して不満を感じている。とりわけ，人種や民族の多様性を認めるとともに，マイノリティが固有のアイデンティティや慣行を維持・表明することを公的に認めようとする多文化主義の考えに対して，彼らは反発している。多文化主義を提唱する論者は，アメリカでは白人性に高い価値が置かれており，白人は生まれつき，意識しない次元で特権を享受していると主張する。しかし，白人ばかりの地域で生まれ育った白人は，そのような特権を実感したことはなく，むしろ，メディア等を通して喧伝され

る積極的差別是正措置を通して逆差別を受けているという意識を持つようになっている。

　彼らは，黒人や移民が，働かずに公的扶助プログラムを受給していると誤解していることも多く，自分たちが支払っている税金がそのような人々のために利用されているのではないかとの疑念を抱いている。また，産業構造の変化と機械化の進展の結果として賃金が低下した人は，家庭内で妻の方が高給取りになった場合もある。そのような立場にある労働者階級の白人男性は，人種的，民族的マイノリティからは逆差別を受け，成功を収めている白人からは見捨てられ，男らしさも失っているという幾重もの被害者意識を持つようになっている。

　ある論者は，このような労働者階級の白人男性のことを「新しいマイノリティ」と呼んでいるが，彼らが今後どのような行動をとるかに注目する必要があるだろう。

第4章
官僚制と政党の発展

二大政党のロゴマーク

第1節　アメリカの官僚制の特徴

　これまでの章で説明した統治構造の基本的枠組みは，1785年に定められた
アメリカ合衆国憲法に規定されている。アメリカは国家の歴史は浅いものの，
最も古くから成文憲法を持っている国であり，それが今日まで200年以上存続
している。そして，政治制度に対する誇りも，先進国の中で群を抜いて高い。
アメリカ政治の特徴として，短期的に激しく変動する一方で，長期的には安定
していると指摘されることが多いが，政治制度の長期的安定性は憲法の正統性
によって支えられている。

　では，アメリカ政治が短期的には変動が激しいのは何故だろうか。それは，
一つには，アメリカが二大政党制の国であり，大統領の所属政党が変わると政
策方針が変化する可能性が高いからである。それに加えて重要なのは，アメリ
カでは政策決定に大きな影響を及ぼしうる重要な官僚のポストは，大統領によ
って政治的に任用されていることである。第1節では，このような特徴が生ま
れた背景を説明することにしたい。

　アメリカの国家機構は独自の特徴を持っている。常備軍と官僚制という表現
に代表される国家の機能は，ヨーロッパでは君主制の下で発達してきた。しか
し，君主制を否定したアメリカでは，それらの国家機能が弱かった。

　一般に国家機構は，対外的な安全保障，国内的な治安維持，そしてそれらの
活動を可能にするための徴税という3つの機能を果たすことが最低限求められ
る。しかし，19世紀のアメリカでは，そのための国家機構を整備する必要性
が低かった。まず対外的安全保障については，互いに国境を接していてしばし
ば緊張状態にあったヨーロッパ諸国と違い，アメリカは大西洋によってヨーロ
ッパ諸国と隔てられていたため，常備軍を整備する必要に乏しかった。また，
国内的には自警団が治安維持に関して重要な役割を果たしていたし，地方レベ
ルで警察が制度化されることはあっても，連邦レベルで警察制度を導入する必
要性は認識されていなかった。税金については，ヨーロッパ諸国の財政を圧迫
していた対外的安全保障と国内的治安維持のために税金を投入する必要が低か
った。また，19世紀当時は高率の保護関税が課されていたし，公有地を払い

86──第4章　官僚制と政党の発展

下げた費用は連邦政府の歳入となっていたため，アメリカは歳入超過の状態にあった。

しかし，19世紀末から20世紀初頭にかけて，州の境界を越えた通商が盛んになると，連邦政府は様々な規制を行う必要が出てきたため，規制国家としての特徴を備えるようになった。また，1930年代以降は，連邦政府は一連のニューディール政策を展開するようになり，福祉国家として発達し始めた。そして，冷戦期以降，アメリカは軍備を拡充する必要に迫られ，安全保障国家として統治機構を拡充させることになった。その結果，今日のアメリカには，人口比率で見ても日本よりも多くの役人が存在するようになっている。

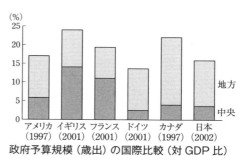
政府予算規模（歳出）の国際比較（対GDP比）

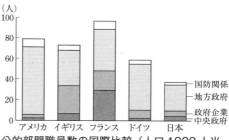
公的部門職員数の国際比較（人口1000人当たり，2001年）

ただし，今日でもアメリカの官僚制は独特の性格を持っている。ジャクソニアン・デモクラシーの時代以降，大統領の交代に伴って官僚組織の上層部が大幅に入れ替えられるのである。

日本では，官僚は政治と無関係に公務員試験の成績に基づいて終身に近い形で雇用されており，高位の官僚は政治家の決定を覆すほどの威信と権力を持って，政策の継続性を担保している。これに対し，アメリカでは，資格任用制に基づいて採用される身分保障のある官僚も多く存在するが，政治的決定に大きな影響力を行使できる高位の官僚を含め約3500人が，大統領によって政治的に任用されている。大統領の任期は1951年に原則として2期8年までと定められたため，これら高位の官僚が権力の座に居続けることはない。

この制度の背景には，官僚は特権的な存在であってはならないとの思想が存在した。今日では，シンクタンクの研究者など政策の専門家が任用されること

が多くなっているが，大統領選挙に協力した見返りとして任用される人は今日でも多い。このような特徴を持つ政治任用制を，公職をあたかも狩猟の獲物のように扱っていることを皮肉って猟官制と呼ぶ。彼らの忠誠心は任命権者である大統領に向けられている。

　アメリカの官僚制は，民主的に統制されていて国民への応答性が高いと評価することができる。日本の官僚が先例を変更するのを嫌うのとは違い，アメリカの官僚は前政権の過ちを指摘することに積極的であるとともに，大統領の方針を実現しようと努める。しかし，政治任用される官僚の中でも閣僚などの重要なポストについては連邦議会上院の承認が必要なこともあって，任用過程が政治化するとともに長期化するという問題や，明らかに適性に欠ける人物が指名される可能性があるという問題も存在する。

　先に指摘したように大統領の交代に伴って政策革新が達成され，その裏面として政策の継続性が弱い背景には，このようなアメリカ政治の特徴があるのである。

第2節　政　党

　第2章では，アメリカの政治は権力分立の観点から連邦政府も3つの部門に分かれているし，連邦政府と州以下の政府も分立関係に立つことを説明した。また，本章第1節では，日本のように画一的で一貫した統治を行うのを可能にするような行政機構も発達していないことを説明した。このように，アメリカの政治は分節的な傾向が顕著であり，アメリカ政治をまとめて機能させるのは容易でない。このような中で，アメリカ政治を統一的に機能させる上で重要な役割を果たしているのが政党である。

　このように述べれば，読者の中にはアメリカの政党が強力な組織を持ち，一貫した方針を示しているがゆえに，国家の統一を可能にしていると思う人がいるかもしれない。しかし実態は逆である。アメリカの政党組織は歴史的には必ずしも強固でなく，一貫した方針を持ってこなかったがゆえに，国家を統一する役割を果たすことができたのである。

88——第4章　官僚制と政党の発展

1. 政党の役割

政党とは，政府の構成員を選挙を通して選出し，その公職の権限を通して政府活動に影響を及ぼそうとする自発的結社である。

今日のアメリカ政治を理解する上で，政党は不可欠の要素となっている。アメリカの統治機構は，特定の人物や団体が独占的な権力を行使する事態が発生しないように，連邦政府を立法部と行政部と司法部に分立させるとともに，連邦政府と州政府を分立させるという複雑な権力分立のシステムを構築している。その結果，抑制と均衡の関係に立っている連邦議会と大統領の行動をある程度調整しなければ，立法，行政の活動が円滑に実施されない。そもそも，連邦議会には，上院に100人，下院に435人の議員が存在しており，これだけの数の議員の行動をある程度統制して議会を運営するのは困難である。また，連邦政府が全国にわたって一定の影響力を行使せざるを得ない今日では，連邦政府と州以下の政府の関係を円滑化する必要がある。政党は，議員の行動をある程度統制するとともに，大統領と議会の関係，連邦政府と州以下の政府の関係を円滑にする役割を果たしている。

政党は大統領や連邦議会議員などの候補を発掘する役割も果たしている。また，政党は政治任用に関しても重要な役割を果たしている。大統領によって政治任用される役人は3500人以上に及ぶ。各議員や連邦議会の委員会，小委員会等で採用されるスタッフも膨大である。州以下の政府でも同様に政治家の発掘や政治任用が行われており，アメリカで政治的に任用される公職者の数は膨大である。アメリカの政党は，それらの人々を集めるとともに，その活動にある程度の統制をかけることで，統治機構の政治活動を円滑にする役割を果たしているのである。

有権者にとっても，政党の活動は重要な意味を持っている。有権者は選挙の際にどの候補に投票するかを決定せねばならないが，個々の議員の政策的立場についての情報を集めるのは容易でない。また，当選後に立法活動を円滑に行うことのできる候補かを事前に判断するには他の政治家との関係などについて知識が必要になるが，その情報収集は困難である。アメリカの政党は綱領政党ではなく，政党規律も他の先進諸国と比べて弱いとはいえ，候補がどの政党に属しているかが事前にわかれば，その候補の政策的立場についての大まかな特

徴が把握できるし，その人間関係についての推測も容易になる。政党は有権者にとっての情報収集コストを下げる役割を果たしているのである。

　政党は，有権者の声を反映して争点を構築するとともに，有権者に対して政治教育を行う点で重要な役割を果たしている。有権者から政党に対して様々な要望が出されるために，政党は有権者の声を反映する政策を作り出すよう努めるだろう。また，政党は有権者に対して，他党と比較しつつ自党の政策位置について紹介を行うので，何が主要な争点となっているのか，それについてどのように考えればよいのかの判断材料を提供している。

　さらに，政党は，有権者登録を手伝い，投票を呼び掛けたり有権者を動員したりするという，民主政治を機能させる上で重要な役割も果たしている。住民票のデータに基づいて自動的に有権者登録が行われる日本と異なり，アメリカでは選挙で投票するためには自発的に有権者登録を行わなければならない。また，有権者登録を行ったとしても，個人の投票が実際的に政治に直接的な影響を及ぼすとは考えにくく，投票の結果は投票に行かなかった人にも影響を及ぼすため，選挙に行くコストを払わないことは個々の有権者にとっては合理的な行動だといえる。アメリカは他の先進国と比べて投票率が低いが，政党が有権者に投票を呼びかけなければ，その投票率はさらに低くなるだろう。政党は民主政治を円滑に運営する上で不可欠の役割を果たしているのである。

　その一方で，アメリカの政党は，旧ソ連や中国の共産党のような公的団体ではなく，あくまでも自発的結社としての性格を持っている点にも注意が必要である。政党は公的な役割を果たしており，公益を実現するために活動していると宣言している。それに対し，他の政党は他党が公益ではなく特定の利益集団のために活動していると批判することが多い。それは，政党で活動する人々は仮に公共利益を実現するために活動する意思を持っている場合であっても，選挙で敗北すればその目的を果たすことができないこととも密接に関わっている。政治家は選挙で勝利しなければ政府から給料が支払われないので，彼らが私的な観点から判断，決定を行うことを妨げることはできない。それ故に，候補が選挙での勝利を確実にするために利益集団との結びつきを強めたとしても不思議ではない。

　また，ある争点に対応することの必要性が認識されていたとしても，それが

90——第4章　官僚制と政党の発展

当選の妨げになると考えられる場合には非争点化される可能性もある。南北戦争以前の諸政党が奴隷制の問題を回避したのは典型的な例だろう。また今日，社会保障や，高齢者と障害者を対象とした公的医療保険であるメディケアを改革する必要が認識されているにもかかわらず，大半の政治家がその問題に手を付けないのは，それが自らの再選にとって好ましくない影響を及ぼすと考えられるからである。

このように，政党は公共的な役割を果たす一方で，特定の団体と結びついたり重要な問題を非争点化する可能性がある。政党が基本的には自発的結社であり，政治家は選挙で勝利しなければ影響力を行使できないことを考えれば，やむを得ない面があるのである。

2. アメリカの政党の特徴

利益集団の連合体　アメリカの政党は，プラグマティックに活動する集票組織としての性格が強い。この特徴は，ヨーロッパの政党と比較すれば顕著である。ヨーロッパの政党は，階級や宗教，民族などの社会的亀裂に基づいて組織されることが多いため，比較的狭い範囲の有権者（支持母体）を対象として，一貫した主義，主張を述べやすい。この傾向は，とりわけ選挙制度として比例代表制が採用され，多党制となっている国で顕著である。

これに対してアメリカでは，自動車などの移動，交通手段が発達するはるか前から選挙で代表を選ぶ方式が定着していたため，選挙区を地理的に大きくするわけにはいかず，歴史的に小選挙区制以外の選挙制度が採用されにくかった。多民族，多宗教国家のアメリカで，選挙区内で相対多数の支持を獲得して選挙で勝利するには，多様な利益関心を持った多様な有権者の支持を獲得せねばならない。それ故政党は，イデオロギー的な一貫性を重視するよりは，プラグマティックな行動をとる必要がある。とりわけ19世紀後半から20世紀初頭にかけて，政治マシーンと呼ばれる政党組織が移民やエスニック集団の票の獲得をめぐって争っていたが，この時代の地方政党の政策は両党ともに政策上の相違がさほどなく，有権者への利益提供を行うことでその支持獲得を競っていた。

ヨーロッパの政党が行っているような特定の階級や宗教の利益関心を代表する機能は，アメリカでは利益集団によって担われている。アメリカの政党（と

第2節　政党——91

りわけ二大政党）は、それら利益集団の支持を獲得するために競争している。二大政党の相違は、それを支持する利益集団の相違だということもできるだろう。ヨーロッパの政党が一貫した原理原則を重視する責任政党としての性格が強いのに対して、アメリカの政党は、その時々の要求に応じて利益を調整し、様々な利益関心に応じる応答政党としての性格が強いのである。

地方政党の連合体　アメリカの政党は、地域、さらには選挙区を基盤として発達してきたこともあり、連邦レベルの政党は、地方政党の連合体としての性格が強い。地方の政党組織の自律性が高いために、地域の特性、さらにはそれを反映して政治家と協力関係に立つ利益集団が異なることによって、同じ政党の名を冠していても、政治家の掲げる政策に相違があることも多い。そもそも、連邦の党本部が候補者の公認権を持たないこともありアメリカの政党規律は諸外国と比べても弱い。

　その政党に一体性を与えているのが、大統領選挙の際の全国党大会と選挙綱領である。アメリカの大統領選挙では、立候補の手続きは州ごとに行われ、票も州ごとに集計される。ほとんどの州が、最も多くの票を獲得した候補に全大統領選挙人の票を割り当てる勝者総取り方式を採用していることもあって、大統領候補はほぼ全ての州で選挙戦を展開せねばならない。二大政党の候補以外が大統領選挙で勝利するのは困難なので、大統領となることを志す者は、まずは二大政党内で大統領候補として選出される必要がある。

　政党内での大統領候補の選出は、州などに割り当てられた代議員と、党の有力者からなる特別代議員の票をめぐって争われる。それらの代議員が一堂に会し、大統領と副大統領（この組み合わせをチケットと呼ぶ）を選出するために行われるのが、全国党大会である。そこで決定される政党の綱領は、選挙公約として国民に向けて宣言される文章としての側面もあるが、それ以上に、各州の代議員がチケットを支持するための条件を相互に入れて結ばれる契約文書としての性格を持っている。逆にいえば、政党の内部文書として綱領を締結することによって、それまでは地域ごとに独自に活動していた地方政党が、自党の候補を大統領とすることを目指して、一体となって団結するのである。

　この他にも、例えば大統領による連邦裁判所判事の任命などをめぐって州や

92——第4章　官僚制と政党の発展

地方の政党と連邦の政党が意見交換をすることも多い。両者は上下関係に立つわけではないのでともに一定の独立性を保持しているものの，党にとって重要な問題をめぐっては協力関係に立つのである。

政党帰属意識と政党再編成　アメリカの二大政党は選挙区レベルですでに様々な利益集団やエスニック集団と複雑な提携関係を結んでおり，有権者は特定の政党に対する政党帰属意識を持つようになるといわれる。そして，この地方レベルでの政党と有権者，利益集団の提携関係を基に，大統領選挙の際に，さらに複雑な政党と諸集団間の提携関係が連邦レベルで作られることになる。政党と利益集団の提携関係は，南北戦争や大恐慌などの歴史的大変動期に行われた選挙を機として組み替えられ，それが一定期間継続するパターンが見られている。そのような政党と利益集団の関係の組み換えを政党再編成といい，政党再編成をもたらした選挙を決定的選挙と呼ぶ。

　なお，アメリカの政党は建国期から存在していた。当時の政党はトマス・ジェファソンやアレグザンダー・ハミルトンなどの名望家を支持するエリート集団で，地方レベルの草の根の組織は持っていなかった。それが，1829 年から 37 年のアンドリュー・ジャクソン大統領の際に大きく変化し，民主党，続いてホイッグも地方の草の根レベルにまで下りて活動し，有権者の支持獲得に努めるようになった。当時のヨーロッパではまだ政党はエリート支配の下にあったことを考えると，アメリカの政党は 19 世紀の前半から大衆選挙を実施した点で特徴的だった。そして，その頃から政党再編成は，政党の下に集う支持者や利益集団の関係の変遷をめぐって議論されてきた。日本で政界再編といえば国民と無関係の次元で政治家の離合集散が行われるのが一般的だが，アメリカの政党再編成はまさに，有権者レベル，社会レベルで起こる再編成なのである。

　アメリカ政治史研究者の間では，この政党再編成の考え方に基づいてアメリカ政治の展開を説明するのが長らく一般的だった。次のページの表は，政党再編成に関する最も標準的な説明を記したものだが，個々の論者により各政党制の始まりや終わりの年などについては若干の相違がある。ただし，これまでのアメリカでは少なくとも 5 つの政党制が存在していたことについては，研究者の意見が一致している。

第 2 節　政　党――93

政党再編成

政党制	時期	主要争点	政党の勢力関係
第一次政党制	1800〜1828 年	国家建設の方向性	フェデラリストに対するデモクラティック・リパブリカンの優位
第二次政党制	1828〜1860 年	連邦政府の権力増大と民主政治のあり方	ホイッグに対する民主党の優位
第三次政党制	1860〜1896 年	南北戦争（奴隷制）とその後の国家建設のあり方	民主党と共和党の勢力拮抗状態
第四次政党制	1896〜1932 年	産業化への対応	民主党に対する共和党の優位
第五次政党制	1932〜1968 年？	大恐慌への対応と政府の役割	共和党に対する民主党の優位
第六次政党制？	1968 年？〜	ポスト党派主義の時代？	民主党と共和党の勢力拮抗状態

①第一次政党制　　まず，1790 年代ないし 1800 年から 1828 年ごろまで続いた第一次政党制は，ハミルトンを中心とするフェデラリストに対して，ジェファソンを中心とするデモクラティック・リパブリカンが優位した時代である。初代大統領のジョージ・ワシントンは，政党は国益ではなく部分利益を重視するようになって国家を分裂に導く可能性があるとして，政党に批判的だった。建国者の間でもその認識は一般的だったものの，アメリカのあるべき発展の姿をめぐる論争は，有力者の間で不可避的に発生した。

　財務長官を務めたハミルトンは，アメリカは製造業を中心とした商業国家として発展するべきだとの方針を示し，そのような商業活動を円滑化するために，合衆国銀行を設立したり保護関税を設定するなど，連邦政府が積極的な役割を果たすべきとの立場をとった。他方，国務長官だったジェファソンは農業国家としてのアメリカの姿を描き出し，連邦政府の役割を限定的なものにとどめようとした。外交をめぐっても両者の立場は異なっており，フェデラリストが世界経済で中心的役割を果たしていたイギリスとの関係を強化しようとしたのに対し，デモクラティック・リパブリカンはフランス寄りの姿勢を示していた。

　両者はともに，自分たち自身は党派的に活動する意図はなかったものの，対立する陣営が党派的な活動をしているという認識を持ったために，その意図をくじくために自分たちも政党を形成したと考えていた。フェデラリストの中心

94——第 4 章　官僚制と政党の発展

的指導者であったハミルトンが，ジェファソン政権の副大統領を務めたことも
あるアーロン・バーとの決闘で敗れて1804年に死亡したこともあって，農業
地帯が圧倒的に多かった当時のアメリカでは，デモクラティック・リパブリカ
ンが優位に立つことになる。

②第二次政党制　　続く第二次政党制は，民主党がホイッグに優位した時代だった。
フェデラリストが次第に存在感をなくし，デモラティック・リ
パブリカンが圧倒的優位に立つと，その中で主導権争いが起こった。1824年
の大統領選挙では，1812年の米英戦争のヒーローだったジャクソンが最も多
くの票を獲得したものの，当時の憲法の規定で大統領就任要件として求められ
ていた票には不足していたため，ジョン・クインシー・アダムズと後に国務長
官に任命されるヘンリー・クレイが中心となって取引が行われ，アダムズが大
統領となった。これに不満を感じたジャクソンは1828年の大統領選挙では積
極的な選挙戦を展開し，圧倒的な勝利を収めた。以後，ジャクソンの陣営は民
主党，それに対立する陣営は当初はナショナル・リパブリカン，後にホイッグ
と称するようになった。

両勢力は連邦政府の役割をめぐって対立を深め，ホイッグが保護関税を用い
て道路や橋，運河など国内の経済成長をもたらす諸政策を連邦政府が展開すべ
きとの立場をとったのに対し，民主党はそれらの事項は州政府が中心となって
推し進めるべきとの立場をとった。また，民主党が大統領が果たす役割を増大
させるべきとの立場をとったのに対し，ホイッグは連邦政府は連邦議会を中心
に運営されるべきとの立場をとった。

第二次政党制の時代には，民主党とホイッグの両政党ともに，有権者の支持
を獲得するべく州と地方政府で草の根レベルで政党を組織し，また大統領選挙
に際して全国党大会を開催するなどして，民主主義を大幅に進展させた。アメ
リカの民主主義を発展させる上で，政党が極めて大きな役割を果たした時期だ
ったといえるだろう。

③第三次政党制　　第三次政党制は，第二次政党制の時代に二大政党が奴隷制の問
題を非争点化した点をついて共和党が登場し，民主党と勢力を

第2節　政　党——95

伯仲させた時代である。奴隷の問題は基本的には州政府の管轄事項だったが，州に昇格する前の地域における奴隷の扱いは連邦政府が対処すべき問題であり，民主党とホイッグの両政党を横断する争点となっていた。

その中で，それらの領域を自由白人のために残すべきという自由土地運動の立場から派生した共和党が徐々に影響力を持つようになり，ホイッグは影響力を低下させた。第三次政党制の時代でも，南部諸州が連邦政府に復帰するまでは北部でのみ選挙が実施されたため，共和党が強い影響力を持っていた。だが，南部諸州が連邦に復帰すると，共和党は北部で，民主党は南部で優位するようになり，両者の勢力が伯仲することとなった。

先に指摘した通り，この時代は地方レベルでは連邦政界とは独立して，政治マシーンが移民やエスニック集団の票をめぐって熾烈な争いを展開した時代でもある。この時代はとりわけ，地方レベルの政党と連邦レベルの政党が同じ名前を掲げていても，その政策に大きな違いが見られることが多かったといえよう。

④第四次政党制　　1890 年代にアメリカを深刻な不況が襲うと，南北戦争とその再建の在り方に規定されていた第三次政党制の対立の構図は時代遅れとなった。共和党が民主党に対して優位した第四次政党制の時代は，急激な都市化と産業化にどのように対応するべきかをめぐって争われた時代であり，共和党は奴隷解放ではなく経済繁栄を主要な争点として選挙を戦った。

また，地方レベルで行われたマシーン政治では一般的に民主党が優勢になっていたものの，19 世紀末から 20 世紀初頭にかけての革新主義者と呼ばれる政治改革を求める人々は，二大政党，とりわけ民主党に対して批判的な立場を示すようになった。この革新主義の動きの中で，1883 年のペンドルトン法に基づいて一般公務員制が導入されるとともに，選挙に際して直接予備選挙が導入されるなど，政党の民主化が図られていった。

⑤第五次政党制　　第五次政党制は，大恐慌に対する共和党のハーバート・フーヴァー大統領の政策に対する批判を背景に，民主党のフランクリン・D・ローズヴェルトが 1932 年の大統領選挙で圧倒的勝利を収めたのを機

として始まった。ローズヴェルト政権は共和党を大規模ビジネスと金持ちの政党として批判する一方で，民主党は労働者階級や農民，マイノリティなど「コモン・マン」の政党だと宣言し，一連のニューディール政策を展開した。農業地帯を中心とする南部では南北戦争以来の経緯もあり，民主党の優位が確立された。また，従来はエイブラハム・リンカンの政党である共和党に投票していた黒人は民主党に政党帰属意識を変更し，労働組合などとともに民主党の強固な支持者となった。

この時代に，民主党は連邦政府が経済活動等において積極的な役割を果たすよう主張し，社会福祉の提供に積極的な姿勢を示すようになり，リベラルと称するようになった。これに対し，連邦政府の権限拡大に反対する共和党は保守を自称するようになった。社会福祉政策などをめぐる保守とリベラルの対立の構図は，今日に至るまで基本的に継続している。

今日の二大政党政治　　今日では，民主党が優位する第五次政党制の構図は過去のものになったと多くの論者が指摘している。しかし，それが第六次政党制と呼びうる新しい政党制を生み出しているかについては論争がある。

①分極化と対立，政党規律の高まり　　近年のアメリカの政党政治は，イデオロギー的な分極化傾向が鮮明になるとともに，二大政党の対立が激化している。

分極化傾向は，政党と強いかかわりを持つ利益集団の意向を反映している。例えば，選挙に際して党内の候補者を選抜する際に，分極化傾向が強まる可能性がある。予備選挙や党員集会は本選挙と比べても投票率が低い。それらに参加するのは，強固な利益関心を持つ利益集団の構成員や活動家が多く，彼らは一般有権者と比べると政治的に極端な立場を示すことが多い。その結果，このような人々の意向に沿った立場を示す候補が有利になる。ただし，このような候補の決定方式は近年になって導入されたわけではない。近年の分極化の進展は，近年選挙費用が増大する中で，イデオロギー志向の強い団体が資金提供をするようになった結果でもある。また，民主党のリベラル化については，南部の保守派が民主党から共和党に支持政党を変更したことも重要な意味を持っているだろう。

第2節　政　党——97

二大政党に対する一般的イメージ

	争　　点	共和党：保守	民主党：リベラル
経済	基本的態度	小さな政府＝市場重視	大きな政府＝政府の役割重視
	税	減税，累進税率に反対，相続税率引き下げ（廃止），法人税率下げ	累進課税，相続税強化，法人税率引き上げ
	福祉（公的扶助）	縮小	拡充
	医療保険	民間医療保険	公的医療保険を拡充
モラル	基本的態度	人間中心主義への批判／大きな政府？	人間中心主義／小さな政府？
	生命倫理（人工妊娠中絶／尊厳死）	プロ・ライフ（生命重視≒中絶反対／殺人とみなす）	プロ・チョイス（選択重視≒中絶容認／容認）
	同性婚	反対（賛成する者もいる）	賛成
	公立学校での祈りの時間の制度化	賛成	反対
	社会福祉	介入（福祉受給者に勤労倫理教育，労働を義務づける）	介入しない（ニューデモクラットは労働を義務づける）
	環境（≒自然に対する統制）	温暖化防止のための取り組みに消極的	温暖化防止のための取り組みに積極的
その他	連邦制	州政府の役割重視	連邦政府の役割重視
	少数派の権利擁護	消極的	積極的
	銃規制	反対	賛成

アメリカは政党規律が弱いため，このイメージに合致しない政治家も多い。

　近年のアメリカ政治では，党派対立も激化するようになっている。近年，政治家は立法活動を行うために妥協的な立場をとるよりも，自らの再選という目的を重視する観点から，相手を叩き潰すことに意味を見出し，対立の構図を鮮明にしようとする傾向がある。従来は，二大政党は時代を画する最重要争点（例えばニューディール期には社会福祉立法の是非）については対立するものの，他の争点については政策的な妥協を図ることが多いとされていた。しかし近年では，二大政党が対立的な姿勢を示す争点の幅が広がっている。

　その背景としては，二大政党間の勢力が均衡の度合いを高めていることがある。二大政党のうち一方が明確に優位に立つ時代には，劣位にある政党が法案成立に協力する代わりに政策上の譲歩を得ることに利益を見出した。だが，今日のように二大政党の競争が激化して勢力が比較的均衡している時には，非妥協的な態度を示して他党との相違を明確化することの方が，選挙戦を遂行する上で有利になると考えられるのである。

98——第4章　官僚制と政党の発展

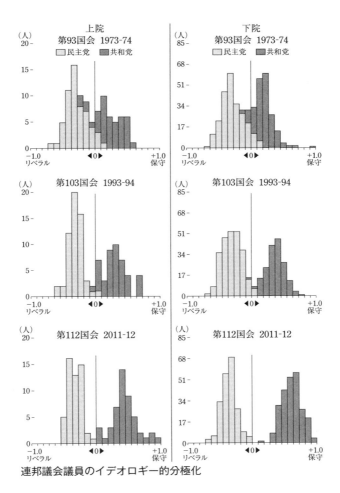

連邦議会議員のイデオロギー的分極化

　その結果，次頁の図が示す通り，近年では政党の政治家が議会で党主流派の方針通りに投票する割合が増大している。例えば1970年代には二大政党で党主流派の掲げる政策に連邦議会議員が賛同して投票する割合は7割程度に過ぎず，日本なら造反議員と呼ばれるような人が3割以上存在した。だが，近年では主流派の方針通り投票する割合は90％程度に上昇している。他の先進国の水準からすれば未だに低いが，アメリカでも政党規律が高まっているのである。その背景には，地方政党の衰退や，選挙費用が増大する中で資金力が大きくイ

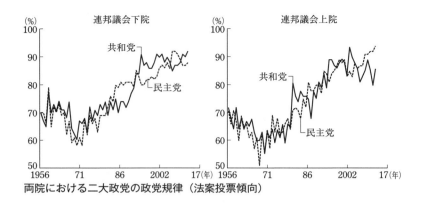

両院における二大政党の政党規律（法案投票傾向）

デオロギー志向の強い団体の存在が増大していることもあるだろう。

②利益集団連合・民主党，イデオロギー志向・共和党　ニューディール以後，アメリカでは民主党とリベラル派の優位が長らく続いた。1960年代には，ニューディール連合に，貧困者や，平等な権利を求めるマイノリティ，環境保護団体などが加わった。

　ニューディール連合は内部に対立する要素を含んでいた。とりわけ，リベラルな人々やマイノリティと南部の保守的な白人の利益関心は対立することが多かった。だが，異なる利益関心を有する人々も政権連合を破壊してまで独自性を主張することに利益を見出さず，一定の対立を抱えながらも政権連合に加わり続けていた。それが可能だったのは，第二次世界大戦以後のアメリカでは経済成長が続いていたため，政府の資源が拡大し続けており，利益の分配と権利の拡充を通して各種集団の支持を確保することができたからである。

　ニューディール連合を構成する利益集団はしばしば単一争点志向で，個別的争点に関心を集中させた。それら利益集団は多様性や差異を重視する傾向が強かったこともあり，民主党は多様な運動を束ねることができずにいた。今日に至るまで民主党は，相反する利益関心を抱える利益集団の連合体としての性格を持ち続けている。

　これに対し，共和党と保守派は，リベラルに対抗し権力を奪取するために保守勢力の結集を図った。そこで重要な役割を担ったウィリアム・バックリー

Jr. は，1955 年に『ナショナル・レヴュー』というオピニオン誌を刊行し，小異を捨てて保守派が結集するよう呼びかけた。いわば，保守を自称する人々の最大公約数を確認し，大同団結を図ることでリベラル派の優位に対抗しようとしたのである。

　保守勢力の結集に際しては，政策研究機関であるシンクタンクも重要な役割を果たした。ブルッキングス研究所に代表される伝統的シンクタンクは「学生不在の大学」としばしば称されてきたが，保守的なシンクタンクは党派性を前面に出し，政策やイデオロギーを唱道する「アドボカシー・タンク」，政治活動を目的とする「アクション・タンク」とさえ呼ばれるようになった。例えば，ヘリテージ財団は，政策拠点にとどまらず，保守主義運動の戦略的拠点となることを目指した。政党，草の根の活動家，知識人などの保守派人脈や組織のネットワーク化を目指して活動したのである。

　保守勢力の大同団結について論じる際に，保守派メディアが果たした役割も見過ごすことはできない。フォックス・ニュースやトーク・ラジオは，伝統的なメディアが持つリベラルなバイアスに対し反感を抱き，保守的な価値を強調した。CNN に代表される伝統的メディアが客観報道の原則を掲げ，多様な価値観を表明することを使命としたのに対し，保守的なメディアはオピニオン番組を主軸とした。オピニオン番組は報道番組ではない以上客観報道を謳う必要はなく，庶民の日常的感覚に基づき，アメリカ的価値観を強調することが重視された。保守派メディアは，エリートに対する反感を抱く庶民に対し，保守的な価値観を広げる役割を果たしたのである。

③南部の
共和党化
　共和党が政権奪還を目指すうえで目を付けたのは南部だった。南部は，リンカンの共和党に対する反発を根拠に民主党連合に加わり続けていたため，ニューディール連合の中でも特異な位置を占めていた。例えば，ニューディールの初期から福祉拡充に歯止めをかけようとしていたし，黒人の公民権の実現や女性の地位向上などにも消極的な姿勢を示すなどしていた。

　その点に注目してニューディール連合にくさびを打ち込もうとしたのが，1964 年大統領選挙で共和党候補となったバリー・ゴールドウォーターだった。

第2節　政　党——101

彼は，小さな政府の考えを強調するだけでなく，公民権法に反対する姿勢も明確にした。次いで，リチャード・ニクソンは，南部白人の人種についての意識と，税や社会福祉への反発を念頭に置いた，南部戦略と呼ばれる戦略を採用し，民主党の南部の牙城にひびを入れた。

　南部を共和党支持へと導くのに成功したのが，ロナルド・レーガンだった。彼は，国防強化，減税，福祉の縮減，伝統的な社会的価値の擁護を掲げ，経済的保守，社会的保守，軍事的保守の大同団結を実現した。以後，南部は共和党の強固な地盤となり，アメリカは保守派優位の時代に入ったと評されるようになる。

④二大政党の内部対立　経済成長が終焉して分配できるパイが縮小して以降も，リベラル派が個別利益の追求という行動原理を変えることができず一体性を作り出すことができないのに対し，共和党は，保守の勝利に向けて大同団結をすることができた。だが，1994 年の中間選挙の結果連邦議会で共和党が優位に立つようになったのに加えて，ジョージ・W・ブッシュ政権期に大統領選挙でも優位に立つようになると，状況が変化する。

　2004 年の大統領選挙でW・ブッシュが再選を果たした時，アメリカでは保守革命が完了し，共和党の恒久的多数派体制が確立したという議論が展開された。しかし，W・ブッシュ政権成立後，保守の団結にもほころびがみられるようになった。保守派は権力を握るために大同団結していたが，小異を捨てて団結することが可能だったのは，彼らが政権の座についていないからだった。全体的な責任を負わなくてよいが故にこそ，政策の相違について問題にしなくて済んできたのだった。

　共和党が大統領職と連邦議会上下両院を全て支配し，政策決定について一義的な責任が求められるようになると，具体的な政策方針をめぐる対立が顕在化していった。ティーパーティ派に代表される勢力が小さな政府の実現を掲げたのに対し，宗教右派勢力は公立学校での祈りの時間の制度化など，政府による規制，いわば社会的争点についての大きな政府の実現を目指した。また，ネオコンが中東諸国の民主化などの目標を掲げて積極的な対外政策を展開したことは，財政出動に対して反発を示す人々の不満を買うようになった。かくして，

権力の座についた共和党内で保守派と穏健派の主導権争いが行われるようになったのである。

　他方，民主党の側も党のあるべき路線をめぐり対立が存在している。経済成長の低下とレーガン政権期以降に経済的に小さな政府を求める動きが強くなる中で，1992 年の大統領選挙で勝利したビル・クリントン大統領は，大きな政府の時代は終わったと主張して中道寄りのスタンスをとるようになった。このようなニューデモクラットと呼ばれる人々と，大きな政府を追求するリベラル派の対立は民主党内でも激しさを増している。

　先ほど記したように，アメリカの二大政党は全体としては政党規律が高まるとともに，対立傾向が顕著になっている。これは，超党派的に合意を作り上げるのが困難になっていること，言い換えれば，法案を通すうえで党内をまとめる必要性が高くなっていることを意味する。このような中で，二大政党共に主流派と非主流派の間で対立が激化すると，主流派は非主流派に譲歩する必要が大きくなる。これが，アメリカ政治の分極化傾向を強める背景要因になっているともいえるだろう。

政党の影響力　　　今日，アメリカの政党はどの程度の影響力を持っているのだろうか。政党政治研究者は，政党について，有権者の中の政党，政府の中の政党，政党組織の３つを区別して議論することが多い。

　有権者の中の政党とは，有権者の政党帰属意識の強さをめぐるものであるが，これについては 1960 年代以降，強い政党帰属意識を持たない人々が増大しているといわれている。ただし，そのような人々の中でも民主党寄りの人と共和党寄りの人は明確に分かれている。政党帰属意識はかつてほど強固なものではなくなっているものの，今日でもかなりの程度存在しているといえるだろう。

　政府の中の政党については，1990 年代の初期から議会内における政党の影響力は強まっている。とりわけ，選挙費用が増大して各候補が政党に資金的に依存する度合いが増し，また委員会への配属などについて政党指導部の影響力が増大するようになった結果として，政党規律も高まりつつある。この点については，政党の影響力はかつてと比べて増大したといえるだろう。

　最後に，政党組織が強くなっているかについては見解が分かれている。政治

第2節　政　党——103

マシーンが強い影響力を持ち，政治任用が極めて広範に行われていた時代と比べれば，今日の政党組織が影響力を減少させたことは間違いない。候補者は政党組織に依存するだけでなく，独自に選挙資金を集め，テレビやインターネットなどのメディアを活用するなどの努力をしなければ，もはや選挙で勝利できなくなっている。また，各政党の候補を予備選挙などで選出する方式が一般化した今日では，政党指導部の好む候補とは違う人物が予備選挙に参加して勝利する現象も見られるようになっており，かつてのように政党指導部が選挙の候補者を任命することができなくなった点においても，政党組織が弱体化したということができるかもしれない。

　だが，その一方で，ある政治学者が「アメリカの全国政党は大統領選挙の際を除けば幽霊のようなものだ」と述べたのが知られているように，長いアメリカの歴史上，政党組織はほとんど実体のない時期が長かった。それと比べれば，今日の二大政党の組織は，各地の事務所に多くの常勤スタッフを抱えて選挙資金獲得を目指したり政治戦略を考えたりするなど，常時積極的に活動している。このような現象に着目して，政党組織はかつてよりも大幅に強くなっていると主張する論者もいる。逆に，政党はもはや巨大な選挙コンサルタント企業へと変質していて，候補によって利用される存在になったとする論者もおり，一義的な評価をするのは容易でない。だが，今日のアメリカ政治で，政党が大きな役割を果たしていることは否定できない事実だろう。

　アメリカの政党規律が弱かった時代には，アメリカの政治，とりわけ連邦レベルの政治は政党の動きに着目しているだけでは理解できないと指摘する論者も多かった。しかし，今日ではアメリカ政治を理解する上で政党に着目する必要性は増大しているのである。

第5章

選挙

E・ティーズデール「ザ・ゲリーマンダー」

第1節　アメリカにおける選挙

1. 意義と特徴

　今日，選挙は重要な意味を持っている。人々の政治参加は民主政治に不可欠な要素である。政治参加の形態としては，利益集団に参加したり，社会運動を組織したり，デモ行進をしたり，陳情を行ったりするなど多様なものが考えうるが，一般市民にとって最も容易でコストのかからない方法は選挙の際の投票である。

　もっとも，選挙は選挙区の代表を選出するものであり，特定の争点に対して投票するのではないため，政治家に与えるメッセージは抽象的でわかりにくい。政治家は選挙後に特定の見解を「これが民意だ」という形で押し出すことがあるが，そこには大きな見なしが入っている。また，社会的には重要なものの，選挙区単位で問題になることの少ない利益関心を表出しにくいという問題もある。例えば障害者の利益関心の実現は社会的に重要だが，障害者が特定の選挙区に集住していることは稀である。そのため，民主政治を豊かにするためには，利益集団による活動などによって補完する必要があるのはいうまでもない。とはいえ，政治家は選挙で落選すれば職を失うこともあり，選挙を極めて重視している。

　アメリカは世界で最も初期に民主政治を大規模に実現した国である。広大な領土で民主政治を実現可能にするためには様々な工夫が必要だが，その中で最も重要だったのは，間接民主政治，すなわち，国民が代表を選出して，その人々に政治の運営を委ねるという方式を導入したことである。国民の多くは直接政治に関与するのではなく，意思を託すことのできる政治家を選挙で選出し，政治家に活動を一任する。その政治家が望ましい決定や統治を行った場合には次の選挙で再選させ，望ましくない行動をした場合は次の選挙で懲罰を与える（つまり再選させない）という選挙政治を，早い段階から本格的に導入したのである。

　政治学では，選挙権の拡大を民主化の程度を測定するひとつの指標とすることが多い。選挙を統治者に都合がよい時にのみ行うのではなく定期的に行うこ

とは，統治者の独裁者化を防ぐ上で重要な意味を持つ。選挙の頻度も高い方が統治者に対する民主的統制を容易にする可能性もある。

　アメリカ政治の特徴のひとつは，選挙の数が多いことである。今日，アメリカでは，国民のおよそ500人に1人にあたる50万人以上の公職者が選挙で選ばれているが，世界中の国でアメリカほど，選挙で選ばれた公職者が存在する国はないだろう。これは，アメリカが複数の次元で，様々な選挙を行っていることに起因している。連邦レベルでは，大統領選挙が4年に一度実施されているし，連邦議会選挙が2年ごとに実施されている（上院議員の総数は全米50州から各2名の合計100人，任期は6年で，2年ごとにほぼ3分の1ずつ改選される。下院議員の総数は435人で2年ごとに全て改選される）。なお，連邦の選挙は補欠選挙を除いて偶数年に実施されている。

　州レベルでは，全ての州で州知事と州議会議員が選出されることになっていて，相当数の州で副知事や州務長官，財務長官，司法長官などの閣僚，州によっては公営事業体の長なども選挙で選出するところがある。さらに多いのは地方政府である。地方政府の在り方は地区により大きく異なるために一般化できないが，市長や市議会議員のみならず，保安官や，様々な委員会の長を全て選挙で選出するところもある。また，全米で1万6000存在する学校区のうちほぼ9割が，その長を選挙で選んでいるといわれている。選挙での選出は司法部にも及び，全米50州のうち37の州で合計1000名以上の判事を選挙で選出している。地方政府の判事に至っては合計1万5000人が選挙で選出されている。判事等をやめさせるための選挙を実施しているところもある。

　選挙は完全に公的なものだけには限られない。アメリカでは政党は政府の機関ではなく自発的結社，すなわち民間団体だが，本選挙で戦う候補を選出するために，党内で予備選挙を実施するところも多い（ただし，大統領選挙の予備選挙など，法定化されている部分もあり，完全に民間活動だともいえない）。かつてのアメリカでは，党の候補は政党組織のボスが指名するのが一般的だったが，腐敗防止と政党の民主化を求める声の高まりを受けて予備選挙が導入されたのである。

　このような選挙は，1世紀前には同じ日に集約して実施されることが多かった。しかし，今日では，例えば地方政府の選挙を連邦と同じ日に開催すると結

第1節　アメリカにおける選挙——107

果が連動してしまい，その独自性が損なわれる可能性があることなどから，日程をずらして実施するのが一般的になっている。予備選挙は本選挙の1年前から準備されることもあるため，今日のアメリカではほぼ全ての時期に，どこかで何らかの選挙戦が展開されている。

　近年のアメリカでは，政治家は常時選挙戦状態となっている。予備選挙の一般化で政治家を志す者が独自に選挙準備をせねばならない時期が増えているのに加えて，政治家の活動が常時報道され，それが有権者の意識を形作っているからである。メディアによる世論調査が増大すると，政治家もそれに対応する必要が出てくる。また，各候補は選挙で勝利するためには多様な利益集団と常時関わりを持っておかねばならず，利益集団による政治家のチェックも厳しくなる。近年では選挙を戦うのに必要な金額は大幅に増大しており，現職の州知事が再選を果たすためには任期中平均して毎週5万ドルの資金を集めなければならないといわれている。連邦上院議員の場合は同様に6年の任期中毎週1万5000ドル以上を集める必要がある。このような状況を考えれば，政治家が，統治の期間と選挙期間を区別せずに，常時選挙戦状態にあっても不思議ではない。

　このような状態については，良い面と悪い面がある。否定的な側面としては，政治家が長期的視座に立った政治活動を行わなくなり，短期的な利益関心ばかりが注目されてしまう可能性がある。また，選挙の頻度が高くなると，有権者が各選挙に対して感じる重要性が相対的に低下し，投票率が低下する傾向がある。例えば，2016年の大統領選挙の投票率は55%，2014年の連邦議会選挙の投票率は36%で，地方選挙の投票率は10%を下回ることもある。大統領選挙でも，党内候補選出過程での参加率は，場合によっては1〜2%になることもある。

　選挙費用の増大を問題として指摘する論者も存在する。アメリカでは，連邦政府も州政府も候補が選挙のためにメディアを利用することを規制していないし，報道の仕方についてもメディアに規制がかけられているわけではない。選挙戦に用いてよい費用の総額についても，一部の例外を除いて規制はない。これは，アメリカで政治活動の自由が認められていることの顕著な表れである。

　肯定的な側面としては，政治家が連邦や州，地方など様々な次元で，常に有

権者の声に耳を傾けて活動するために，国民の多様な利益関心が何らかの経路で政治に反映される可能性が高くなる。政治家は高い投票率を誇る利益集団の利益関心をより重視する傾向はあるだろう。だが，次回の選挙で再選されることを最重視して活動する政治家は，反発を招かない程度には一般有権者の声に耳を傾ける必要がある。また，様々な次元で多くの候補が独自性を競っている状況では，希少な意見に耳を傾けることもある。アメリカは民族的，宗教的多様性が高く，その利益関心や価値観も多様だが，その多様な利益関心と価値観を政治家が競い合って聞き入れようとする可能性が生まれるともいえるだろう。

　いずれにせよ，アメリカはこのような方式で200年以上政治を行っているが，その結果，南北戦争を例外として統治機構が平和的な形で機能し，変化している。選挙は定期的に，平和裏に有権者の声を統治機構に伝える方法である。頭をかち割るのではなく頭数を数えるのが民主政治であるとの格言があるが，アメリカ政治はそれを体現しているのである。

2. 選挙権と投票方法の民主化

　アメリカは，19世紀半ばにすでに成人の白人男性に選挙権を認めていた点で，諸外国と比べて民主的だった。古典古代の時代から，政治という崇高な営みに関与するには何らかの資格が必要だという考えは一貫して存在しており，19世紀のヨーロッパ諸国の場合には国籍，年齢，性別，財産権や身分など様々な資格が要求されていた。身分ごとに一票の価値に違いを設けていた国もあった。アメリカの場合は，選挙権の付与に関する権限は基本的に州政府が持っているため州ごとに違いはあるものの，成人の白人男性に関しては，1830年代のジャクソニアン・デモクラシーの時代に財産権や身分に関する制限は原則として撤廃された。多くの都市，とりわけ移民の多い都市では，アメリカに来たばかりで国籍を取得していない移民にも選挙権を与えるのが慣行となっていた。外国人が連邦の選挙に参加する権利は1928年に裁判所によって否定されたものの，アメリカの選挙権は例外的なまでに広く認められていた。

　ジャクソニアン期以降の選挙権拡大において例外となっていたのが，黒人と女性だった。南北戦争以前の南部諸州では，黒人は奴隷と位置づけられ，選挙権が認められていなかった。1870年の合衆国憲法修正第15条によって人種を

根拠に投票権を制限することが禁じられたものの，州政府は19世紀末には識字試験や投票税，祖父条項（奴隷解放以前に投票権を得ていた者とその子孫（≒白人）には試験や投票税を免除する）などを設けることで政治参加を白人に限定しようとした。仮に黒人が選挙権を取得した場合でも，民主党が一党優位を確立していた南部では民主党が白人のみで予備選挙を行ったため（政党は自発的結社なので憲法違反でないと主張された），黒人は実質的に選挙権を剥奪されたままだった。黒人に対する選挙権の制限が撤回されるには，1965年の投票権法と合衆国憲法修正20条の制定を待たねばならなかったのである。

　女性の参政権が認められた時期については，州ごとに相違がある。一般的には，女性が男性とほぼ同様の仕事をしていた地域（農業地域）では女性の参政権が早い時期から認められていた。だが，1920年に合衆国憲法修正第19条で投票権における性差別が禁止されて以降，女性の参政権は当然の権利として確立されることになった。

　なお，投票が可能になる年齢は，現在では18歳と定められている。1971年の連邦議会の立法と合衆国憲法修正第26条によってそう定められるまでは21歳だった。

　また，革新主義時代には投票方法も民主化された。建国後ほぼ1世紀，選挙は公開投票で行われるのが一般的だった。1880年ごろまでは，各政党が準備した投票用紙を用いて投票するのが一般的だった。政党は，同時に行われる選挙の自党の候補を全て記載した投票用紙を支持者に配布し，投票用紙の色は政党ごとに異なっていた。アメリカでは投票所の運営は地元のボランティアによって担われるのが一般的なので，誰がどの政党に投票したかがわかる仕組みになっていた。この投票方式が腐敗の原因になることは明らかだったため，革新主義者たちは投票方法の改善を目指した。具体的には，全ての候補者名を記載した投票用紙が準備され，投票所で有権者がその中から候補を選ぶか氏名を記入する方式が採用された。この方式は党派に基づかない投票を行いやすくすることができ，有権者の投票の幅を増したといえる。

3. 投票率の低さ

　国際的にみて，アメリカの投票率は低い。それにはいくつかの理由がある。

110——第5章　選　挙

例えば，アメリカでは投票は国民の義務ではなく権利とされているので，投票が義務と憲法上位置づけられていて，投票に行かなければ罰則が科される可能性のある国と比べると投票率は低くなる。また，連邦レベルの選挙は11月の第1月曜日の翌日の火曜日（すなわち11月2日から8日の中で火曜日にあたる日）に実施されるが，その日は休日扱いされない所が多いので，選挙が休日に行われる国や，選挙の日が祝日とされて投票所までの交通費を負担してもらえるような国と比べて投票率が低くなるのはやむを得ないだろう。

　重要な制度的要因として，住民票に基づいて自動的に有権者登録が行われる日本とは異なり，有権者が自ら有権者登録を行わねばならないことがある。アメリカでは19世紀末の投票率は今日と比べて高かったが，これは都市の政治マシーンが移民などの貧困者を選挙の際に動員していたことの結果でもある。そのような慣行は不正と腐敗の原因となっていたため，革新主義時代の改革者たちは，有権者が事前に自発的に有権者登録をしなければ投票できないようにして，政党による腐敗した動員を防止しようとした。

　今日でもこの有権者登録制度は存続しており，州によっては選挙より数か月前に登録しなければならない。有権者登録名簿は陪審員を選ぶためにも用いられる。この制度が選挙での投票率を下げているのは否めない。特に，教育水準や所得，社会的地位の低い人々，人種的マイノリティの投票率を低下させる原因だともいわれている。このような事態を改善するため，運転免許の更新時や公的扶助申請時に有権者登録を行うことを可能にするモーターボーター法が1993年に通過した。また，選挙当日に有権者登録を行うことを認めるようになった州もあり，これらの州の投票率は以前と比べて3～5％ほど高くなったといわれる。

　最後に，そもそも多くの有権者にとっては，投票に行く利点が小さいことも指摘しておく必要がある。アメリカの多くの選挙では，有権者の個々の一票が選挙結果を変えることはほとんど考えられない。これは，一票差で結果が覆る選挙がほとんどないことに加えて，そもそも多くの地域では，選挙結果は事前にほぼわかっていることが多いからである。連邦下院議員選挙で，現職の再選率は90％を超えている。大統領選挙でも，民主党が勝利するのが確実な州，共和党が勝利するのが確実な州が大半を占める。このような状況では，大半の

有権者にとっては，投票しても選挙結果を左右することがほとんどないといえ，この観点からすると，むしろ何故これほど投票率が高いのかと問う方が有益かもしれない。

4. 有権者の投票

　選挙に際し有権者は，投票するか否か，投票する場合には誰に投票するかを決定しなければならない。前者については，有権者の社会経済的地位が大きな意味を持っており，相対的に高齢で，教育水準が高く，収入が高く，地域に長い間居住している（居住地の移動が少ない）人の方が投票率が高い。日本で，教育水準が低く，収入が相対的に低い人の方が投票率が高いのとは顕著な相違である。

　次に，誰に投票するかを決定する要因としては，政党帰属意識，争点や政策，候補の個性が重要な意味を持つ。これらの要因は相互に関連し合っている場合もあるものの，概念上は区別することができる。

　選挙分析で最も重要な決定要因とされてきたのは政党帰属意識である。政党帰属意識は，19世紀以降に政治マシーンが移民やエスニック集団を対象に様々な社会サービスを行ったこともあり，伝統的に重要な意味を持ってきた。今日では政党帰属意識は「あなたは民主党員ですか？　共和党員ですか？　無党派ですか？」という問いに対する回答によって測定される。政党帰属意識は個々の有権者が持つ政党に対する愛着心を示しており，アメリカの場合は日本と比べても非常に強い。

　政党帰属意識は，宗教と同様に親から子へと受け継がれるといわれることもあるし，選挙権を持ってから数回の大統領選挙の際に投票した政党への帰属意識が長期にわたって持続するという研究もある。有権者のイデオロギーに対する態度が政党帰属意識に強い影響を及ぼすのは明らかだし，エイブラハム・リンカンやフランクリン・D・ローズヴェルトなどの強力な個性を持つ政治家の登場に伴って政党帰属意識が形成されることもある。政党帰属意識は心理的で捉えにくいものではあるが，政党帰属意識を持つ人はその9割が帰属意識を持つ政党に投票することが明らかになっている。選挙に際して候補は，政党帰属意識を持つ人が棄権しないように努めることが重要になるのである。

有権者は，最も重要だと考える争点や政策についての立場が近い人に投票する場合がある。とりわけ，人工妊娠中絶や同性婚，環境問題など，単一争点に強い関心を持つ有権者は，他の争点に対する立場にかかわらず，それらの争点についての立場が近い候補に投票することが多い。

　争点や政策について判断をするにあたって有権者は，選挙公約などの将来に向けての約束に期待して投票することもある。だが，それ以上に重要性を持つのは，現職の政治家が実際に争点に対してどのような態度をとったかである。自らが重視する争点について現職政治家が好ましい業績を上げたと考える者は現職政治家に投票し，そうでない場合にはその人への投票を行わないという，業績投票が行われることが多いのである。

　また，有権者は，自らと共通する属性を持つ人に投票することもある。人種やエスニシティ，ジェンダー，宗教，出身地，社会経済的地位などを同じくする候補に対する投票率は高くなっており，大統領選挙に際して政党は，より多くの有権者の支持を獲得できるよう，大統領候補と副大統領候補の属性の組み合わせに気を遣うことが多い。また，それとは別に，候補者の決断力や正直さ，熱心さなども有権者を魅了する要因となっているといわれている。

5. 選挙戦

　選挙戦はどの国でも熾烈を極める。アメリカでは選挙戦時にメディアを宣伝に用いることができるため，要する費用も莫大になる。近年では二大政党ともに選挙のための常設組織を形成し，選挙費用の確保や有権者の動員に努めている。とはいえ，予備選挙などもあるため，候補が選挙に要する費用の相当部分を自前で確保せねばならないし，政党とは独立して選挙対策組織を構築するのが一般的である。近年は選挙戦が長期化しているため，選挙のために必要な人的，経済的コストは膨大なものとなっている。

　選挙戦は，「地上戦」と「空中戦」に分けて論じられることが多い。地上戦とは，有権者と個別接触をするなど，地域をベースとした選挙戦術である。空中戦とは，ラジオやテレビ，インターネットなどのメディアを活用した選挙戦術である。

　それぞれの選挙戦術には利点と限界がある。例えば，地上戦は有権者を確実

に動員する点で効果的だが，多数のスタッフを必要とする。選挙区の面積が広い場合や，人口密度の低い地域では地上戦を行うのは困難で，必ずしも効率的ではない。これに対し，空中戦は一度に広範囲の有権者に対して訴えかけることができるが，有権者の動員力では劣る。また，連邦議会選挙，特に下院選挙の場合，選挙区の範囲とテレビなどの放送地域が一致しないことも多いため（例えば，ニューヨーク市の一部の地域を選挙区とする候補のテレビ広告ではニュージャージー州などでも流される），メディアに多額の広告費用を支払ってもその多くが実質的に無駄になる可能性もある。なお，日本ではインターネットを用いた選挙戦は費用が掛からないと主張されることが多いが，実際にはインターネットの掲示板やツイッター，フェイスブックなどに記載された情報を常時確認するスタッフやソフトが必要になり，実際には莫大な費用が必要となる。

第2節　大統領選挙

1．基本的特徴

アメリカの大統領選挙は，全50州とコロンビア特別区（ワシントンDC）に振り分けられた大統領選挙人の票をめぐって争われる。

投票は州ごとに集計され，ほとんどの州が最も得票数の多かった候補に全大統領選挙人の票を割り当てる勝者総取り方式を採用している。各州には上院議員の数（全州一律2名）と下院議員の数（10年ごとに行われる人口統計調査の結果を踏まえて人口比に基づいて定められる）を合わせた数の大統領選挙人が，またコロンビア特別区には3名の大統領選挙人が割り当てられている。大統領となるためには，全大統領選挙人538人の過半数である270票を獲得する必要がある。

2．民主・共和両党における候補選抜

仕組み　　　以上のような選挙方式を採用しているアメリカでは，候補者が単独でアメリカ全土で選挙戦を展開するのは困難なので，二大政党以外の候補が大統領選挙で勝利するのは容易でない。それ故に，大統領となることを志

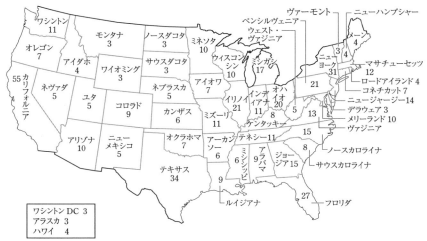

州ごとの大統領選挙人の数（2012年）

す者は，本選挙の前に，二大政党内で大統領候補として選出される必要がある。

　政党の候補となるためには，全国党大会に参加する代議員からの支持を得る必要がある。代議員の多くは各州や地域に割り当てられており，その数は人口規模やその州・地域の党に対する貢献度によって，党ごとに定められる。

　各州で代議員を選出する方法には，大きく分けて予備選挙と党員集会がある。予備選挙は最近主流となっている方法だが，誰に投票するかを宣言している代議員を有権者が選出する選挙である。党員のみが投票できるクローズド・プライマリーと呼ばれる方式が一般的だが，党員以外も投票できるオープン・プライマリーを採用する州も存在する。他方，党員集会は党員が会合の場で代議員を選出する方法である。予備選挙，党員集会のいずれにせよ，投票率が低いこともあり，極端な候補や活動家が大きな影響力を持つことが多い。

予備選挙と党員集会　予備選挙や党員集会は1月から6月にかけて，各州で政党ごとに実施されるが，そのうち，最初の党員集会が開かれるアイオワ州と最初の予備選挙が実施されるニューハンプシャー州はメディアの注目を集めるため，候補者にとって戦略的に大きな意味を持つ。両州で勝利したり，予想以上の支持を獲得した候補は，頻繁に報道されて有権者の認知度も上がり，

第2節　大統領選挙——115

多くの選挙資金が集まるようになる。これは，当初有力と考えられていなかった候補にとってとりわけ大きな意味を持っており，1976 年選挙で「ジミーって誰なんだ？」と揶揄されていたジミー・カーターが時勢を得，民主党公認候補となったのがその典型である。これらの州で有力になった候補はそこで掲げた公約を掲げ続けるため，両州はさほど多くの大統領選挙人を擁していないにもかかわらず，後の選挙戦の争点の決定に大きな影響を及ぼす。

　近年，予備選挙の前倒し現象が見られている。初期に掲げられた争点が後の選挙戦でも繰り返し論じられることになるため，各州は自州にとって重要な争点に注目を集めるためには，できるだけ早い段階で予備選挙や党員集会を行った方が有利になるからである。この傾向は，多くの大統領選挙人を擁しない州にとってより顕著であり，全国の党本部が歯止めをかけようとするほどである。

　予備選挙と党員集会の山場となるのが，両党の予備選挙や党員集会が集中するスーパー・チューズデーである。そこに多くの代議員を擁する州が集中する場合には，予備選挙の結果が実質的に決まってしまうことも多い。この段階で特定の候補が多数を得た場合には，他の候補が予備選挙を辞退するのが一般的である。

全国党大会　予備選挙や党員集会で多くの支持を集めた候補が，党の正式の大統領候補として選出される場が，7 月以降に政党ごとに実施される全国党大会である。ここでは，各州の代議員に加えて，特別代議員と呼ばれる人々も，大統領候補の選出に関与する。具体的には，民主党の場合は，連邦議会議員や州知事，党の全国委員会の構成員，かつての大統領と副大統領，上下両院の議長や院内総務などが特別代議員となる。共和党の場合は，党の全国委員会の構成員がこれに該当する。

　とはいえ，近年では実質的な候補はすでに決定している場合が多いので，全国党大会は実質的には，各政党が大統領候補と副大統領候補からなるチケットを，メディアを通して国民に宣伝する機会となっている。副大統領候補の選抜に際しては，チケットのイデオロギー的バランスや，地理的なバランスが意識される。例えば，もし大統領候補がイデオロギー的に中立な傾向が強い場合には，活動家などが党から離反したり第三党候補を擁立したりするのを避けるた

めに，イデオロギー色の強い人物が副大統領候補に選出される可能性が高い。地理的側面についても，例えば大統領候補が都市部出身の人物であれば，副大統領候補には農村部出身者が選ばれることが多い。

　全国党大会で定められる党の綱領は，各州の代議員がチケットを支持するための条件を相互に入れて結ばれる一種の契約文書である。選挙公約として国民に向けて公に宣言するものであるとともに，それまでは予備選挙等で異なる決定をしてきた諸州の政党組織が政党としての一体性を維持するために結ぶ内部文書としての性格も帯びている。ただし，その内容に拘束されるのは正副大統領候補だけであり，例えば連邦議会議員などはそれに制約されるわけではない。

　大統領選挙は全国党大会における指名受諾宣言をもって予備選挙期間から本選挙期間へと切り替わるが，その際に候補者は，本選挙で用いる選挙資金について公費助成を受け取るかどうか判断する必要がある。公費助成を受ける場合は，それ以降，投票日までの期間を助成金の範囲内で活動しなければならず，連邦選挙委員会に届け出た政治委員会などから得た献金（ハードマネー）を用いることはできなくなる。

候補選抜過程に対する評価　　このような候補選抜課程をどのように評価すればよいのだろうか。まず指摘されるべきは，候補者の選抜が民主的に行われていることである。多くの国では政党のリーダーは有力政治家や党費を支払っている熱心な党員によって選抜されるのが一般的で，一般有権者が候補者選抜過程に関与する国はあまりない。

　他方で，アメリカの大統領候補選抜方式には否定的な側面もある。

　第1に，州間に影響力の相違が生じる点が指摘できる。予備選挙の大勢は規模の大きな州の投票結果によって決まるので，小さな州の有権者の意向が実質的に無視される可能性がある。また，今の点とは矛盾する面を持つが，予備選挙や党員集会を早く実施する州の意向が重視される可能性が高いのに対し，遅い時期に実施する州が投票などをする前に，実質的な候補が決定している可能性もある。

　第2に，活動家やメディアの影響力が大きくなりすぎるという見解がある。まず，予備選挙，党員集会は，本選挙と比べて参加率が低く，活動家の発言が

過大に代表される可能性がある。民主党では一般的な党支持者よりもリベラルな，また，共和党では一般的な党支持者よりも保守的な活動家が多いため，中道的な立場の候補よりも極端な立場をとる候補が有利になる傾向がある。

メディアについては，その報道の仕方が有権者の認識枠組みを規定する。近年，政策を中心に据えた報道が減少する一方で，選挙戦を競馬などのレースに例えるような報道が多くなっている。同様に，事実を淡々と記す報道が減少する一方で，現象を評価，意味づける報道が増大している。また，メディアは視聴率や講読者数の増大を目指すため，スキャンダルや失言を好んでとり上げる傾向がある。そのため，選挙戦でも対立候補のイメージ低下を狙ったネガティヴ・キャンペーンを行ったり，短い時間で単純化したわかりやすいメッセージを発する能力を持つ候補が注目を集めやすくなる。その結果，有権者が候補を選択する際に政策の中身や実行力よりもイメージを重視するようになるのではないか，また，候補の政策を単なる支持獲得のための手段と見なすようになって有権者の間にシニシズムを引き起こすのではないかという懸念が表明されている。

第3に，大統領候補選抜の期間が長いことも問題だとされる。予備選挙や党員集会は選挙の年の1月に開始されるが，選挙戦はその1年以上前（多くの場合は中間選挙の直後）から始まっている。政策や選挙の専門家を集め，政策を作るだけでなく，主要な州に組織を作ることも重要になる。それには莫大な費用がかかるため，選挙資金を調達する能力が重要になり，結果的に資金力を持つ人や集団の影響が大きくなる。また，早い時期に両党の候補が実質的に決まってしまうと，本選挙が行われる11月までの長い期間，両政党のネガティヴ・キャンペーンが熾烈を極める可能性が高く，それがアメリカ政治にとって好ましくない影響を及ぼす可能性もある。

3. 本選挙

本選挙は，4年ごとに，11月の第1月曜日の翌日の火曜日に開催される。今日では，大統領選挙人が大統領と副大統領からなるチケットを選出すると定められている。各州には上院議員の数と下院議員の数を合わせた数の大統領選挙人が，またコロンビア特別区には3名の大統領選挙人が割り当てられており，

大統領となるには，全大統領選挙人538人の過半数である270票を獲得することが必要となる。

　ほとんどの州が最も得票数の多かった候補に全大統領選挙人の票を割り当てる勝者総取り方式を採用していることもあり，全国の一般投票数でより多くの票を取った候補が大統領になれない可能性も出てくる。そのような事態は，これまで4回発生している。1度目は1876年で，民主党のサミュエル・ティルデンが共和党のラザーフォード・B・ヘイズに敗北した。2度目は1888年で，民主党のグローバー・クリーヴランドが共和党のベンジャミン・ハリソンに敗北した。3度目が2000年で，民主党のアル・ゴアが共和党のジョージ・W・ブッシュに敗北した。4度目は2016年で，民主党のヒラリー・クリントンが共和党のドナルド・トランプに敗北した。

　大統領選挙人方式については，様々な評価が存在している。大統領選挙人方式を批判する論者の中には，この方式が小規模な州を過大代表しているとする人がいる。大統領選挙人は連邦の上院議員と下院議員を足した数が各州に割り当てられるが，上院議員の数は人口に関わりなく2人と定められているからである。他方，大統領選挙人方式は大規模州に有利で小規模州を実質的に無視していると批判する論者も存在する。多くの州が勝者総取り方式を採用しているため，人口規模の大きい州が大勢を決めてしまい，小規模州は実質的な影響力を持つことができない可能性があるからである。

　このような批判があるにもかかわらず，大統領選挙人制度が今日でも存続している背景には，合衆国憲法を改正するのが困難なことがある。だが，そのような消極的理由だけではなく，アメリカが連邦制を採用しているという事実が，現在の方式を存続させる上で大きな意味を持っている。アメリカでは連邦を構成する州がそれぞれに主権を持っており，州が主権の一部を移譲する形で連邦政府が構成されている。各州はそれぞれが主権を持っている点で対等であり，その点を無視して一般投票の数に基づいて大統領を選出すると，州の主権との関係で問題が発生する。州ごとに大統領候補を選び，州を代表して大統領選挙人が大統領を選出するという複雑な方式が存続しているのは，大統領が本来は独立した諸州のまとめ役として連邦の行政部の長となるという，建国期以来の思想を体現しているためである。

第2節　大統領選挙──119

第3節　連邦議会選挙

1. 基本的特徴

　連邦議会選挙は，全米的な動向に基づいて展開される側面と，選挙区ごとに独立したメカニズムに基づいて展開される面の両面がある。

　前者については，まず議会選挙が大統領選挙と密接に関わって展開される可能性がある。人気の高い大統領候補が選出される場合，その人気に引きずられる形で，大統領と同じ政党に属する連邦議会議員が多く当選することがある。この現象はコートの裾が引きずられるイメージに基づいてコートテイルと呼ばれる。他方，中間選挙（大統領選挙が行われない年に行われる選挙）の際には，大統領の所属政党の議員は一般に不利になる傾向がある。

　また，近年では多くの議員が政党の資金に依存する度合いが強まっていることもあって政党規律が高まっており，連邦議会議員は党派に基づいて行動することが増えている。その結果，有権者が政党のイメージに基づいて連邦議会選挙で投票することも多い。

　だが，アメリカ政治を理解する上で重要なのは，連邦議会選挙が選挙区に特有のメカニズムに基づいて展開される傾向が諸外国と比べて強いことである。かつて連邦議会下院議長を務めたティップ・オニールは「全ての政治は地方で行なわれる」と述べたが，連邦議会選挙がアメリカ全土の動向とは独立したメカニズムに基づいて展開されることは多い。連邦議会選挙を理解する上では，以上の両方の側面に注意する必要がある。

　また，連邦議会選挙はいずれも小選挙区制で行われる。上院議員は州を単位として，下院議員は選挙区ごとに，相対多数，すなわち最大の票を獲得した人が当選する方式を採用している（なお，これを英語で majority rule と記す人がいるが，正確には plurality rule である。majority rule は過半数の票獲得を当選の要件とするもので，1度目の投票で過半数を獲得する候補がいない場合，上位2名による決選投票を行うのが一般的である）。

　この選挙方式は比例代表制などと対比する形で，多くの死票を生み出すとして批判されることもある。だが，好ましくない行動をとった政治家や政党を選挙で追い出すことが比較的容易な点で，高く評価されることも多い。

120——第5章　選　挙

以下ではこの点を念頭に置いた上で、下院と上院、それぞれの選挙にどのような特徴があるかを説明したい。

2. 下　院

選挙区割り　　下院の選挙に特徴的なのは、一票の格差が発生しにくいように選挙区割りが10年ごとに見直されることである（なお、一票の格差が発生しにくいのはあくまでも州内部のことであり、州を

ゲリマンダリング

超えると一票の格差は存在する。いかに人口の少ない州にも一議席は与えられることになっている。そもそもプエルトリコやグアム、ワシントンDCなどの非州地域の住民は正式な議員を出すこともできない）。アメリカでは10年ごとに人口統計調査が行われるが、人口統計局はブロックごとに居住人数を公表しており、その人数を踏まえて州政府が選挙区割りを行う。これは州政府にとっては連邦の政治に影響を行使できる機会であり、区割りを行う時に州で優位に立つ政党が自党に有利になるように区割りを行うのが一般的である。

　選挙区割りを行う際には、各選挙区の人数に大きな差が生じないようにすること、離れた地域を原則的に同じ選挙区にしないこと（島などを除いて飛び地を作らないこと）が求められるが、その条件を満たしてさえいれば比較的自由に区割りを行うことができる。政治的考慮に基づく区割りは、1812年にエルブリッジ・ゲリー知事の下でマサチューセッツ州で行われた選挙区割りがサラマンダーに似た形をしていたことから、ゲリマンダリングと呼ばれている。

　この手法は人種や民族のマイノリティをめぐって用いられることが多い。例えば、黒人の議員が出てこないようにするために黒人の居住区域を分断して区割りを行うこともかつては行われていた。その結果、マイノリティが過小代表されてしまったため、1982年に修正された公民権法、並びに一連の裁判所の判決で、マイノリティが多数派になる選挙区を可能な範囲内で作るよう求められた。

　それを受けて、マイノリティ人口が一定以上となる選挙区が作られることが

増えたが，これについては様々な議論がある。例えば，集団の差異を考慮することは，人種などにかかわらず全ての人を平等に取り扱うべきとする合衆国憲法の理念に反するという議論がある。また，黒人ばかりの選挙区が作られると，結果的にその周りの選挙区の白人比率が上がってしまい，全体としてみれば，本来は複数の黒人議員が誕生する可能性のある地域から1人の黒人議員しか誕生しない，そして，結果的に黒人が再び過小代表される可能性があるという議論もある。実際，近年ではマイノリティが多数派になる選挙区を作ることについて，共和党の方が積極的だといわれている。

下院選挙　連邦議会下院の選挙は大統領選挙とは大きく性格を異にするところがある。大統領はアメリカ全体を代表すると考えられており，二大政党の候補はほぼ同様の水準でメディアの注目を集める。それぞれの候補の政策上の立場が詳細に検討され，現職大統領が候補となっている場合はその業績が徹底的に検討されるため，二大政党の候補はほぼ同じ条件で戦うことになる。

　これに対し，連邦議会選挙，とりわけ下院の選挙に関しては，現職候補が非常に有利な立場にあり，再選を目指す現職の当選率は90%を超える。下院議員候補は435名もいることもあり，大統領候補ほどメディアで取り上げられることがない。その結果，下院議員候補，とりわけ現職議員に挑戦する立場の候補の知名度は上がりにくい。

　他方，現職政治家は，ワシントンDCから地元選挙区への交通費が支給されるため，頻繁に地元に帰り，有権者と接触することができる。1960年には連邦議会議員は1年に3回分の旅費しか補助されなかったが，1976年には26回分まで認められるようになり，今日では定められた旅費の範囲内であれば何度選挙区に戻っても良いことになっている。また，連邦議会議員は職務上の目的に適っていれば無料で郵便物を送ることができる。これは有権者に対して自らの見解を表明し，業績をアピールする貴重な機会である。

　また，現職政治家は地元に利益を還元する政策をとることができるため，有権者の支持を得やすい。例えば，選挙区に公共事業や補助金を持ってくることは，どの政党の支持者にとっても利益になる。政党帰属意識が弱まりつつある今日，地元有権者へのサービスは，具体的な業績をあげていないために有権者

の信頼を勝ち取りにくい対立候補と比べて，現職候補に大きな利益をもたらす。また，献金も現職候補の方が対立候補より集めやすい。

3. 上　院

　下院が 435 議席あるのと比べて上院は 100 議席しかないこと，また，下院の任期が 2 年なのに対して上院の任期が 6 年であることもあり，一般に下院議員より上院議員の方が威信が高いといわれている。このような特徴の結果，下院と比べると上院の方が現職政治家が再選しにくい傾向がある。

　まず，州全体を選挙区とする上院は下院と比べて，選挙区が広い（もっとも，州全体で 1 議席しか与えられていない下院の選挙区もある）。州の内部には民主党が優勢な地域（例えば都市部）と共和党が優勢な地域（例えば農村部）の両方があるため，選挙区の社会構成上の同質性が高いことが多い下院よりも，上院の方がより競争的な選挙になる。

　また，選挙区の広さと威信の高さ故に，メディアは下院よりも上院の選挙について頻繁に報道する傾向がある。メディアの注目をさほど集めない下院の選挙に関しては，有権者は現職政治家に関する情報を現職政治家自身が送るニュースレターなどから得るために現職政治家に有利な情報が流される。他方，上院議員に関する情報はメディアの精査を受けていることもあり，より中立的（相対的に見れば現職議員に対して批判的）となる。

　さらに，将来大統領や閣僚などのさらなる高職を目指す者にとっては，威信の高い上院議員のポストは下院よりも重要な意味を持つため，現職議員に対抗する候補は知名度が高く，真剣に選挙に臨む場合が多い。現職の候補も，高職を目指す場合は，対外政策など地元に利益還元を行いにくい政策についても積極的に関与せねばならない。また，アメリカ全土に居住する党の中核的支持者の注目と信頼を得るために，人工妊娠中絶や同性愛など，地元選挙区と必ずしも直接的に関係しない争点についての態度を明確にすることも時に必要となる。これは，現職の上院議員にとっては諸刃の剣であり，そのような争点に対する態度が選挙区内の他の政党支持者をたきつけ，選挙戦を活性化してしまう可能性がある。

第4節　選挙と政策過程

政治家の行動　マックス・ウェーバーは，政治家には，政治のために生きる人と政治によって生きる人がいると述べている。この両者の概念は，一般的には対立するものと捉えられがちだが，実際には，両方を対立させて考える必要はない。実際，政治のために生きる人の多くは，政治によって生きる人でもある。すでに莫大な資産を持っている一部の人を例外として，政治家の多くは，選挙で勝利して仕事を確保しなければ生活ができない。崇高な理念の実現を志して政治家となろうとする人も，まずは，選挙で勝利して政治家にならない限りはその理念を実現することができないので，選挙で当選する，そして再選することを目指さなければならない。それ故，政治家の行動を理解するためには，選挙で再選するという動機を持っていることを前提に議論する必要がある。

再選動機に基づく行動　この前提に立った上で，政治のメカニズムを説明した政治学者のデイヴィッド・メイヒューによれば，政治家は再選のために，以下の3つの活動をする。第1は，宣伝である。選挙区で名前を好ましいイメージとともに覚えてもらえるように，宣伝するのである。第2は，功績誇示である。選挙区の有権者に利益をもたらしたことを，自らの功績として有権者に売り込むことである。政治家が誇示しうる功績の中でも，目に見える利益を有権者にもたらす功績が好ましい。例えば，排気ガスの排出基準を厳しくしたことによって環境問題に貢献したというよりも，選挙区に公共事業を持ってきて人々を雇用する方が，有権者の動員に役立つ。第3は，位置決めである。政治家は，様々な争点に関して，どのような立場をとるのか，とっているのかを明らかにする。これは，すでに決まった政策のみならず，今後争点として浮上するかもしれない問題に関する立場を示すことも含んでいる。

　この3つの行動のうち，最も重要になるのは功績誇示である。政治家が実際に何をやったのかは，有権者が政治家を評価する上で最も明確な基準を与える。

　議員による功績誇示を容易にしている制度が，議会の委員会制度である。アメリカでは，重要法案はまずは政策領域ごとに設置されている委員会や小委員

会で審議される。各委員会が行った決定を議会で承認する形で政策が作られるのである。委員会は独占的な管轄権が与えられていることもあり、政治家が個別の政策に特化する誘因を与える。農村出身の議員は農業関係の委員会、自動車産業の強い地域出身の議員は運輸委員会に所属して、選挙区に利益をもたらそうとするのである。

　では、このような政治家の行動は政治過程にどのような影響を与えるだろうか。第1に、政治過程は有権者が望んでいるのと比べてゆっくり展開する。政治家は何らかの目標の実現に向けて最大限努力中だという姿を見せるのが重要なので、争点をとりあげることに熱心となり、政策の効果には必ずしも関心を示さないからである。第2に、個別主義的な傾向が高まる。政治家が選挙区に利益をもたらそうとするため、社会全体の利益よりも個々の選挙区の利益が優先される傾向が出てくる。第3に、利益集団に利益をもたらす政策が採用されやすくなる。環境政策のような社会全体に利益をもたらす政策から直接的な恩恵を体感するのは難しいのに対して、特定の利益集団に利益をもたらす政策をとると、その利益集団は確実に選挙に協力すると予想できる。第4に、政治過程を象徴主義が支配する。政治家は、共産主義を批判したり、遠大な目標を掲げたりするものの、その実現に向けた方策について具体的に検討するとは限らない。

**公共利益
の実現**　　メイヒューの議論は、多くの人が政治に対して抱くイメージと、かなりの程度合致する。しかし、その議会像は、特定の利益を追求することを重視する一方で多数派の意思をないがしろにしている。

　そして、実際の政治過程でも、政治家は個別的利益の追求に走ってばかりいるわけではなく、公共の利益に適う政策や、国民に負担を求める政策も採用することがある。では、一般に特定の利益集団に利益を還元することで再選を果たそうとする政治家が、時折、利益集団の利益に反してまでも、公共の利益に資する政策を実現しようとするのは何故だろうか。この問いを考える上では、有権者の短期的な利益関心のみならず、長期的、潜在的な利益関心も考慮する必要がある。

　政治では、現在はさほど大きな問題とは認識されていないものの、将来、大

第4節　選挙と政策過程——125

問題になるに違いない争点が存在する。高職に野心を抱く政治家は，将来大問題になる可能性がある争点について発言する際には，慎重になる。政治家の発言が，その当時の文脈では問題ではないと思われたとしても，将来に問題になる可能性があるからである。もちろん，そのような政治家の発言を一般有権者が覚えているのは稀だろうが，選挙でネガティヴ・キャンペーンが一般的になった今日では，昔の発言を対立候補が見つけてくる可能性があるし，メディアが古い映像を取り出してきて，放送するかもしれない。なので，長期にわたって政治活動を続ける予定の政治家のうち，有能な人々は，短期的には再選に向けてプラスにならない争点にも取り組んで，公共利益実現に向けて尽力する可能性がある。

とはいえ，政治家は，正面から利益集団や有権者に負担を求めることはせずに，政治的危険を軽減しようとする。例えば，経費削減を唱導する者が，政治的危険を軽減する方法には，不明瞭化，分断，補償などの方法がある。

政治家に賞罰を与えようとする有権者は，好ましい，あるいは好ましくない出来事を特定の政策に，そしてその政策を特定の政治家の行動に関連付けて理解しようとする。第1の不明瞭化戦略とは，これらの連鎖のあり方を複雑にして見えにくくする戦略である。例えば，社会福祉給付を減額するのは困難なので，物価が上昇している時に支給額を増額させないのは一つの戦略である。また，中央政府が経費削減を決定した場合でも，その削減の責任を州や地方政府に押し付け，批判の矛先を州や地方政府に向けさせることが考えられる。

第2の分断戦略は，潜在的な反対派をいくつかのサブ・グループに分けて，一部のサブ・グループを孤立させる方法である。社会福祉政策を例にとると，社会的なイメージがよくない人に給付をしなくてもよいように受給資格を厳格化すれば，他の福祉受給者からの反発を回避できるため，政治家にとってのリスクは小さくなる。

第3の補償戦略は，経費削減政策から損失を被る人々に何らかの利得を与えることで批判を緩和する戦略である。この戦略の対象となるのは，最も強く反発する可能性のある集団かもしれないし，世論の同情を買いやすい人々かもしれない。そのような人に対して別の恩恵を与えることで，政治家にとってのリスクを減らそうとするのである。

これらの戦略の基礎となる有権者の認識や関係の連鎖は主観的で，状況や文化に依存しやすい。それ故に，経費削減を実行しようとする政治家の提案は，単に，その中核的支持者の利益関心に反しないことに加えて，彼らが共有する価値観に合致するものが望ましい。その点で，アメリカ国民に広く共有されていると指摘される，いわゆるアメリカ的信条に依拠して行動することは，政治家にとって重要な意味を持つだろう。

再選動機と政官関係　政治家と官僚の関係についても，興味深い傾向を見て取ることができる。政策を作るためには，その政策領域に関する専門知識を持っていなければならない。しかし，政治家は多忙なので，個々の議員が全ての政策領域について政策通になるのは不可能である。そこで，政治家は官僚に政策業務を委任することがあるが，特定の産業や利益集団に利益を還元しやすい政策分野については自分たちで政策立案を行い，そうではない政策については，多くの裁量を官僚に委ねる傾向がある。

　例えば，航空機の安全に関する政策は，非常に高度な専門知識が要求されるにもかかわらず，政治家がほとんど政治的得点を稼げない分野である。航空機は事故を起こさないのがあたり前と見なされているため，航空機が事故を起こさないための政策を作っても，当然のことをしたに過ぎないと考えられてしまう。他方，問題が発生した場合には，その原因を作った政策に対して激しい批判がなされる。しかも，航空機が安全であることによって利益を得るのは航空機利用者全員なので，航空機の安全を確保する政策を作った政治家を再選させるためにわざわざ投票に行く有権者は少ない。それ故，議員は，航空行政については多くの裁量を官僚の手に委ね，航空事故が発生した際には責任を官僚に転嫁して官僚批判を行うのである。

　他方，政治家は，特定の産業や利益集団に利益を還元しやすい政策分野については官僚に裁量の余地をあまり与えず，独自に立法活動を行おうとする。例えば，税金の問題については，高度な専門知識が要求されるにもかかわらず，政治家は，自分がターゲットとする利益集団に有利となるような形で控除を決めたり，税額を少なくすることを目指して積極的に関与するのである。

第4節　選挙と政策過程──127

政策類型論 このように見ていくと，政治過程を理解するためには，政策の特性を理解することが重要になる。

著名な政治学者のジェームズ・Q・ウィルソンは，認知された利益と費用がそれぞれ集中しているか拡散しているかに基づいて，政策の特徴に応じて政治過程を分類している。

大まかにいえば，政策から利益を受けるか，費用を負担せねばならないかによって，人々や利益集団の政治への対応が変わってくる。負担を迫られれば反発するし，利益がもたらされるならば協力するだろう。

ただし，人々を突き動かすのは，実際の費用や利益の有無よりも，それに対する認識の在り方である。例えば，物価が上昇しているにもかかわらず各種給付が増額されない場合，給付は実質的には減額されているが，多くの人がそう考えなければ政治的影響は小さい。

もうひとつの基準である費用と利益が集中しているか拡散しているかについては，政治行動の強さに関わってくる。例えば，政府が予算を３億ドル計上しているとして，アメリカ国民全員に１ドルずつ配分するというように政策の恩恵が拡散している場合，有権者は積極的な政治行動をとらないと考えられるが，同じ金額を，特定の産業に集中的に使うことになると，関連利益集団は積極的に活動するだろう。他方，費用に関しても，３億ドルを国民全体から徴収する場合はさほど反発を招かないが，その金額を特定産業から徴収するとなると，関連利益集団は反対キャンペーンを展開するだろう。

このような基準に基づいてウィルソンは，政策の特性に応じて政治過程を，多数派の政治，顧客政治，政策企業家の政治，利益集団政治の４つに分類している。一般に我々は，政治が政策を作ると考えるが，それと同時に，政策が政治の在り方を形作る側面もあるのである。

なお，政治において重要なのは，費用と利益に代表される利益関心だけではない。公正や正義などの価値も重要な意味を持つ。例えば，特定の利益集団に利益が集中していれば，利益集団の活動は活発になり，政治的に成功するかもしれない。しかし，特定の集団のみを利する政策を続ければ，国民の反発を招く可能性が高い。それは，国民の支持を得られない，いわば，正統性を持たない政策だと考えられるからである。

ウィルソン「認知された利益と費用」

		認知された費用が	
		分散	集中
認知された利益が	分散	多数派の政治	政策企業家の政治
	集中	顧客政治	利益集団政治

　なので，実際の政治過程では，各種利益集団や政治家は，単に集団の利益関心を追求するだけではなくて，広く国民の支持を得られるように，あるいは，国民からの反発を招かないように，人々の価値観に合致するようなアピールを行って，その行動を正当化しようとする。他方，そのような政策に反対する人々は，その政策が正統性を持っていないことを国民に広くアピールしようとする。このように，政策過程を理解するためには，第一義的には集団の利益関心に着目する必要があるものの，価値や正統性の問題にも注目する必要がある。その際，各国の政治文化に着目することが重要になるのである。

　以上，第1章から第4章ではアメリカの政治社会と統治機構の特徴について，第5章では政治社会と統治機構をつなぐ機能を果たす選挙と政治家の活動について説明してきた。これらの議論を踏まえて，次章以降は，アメリカ政治で重要な争点となっている事柄について，歴史的背景にも立ち返りながら，具体的に紹介することにしたい。

第6章
市民的自由と社会秩序

全米ライフル協会のロゴマーク

第1節　市民的自由と社会秩序

アメリカは，君主制を否定することで成立した共和国である。人民が統治上の最高決定権を持ち，政府の意思決定の大半が人民が制定した法に基づいて行われることが，共和制の重要な要素である。そして，その人民の自由な決定を可能にする上で不可欠なのが市民的自由である。

市民的自由の重要な意味は，政府による自由の抑圧と侵害を回避することにある。それは第一義的には，政府が人民からかけ離れた存在と化して人民の自由を抑圧，侵害するのを防がねばならないことを意味している。それに加えて，民主主義を政治体制として採用し，建国期以来一貫してその多民族性を特徴としてきたアメリカでは，多数派が少数派の自由を抑圧しないようにすることも重要な意味を持つ。既存の社会秩序を維持したいと考える多数派とそれを基盤とする立法部や行政部は，秩序維持の観点から少数派の自由を抑圧，侵害する誘因を持つ。実際，アメリカでは，黒人，カソリック，同性愛者，ユダヤ教徒，共産主義者などのマイノリティが脅威と見なされ，彼らを抑圧，排除することが社会秩序維持の名目でしばしば正当化されてきた。

アメリカの市民的自由の基本は権利章典とも呼ばれる合衆国憲法の修正第1条から第10条に記されている。修正第1条が「連邦議会は，……法律を制定してはならない」という文章で始まっているのは，議会が多数派の意思を少数派に押しつけることがないように，立法部の活動に制約を課すことの重要性を示している。その一方で，多数派が定めた社会規範に従いたくない人々の自由をどこまで認めるかが大きな問題となる。このように，市民的自由と社会秩序は時に対立する側面を持っている。

社会秩序の形成と維持は，古典古代以来の政治学の中心テーマである。例えば，ホッブズは，自然状態における社会は万人の万人に対する闘争の状態となるので，その危険を回避するためにリヴァイアサンの形成が必要だと主張した。また，『ザ・フェデラリスト』の第51篇でジェームズ・マディソンが，「万が一，人間が天使であるならば，もとより政府など必要としないだろう。また，もし，天使が人間を統治するならば，外部からのものであれ，内部からのもの

であれ，政府に対する抑制など必要としないだろう。しかし，人間が人間の上に立って政治を行うという政府を組織するにあたっては，最大の難点は次の点にある。すなわち，まず政府をして被治者を抑制しうるものとしなければならないし，次に政府自体が政府自身を抑制せざるをえないようにしなければならない」と述べたことは広く知られているだろう。

　民主政治，共和制も統治の一形態である以上は，社会秩序の維持はその運営のための不可欠の前提となる。いかに民主主義の基礎となる市民的自由が重要だからといって，市民的自由を過度に尊重する結果として社会秩序を崩壊させ，政治を破壊するのは本末転倒である。それ故，市民的自由と社会秩序のバランスをいかにとるかを判断する機構として，裁判所の果たす役割が大きくなる。ただし，統治の形態が多様でありうることや，社会の状態は常に変化することを考えれば，市民的自由と社会秩序の関係は変動するのが当然であり，一つの判例が出ればそれがずっと維持されるようなことはあり得ない。社会の変動に応じて，市民的自由をめぐってどのような政治が展開されてきたかを明らかにすることが必要である。

　社会秩序の形成については，政府の果たす役割を重視する「上からの」秩序形成と，市民社会の自発性を強調する「下からの」秩序形成という2つの方法を一応は区別することができる。そして，アメリカで特徴的なのは，市民社会の自発性を重視する考え方が非常に強いことである。アメリカの政治学で有力な学説となった多元主義論は，アメリカをあたかも人々が自動的に秩序を形成することができる国家であるかのように描いていた。また，アメリカにはイデオロギー的なコンセンサスがあり，それが政治社会の安定を確保してきたという議論も有力だった。それらの議論は実際には大きな限界を抱えているものの，アメリカ国民は自発的に秩序を作り出す能力が高いという議論は今日でもしばしば展開されている。そして，それを可能にするものとして，銃の存在が指摘されることが多い。

　以下では，まずは市民社会による秩序形成の在り方を，銃の問題と関連させながら検討した上で，上からの秩序形成に関する問題について検討することにしたい。もっとも，2001年の9.11テロ事件後に，ジョージ・W・ブッシュ政権が愛国者法を制定して上からの秩序形成を図ったのに対して，世論は政権に

第1節　市民的自由と社会秩序──133

対して90％以上の支持を与えるとともに，自警団を発足させるなど下からの
秩序形成の動きを展開した。上からの秩序形成と下からの秩序形成は矛盾する
側面を持ちつつも，相互補完的な性格も持つことにも注意する必要がある。

第2節　市民社会による社会秩序形成と銃

1. 市民社会による秩序形成と法執行機関

　アメリカでは「常備軍と官僚制」という言葉に代表される意味での国家機構
の発展が遅れた。実際，独立戦争終了後，地理的にヨーロッパから隔絶してい
たアメリカは列強から侵略される危険が低かったため，正規軍の装備と人員を
大幅に縮小した。秩序維持の観点から小規模な軍隊を維持することは必要悪と
してあるとしても，圧政の手段と化す可能性のある暴力機構を連邦政府が持ち
続けるのは避けるべきとの考えが強かった。

　とはいえ，建国者たちにとって秩序維持は重要課題だった。アメリカは大西
洋によってヨーロッパから隔たれているとはいうものの，ヨーロッパ列強から
何らかの影響を被る危険性は存在した。また，国内的にもシェイズの反乱に見
られるように，独立戦争後の社会に不満を感じた人々が暴動を起こす危険性も
あった。

　上記の点を踏まえ，建国者たちは秩序維持のために2つの方策をとった。す
なわち，連邦レベルでは治安法を制定するなど思想の次元での秩序維持を図る
一方で，物理的な秩序維持は地方に委ねることである。実際，19世紀には連
邦レベルで警察機構が作られることはなく，治安維持活動は州や地方政府に委
ねられた。その結果，アメリカの治安維持活動は，地域の特性に応じて異なっ
た性格を持つようになる。広大なアメリカでは，地域ごとに地理的環境も居住
する人々の特徴も異なるため，独自の文化が発達しやすい。そして，秩序維持
の方法も，地域によって異なっていた。だが，19世紀には公式の法執行機関
は法と秩序を維持する上で小さな役割しか果たさず，治安維持は地域住民が自
発的に果たすべき責務と位置づけられた点は共通している。

134——第6章　市民的自由と社会秩序

2. 北東部の都市と法執行機関の特徴

　多くの移民を受け入れていた北東部の大都市は，独特な性格を持つ警察機構を備えるようになった。北東部では植民地期以来地域コミュニティ内で人々が自発的に秩序維持を担っていたが，この方法は，大量の移民が流入する中でうまく機能しなくなっていった。都市に文化的背景の異なる人々が多く居住するようになると，コミュニティの住民も互いに顔見知りとは限らなくなり，教会の持つ道徳的権威も低下した。また，製造業が発達して経済格差が拡大するようになると，犯罪も増大するようになった。このような中で，暴動や犯罪に対応する公式の制度の創設が求められるようになっていき，ロンドン・メトロポリタン警察をモデルとした警察が構想された。

　だが，当初制度化されたアメリカの警察はロンドン・メトロポリタン警察とは全く性格を異にしていた。警察は市民を抑圧する組織となる可能性があると考えられたため，その制度化に対する反発は強かった。警察の存在を認めつつも，それが国民から乖離して人々を抑圧しないようにするための工夫として試みられたのは，人々に身近な警察を作り，それを民主的に統制することだった。

　当初，警察官は選挙で選出された地方の政治家によって採用されていた。民主主義を中核的原理として据えたアメリカでは，警察の行動も官僚的に統制されるべきでないと考えられた。また，警察官の採用に際しては明確な基準がなく，その職も保障されていなかったため，彼らの忠誠心は政治家に向いており，警察活動は政治と密接にかかわっていた。アメリカにやってきたばかりの移民に仕事や住居を見つけたり，炊き出しをしたりするなどの社会サービスを警察が行うこともあった。これは，一方では社会秩序を維持する機能を果たしていたが，警察が自らを任命してくれた政治家や政党が勝利できるように，移民の票獲得を目指して活動するという側面も強かった。

　官僚機構を発達させないということは，警察の行動が制度的に統制されないことを意味しており，警察官は政治的考慮に基づいて恣意的な行動をとることが多かった。権力分立の考えに基づけば，警察が恣意的で違法な取り締まりを行った場合，その不公正は裁判所によって正されるはずである。しかし，当時は多くの都市で政治家が警察署内にいる被疑者を解放することが公式に認められていたし，下級裁判所の判事も行政部の長によって任命されたり選挙で選ば

第 2 節　市民社会による社会秩序形成と銃──135

れたりすることが多かったので，警察は法的制約をほとんど考慮せずに行動することができた。

警察の腐敗は一般的だった。その結果，警察組織の安定，専門職化，腐敗防止を目的とする改革の試みが，19世紀末から20世紀初頭の革新主義時代に行われるようになっていった。その過程で，政治からの影響の排除が目指され，情実ではなく明確な基準によって測定された能力に基づいて警察官は採用されるべきだとして一般公務員試験が導入されるようになり，警察の活動は犯罪統制に限定されるようになっていったのである。

3. 南部と西部における権力と暴力

アメリカの地域的多様性と独自性を顕著に示しているのが，南部と西部である。なお，アメリカは独立期には北東部から出発し，徐々に西へと拡大していった経緯があるため，西部と呼ばれる領域は時期によって異なっている。例えば，今日では南部と見なされるテキサスなども，19世紀には西部と位置づけられていた。

19世紀までの南部と西部に共通しているのは，地理的に広大であるにもかかわらず人口が少なかったため，北東部で見られたような都市が形成されなかったことである。南部では，州の行政区分であるカウンティごとに，シェリフが治安維持の中心的な役割を果たしていた。シェリフは元々は植民地の行政官だったが，後に保安官としての位置づけを与えられるようになった。他方，西部では，州政府が確立されるまでの時期は連邦政府の管轄下にあったために連邦政府から保安官が派遣されていた。だが，そもそも軍事力を持たない連邦政府によって派遣された少数の保安官だけでは秩序維持のための実効的支配を確立することはできず，無法地帯も多かった。

これらの地域では，統治機構が十分に発達しなかったこともあり，人々が問題を解決するための独自の文化が発達した。ひとつは，名誉を重視し，暴力を用いて問題解決を図ることだった。南北戦争以前，決闘が正当な問題解決手段として，南部や西部の大半の州で認められていた。しばしば西部劇の素材にもなっている決闘は，事前にルールが定められた状態で行われ，審判同席の下で行われるのが一般的だった。初代財務長官のアレグザンダー・ハミルトンと，

136——第6章　市民的自由と社会秩序

トマス・ジェファソン政権で副大統領を務めたアーロン・バーが決闘したことがよく知られているように，決闘は建国期によくとられた問題解決方法だったが，南部と西部ではとりわけ重要な意味を持っていたのである。

社会秩序維持のために自警団が発達したことも南部と西部の特徴である。自警団は，社会秩序維持と犯罪者制圧を目的としていたが，社会秩序の意味を定め，秩序を維持するために用いる方法の妥当性を判断する役割も自ら担っていた。今日では，刑事法を制定する役割，執行する役割，法律の内容と執行の妥当性を判断する役割はそれぞれ異なる機関によって担われなければならないというのが原則となっているが，当時の南部と西部では，立法，行政，司法の全ての役割を自警団が担ったのである。そのため，自警団による不適切な活動を制度的に抑止する手段がなく，社会秩序を維持するために，リンチなどの暴力的手段が用いられることも多かった。

社会秩序を乱す恐れがあると見なされる者も，恣意的に決定される可能性があった。今日の刑事法では「疑わしきは罰せず」という原則が重視されているが，共同体の秩序を乱す危険の除去を目指す自警団は，疑わしい存在を暴力的に排除することも多かった。地域社会に十分に適応していないと自警団により判断された人々，例えば，宗教的少数派や移民，南北戦争後に奴隷の身分を脱した黒人などは，実際には秩序を破壊する意思や計画を持っていない場合にもリンチの対象とされることがあった。白人至上主義団体として紹介されることの多い KKK も，元々は 1865 年にテネシー州で結成された交遊会だったが，徐々に地域社会の秩序維持を目的として行動するようになっていったのである。

4. マフィアと FBI

社会の多数派から暴力を受ける危険を感じたマイノリティも，団結することがあった。19 世紀には全米各地でアイルランド系やイタリア系が相互扶助的な組織を結成したが，その中には犯罪組織と化すものもあった。とりわけ，1920 年代に禁酒法が施行されると，密造酒の取引で莫大な収益を上げるマフィアが登場し，徐々に寡占化を進める一方で抗争を繰り返すようになった。

そのようなマフィアによる暴力に対抗することを一つの目的として，連邦司法省内部にアメリカ連邦捜査局（FBI）が組織された。FBI は 1930 年代にも

マフィア取締りにはさほど成功しなかったものの，エドガー・フーヴァー局長（しばしば長官と訳されるが，FBI は省庁ではなく局なので，局長という訳が正確である）の下で絶対的な権力を持つようになった。フーヴァーは FBI を私物化し，1924〜72 年の 48 年間，8 代の大統領の下 FBI 局長に君臨し続けた。FBI には，後のキング牧師暗殺事件など要人の暗殺に関与したとの疑惑も浮上している。

アメリカでは，絶対的な権力を持つ機構が登場するのを防ぐために自警団が発達した。だが，社会秩序の維持と自らの安全を目指す組織が KKK やマフィアなどの形をとるようになった結果，その弊害を除去するために FBI やフーヴァーのような絶対的権力を持つ治安維持機構と権力者が登場するに至ったのは大きな皮肉である。

5. 銃の問題

19 世紀末から 20 世紀初頭にかけて，徐々に全米的に警察機構が整備されるようになっていった。それまでの時期は，地域の秩序維持は多くの場合地域住民によって担われていたが，それを可能にしたのが銃器の存在である。

アメリカ社会において銃に重要な位置づけが与えられていることは，合衆国憲法の規定にも明確に示されている。しかし，その解釈には難しい問題が伴っている。合衆国憲法修正第 2 条の規定は，英語では，"A well regulated Militia, being necessary to the security of a free state, the right of the people to keep and bear Arms, shall not be infringed" となっている。これを部分的に日本語に訳せば，「規律ある民兵は，自由な state の安全にとって必要であるから，人民が武器を保有しまた携帯する権利は侵してはならない」となるだろう。

この規定の中に民兵という表現が出てくることは，今日では時代錯誤だと思う人もいるかもしれない。だが，伝統的に，民兵の経験は自律した成人になるうえで重要なものとされ，民兵としての自覚を持つ人々は圧政から共同体を守り，共通善を維持・発展させることができると考えられてきた。アメリカでは政府が圧政を布くことを防止するために市民が能動的に活動することが必要だという発想は強く，民兵と銃は圧政への抵抗を象徴するものと考えられている。アメリカ社会で銃が持つ意味は，建国期以来国内秩序を維持する上で人々が積

138——第 6 章　市民的自由と社会秩序

極的な役割を果たしており，そこで銃が不可欠の存在と見なされてきたことと密接に関わっている。

　次に問題となるのは，state の意味である。この言葉には州と国家という両方の意味がある。仮に state が州を意味するのであれば，この規定は民兵を組織するための州の権利を定めたものという意味となるので，州政府がその権利を放棄するならば，州民による銃の保有や携帯を規制する権限を州政府が持つと解釈することができる（州権説）。他方，state を国家＝アメリカと解するならば，武器を保蔵し携帯する権利は個人に対して与えられていることになり，包括的な銃規制は憲法改正をしない限り不可能ということになる（個人権説）。銃規制反対派に加えて，州裁判所の判例は個人権説をとることが多い。連邦最高裁判所は伝統的に州権説をとっていたが，2008年の判例では個人権説を採用した。そのため，今日では，包括的な銃規制を行うことは困難だと考えられている。

　もっとも，修正第2条があるとはいえ，武器を携帯できる場所や，携帯できる武器の種類などについて規制を行うことは可能だと一般には考えられている。19世紀初めから，州政府と地方政府は州憲法の下での公共の安全を保つ権限に基づいて，様々な銃規制を試みている。

　20世紀に入り，連邦政府も合衆国憲法の州際通商条項に基づいて，銃器の輸送禁止，製造・販売の免許制などを実施してきた。例えば，ロナルド・レーガン大統領暗殺未遂事件で負傷し半身不随となった報道官にちなんで命名された1993年のブレイディ法では，購入希望者に5日間の待機を求め，販売者にその者の身元調査を義務づけて，重罪の前科や精神障害歴のある者，未成年者などへの販売を禁止した。だが，この規制は正規の販売業者にしか適用されず，闇市場や個人間で取引される銃を規制することができなかったし，1997年には連邦最高裁判所が身元調査の義務づけに違憲判決を下した。このように，これまで行われてきた銃規制は実質的に骨抜きにされてきたのである。

　今日のアメリカには3億挺を超える銃が存在し，銃による犠牲者は年間3万人を超える。大規模な銃乱射事件などが起こるたびに銃規制を求める声は高まり，銃規制を定めた法律は膨大な数に及ぶ。にもかかわらず，徹底した銃規制を行うのが困難なのは，憲法の規定に加えて，銃に平等化装置としての肯定的

第2節　市民社会による社会秩序形成と銃───139

なイメージを持つ人がいるためだとも指摘されている。銃を持たない状態では肉体的に優れた者が劣る者を暴力で支配することが多くなるが，銃を持てば体力等で劣る者が体力に勝る者に対抗することが可能となる。また，広大な領土を有するアメリカでは，人口密度の低い地域では自らの身体や財産に危害が及びそうになった場合に警察を呼んでも到着までに相当な時間を要するため，自衛する必要がある。アメリカでは，銃所有を正統化する考え方が支持されやすい条件が存在するのである。

　銃規制を困難にしている要因として，全米ライフル協会（NRA）に代表される銃規制反対派の活動が活発なことが指摘できる。NRA は，1871 年に南北戦争の北軍の帰還兵らによって組織された個人の銃所有の権利を擁護する市民団体であり，「人を殺すのは人であって銃ではない」というスローガンを掲げている。近年では膨大な会員数（2013 年当時公称 500 万人）と資金力を背景に銃規制に反対する利益集団として活動し，全米最強のロビー集団の一つと評されている。

　NRA は，その方針を支持する政治家を政党にかかわらず応援し（現職と対立候補がともに NRA を支持する場合は現職候補を応援する），銃規制反対派候補の当選阻止に大きな力を発揮する。この戦略は，銃規制の必要性についての信念を持つ政治家の行動を変えることはできないが，銃規制にさほど関心を持たない政治家にとっては，NRA の方針を支持することが合理的となる。NRA は，日本では過激な集団と報道されることが多いが，重罪判決を受けた者の銃所持規制などを含む既存法規の遵守を主張するなどの現実主義路線をとっているため，有力政治家との関わりも深い。

　他方，銃規制推進派は，資金力，組織力両面で劣っている。そもそも銃犯罪の被害者は都市部の貧困なマイノリティが多く，彼らは資金や労力を提供する余裕を持たない。もっとも，元ニューヨーク市長のマイケル・ブルームバーグのような大富豪が銃規制推進のために個人資産を投入することはある。ただし，そのような試みは特定の個人の資金力に依存する度合いが高いのに加えて，十分な組織を持たないという限界を抱えている。このように考えれば，アメリカで完全な銃規制を行うことは困難だといえよう。

第3節　上からの秩序形成と権利章典

1. 合衆国憲法と市民的自由

権利章典と連邦制　　社会秩序を維持する上で，統治機構が一定の権力を行使することが多くの場合必要になる。しかし，統治機構による権力行使は市民的自由を侵害する危険を伴っており，今日でも政府が秩序維持を名目として反対派や少数派を弾圧する国も存在する。民主主義を統治原理とする国では，政府が権力を恣意的に行使して人々の権利を侵害することがないように制度的歯止めをかける必要がある。

　合衆国憲法の権利章典は，アメリカの市民的自由を守る上で重要な役割を果たしている。18世紀に規定された権利章典の文言は現在まで変化していない。だが，裁判所，並びに社会におけるその解釈は変化してきた。権利章典ができたからというよりも，その規定をめぐって築きあげられてきた一連の解釈が，アメリカの市民的自由を保障してきたのである。

　近年，アメリカの法律解釈の中で起草者の意図を重視しようとする原意主義と呼ばれる立場が提唱されている。アメリカでそのような解釈方法が影響力を持つ以上，市民的自由の意味を理解する上でも歴史的背景についての理解が必要になる。ただし，権利章典については起草時の連邦議員の発言や議論の趣旨について十分な記録が残されていないこともあり，起草意思の内容を確定するのは容易でない点が議論を複雑にしている。

　それと同時に，合衆国憲法が持つ制約がアメリカの市民的自由の問題を複雑にしてきたことも重要である。後に説明するように，そもそも権利章典は合衆国憲法には不要ではないか，さらには，合衆国憲法の構成上権利章典を規定するのはおかしいのではないかとの議論もあった。また，連邦制との関連をめぐって，合衆国憲法の規定は連邦政府のみを対象とするので，州政府に適用することはできないのではないかとの議論があった。実際，権利章典を州に適用するには，南北戦争後に修正第14条が制定されるのを待たねばならなかったし，その後も，連邦裁判所が市民的自由の規定を選択的に州政府に適用するようになるのを待つ必要があったのである。

権利章典の制定　1787 年のフィラデルフィア会議で，合衆国憲法に権利章典を含めるように提案された時，代議員の多くはその必要性に懐疑的だった。抑制と均衡を利かせた統治機構を制定すれば専制を回避することができるというのが一つの根拠だった。

　それに加えて，いくつかの権利を明文化することで，憲法に明示されていない自由を連邦政府が制限することができるようになるのではないかとの懸念も示された。当時は，連邦政府に先立って主権と憲法を持つ存在として独立した州政府が政治の中心となるべきであり，合衆国憲法には連邦政府が行いうることのみを列挙するべきとの考えが強かった。それ故，特定の権利を条項に加えることで，他の権利を連邦政府が擁護する必要がないと考えられるのではないかと危惧されたのである。だが，修正条項に記された権利に反する行動に対して裁判所が違憲判決を出すことによって，それらの権利が実現されるようになるという議論が徐々に広範な支持を得るようになった。その結果，1791 年に 10 の修正条項が連邦憲法に追加されたのだった。

　権利章典として定められた 10 条のうち，実質的な市民的自由に関する規定は最初の 8 条までであり，先の懸念を回避するため，第 9 条に「本憲法中に特定の権利を列挙した事実をもって，人民の保有する他の諸権利を否定又は軽視するものと解釈してはならない」と規定された。また，第 10 条では「本憲法によって合衆国に委任されず，また州に対して禁止されなかった権限は，それぞれの州又は人民に留保される」と規定された。

　だが，この連邦制の考え方が，市民的自由の発展を阻害する機能を果たした。というのは，修正第 1 条から第 8 条に規定された権利章典は連邦政府にのみ適用され，州政府には適用されないと主張され，また連邦最高裁判所もその旨判示したからである。19 世紀までのアメリカでは州権論が強く，市民生活に影響のある決定の大半は州以下の政府により行われていた。また，南部が奴隷制を布く状況では，例えば修正第 5 条の「正当な法の手続によらないで，生命，自由又は財産を奪われることはない」との規定を適用すると国家の分裂を招く危険があった。連邦政府も権利章典にかかわる法律の制定を回避したので，権利章典の規定が適用される事例はほとんど存在しなかったのである。

142──第 6 章　市民的自由と社会秩序

修正第14条と権利章典の州政府への適用　権利章典を州政府に適用するきっかけを与えたのは，1868年に定められた修正第14条だった。南北戦争後，連邦議会は奴隷制を廃止し，公民権と市民的自由を再定義するとともに，全ての男性市民に選挙権を与えることを定める憲法修正を行った。修正第13条から15条は南北戦争憲法修正と呼ばれている。

　市民的自由の拡大を考える上で重要なのは，修正第14条第1節で，「いかなる州も，合衆国市民の特権又は免除を制限する法律を制定又は施行してはならない。またいかなる州も，適正な法の手続によらないで，何人からも生命，自由又は財産を奪ってはならない。またその管轄内にある何人に対しても法律の平等な保護を拒んではならない」と規定していることである。適正法手続条項と平等保護条項と呼ばれる内容を含むこの規定は，1868年当時はかつての奴隷に権利を認めるために定められたが，約半世紀後には連邦最高裁判所はこの規定の文言を根拠として，権利章典を州政府に適用するようになった。

　だが，連邦最高裁判所は州政府に対する権利章典の適用を選択的かつ漸進的に進めており，今日においても全ての条項を州政府に適用しているわけではない。言論，プレス，信仰の自由を定めた修正第1条は1920年代から1940年代にかけて適用が開始されたが，修正第4条，第5条，第6条の大半が適用されるようになったのは1960年代，銃規制に関する修正第2条が適用されるようになったのは2010年になってのことだった。また，修正第5条の起訴の際の大陪審手続に関する規定や，死刑制度をめぐって議論されることの多い修正第8条の残酷で異常な刑罰の禁止規定などについては，今も州政府に適用されていない。

2. 修正第1条と言論・プレスの自由

修正第1条の意義　修正第1条は，「連邦議会は，……言論またはプレスの自由を制限する法律を……制定してはならない」と規定している。プレスの自由とは，出版に加えて，取材，編集，報道の自由を含むとされる。

　言論とプレスの自由に関しては，政府が秩序を形成しようとするのを妨害する発言の自由が認められるかが大きな論点となる。脅威の可能性がある中で危険を除去する一つの方法は，危険につながる可能性のある発言を取り締まるこ

第3節　上からの秩序形成と権利章典──143

とである。危険の弁護や発言と行動を区別するのは今日では半ば常識となっているが，両者を全く異質なものとして区別することに不安を感じる人が存在することも事実である。そもそも，一部の例外を除いて，謀略が存在するからこそ危機が訪れるのであり，謀略の存在が明らかになっている以上，危機の発生を待たずにその可能性を摘み取るべきとの指摘も，社会状況によっては受け入れられる可能性がある。危険を生み出す可能性のある謀略に謀略をもって対抗することが受容されることもあるだろう。歴史家のリチャード・ホーフスタッターは，アメリカには巨大な陰謀が歴史的出来事の原動力となっていると見なす特徴があると指摘し，それを「アメリカ政治の偏執症的スタイル」と呼んだ。この傾向は，国家的な危機や社会変動が見られる際，とりわけ戦時下において顕著に現れるようになる。

植民地時代と修正第1条制定　植民地時代のアメリカでは，イギリス当局の判断に基づき，言論やプレスに，性格の異なる2つの大きな制約が課されていた。ひとつ目は，あらゆる出版について許可を取得させる予防的な制約であった。聖書，小冊子，出航予定表などのあらゆる出版は許可制であり，その運用は恣意的に行われたため，イギリス当局に批判的な言論は事前に抑止されていた。もうひとつは，国家や教会やそれらの役職者について不敬な発表をするのを罪とする治安妨害扇動罪だった。この罪の告発に関しては，真実に基づく批判は虚偽の批判以上に質が悪いと考えられた。この法律の目的は，国家や教会が社会秩序を維持するために必要な敬意を国民に抱かせることだったからである。

　一般にアメリカの独立は，イギリス本国による圧政と宗教的抑圧に不満を持つ人々が政治的，宗教的自由を求めて，追求されたと考えられている。しかし，入植者たちもイギリス的伝統を身につけてアメリカにやってきており，反体制派に寛容な態度を見せるのは稀だった。例えば，マサチューセッツ植民地では，クウェーカーの見解を唱えた人物が絞首刑に処されている。

　だが，治安妨害扇動罪に対する反発は徐々に強まっていった。その象徴的な表れが，ゼンガー事件である。ニューヨークで印刷業を営んでいたゼンガーは治安妨害扇動罪に基づき告発されたが，ゼンガー側の弁護士は陪審員に，新聞

144——第6章　市民的自由と社会秩序

記事が真実だと認める場合にはゼンガーに無罪を宣言するよう訴えた。治安妨害扇動罪に関しては真実性の主張は抗弁とならないという前例に抗して陪審が無罪の評決を出したことは，治安妨害扇動罪に対する人々の不満の強さを示していた。以降，同罪状に基づく起訴は減少していく。

　そのような中で，出版の自由を憲法の中に位置づけようとする試みがヴァージニア州などでなされるようになっていった。18世紀には，憲法の条文は立法部に対する訓戒に過ぎず，法的拘束力はないとするのが一般的な見解だったが，時が経つにつれ，徐々に憲法の条文が持つ法的重要性は高まっていった。連邦レベルでは，言論やプレスの自由は修正第1条という形で合衆国憲法に規定されることになった。

**修正第1
条の受容**　　権利章典が制定された後も，政治家は治安維持を根拠として言論の統制を試みた。1798年には，治安妨害扇動を連邦犯罪とする治安法を，外国人・治安諸法の一部として可決した。そこでは出版に関する事前規制は定められなかったものの，「合衆国政府，連邦議会のいずれかの議員，……または大統領に関して，……その名誉を傷つける目的で，……彼または彼らの一部の者を合衆国の善良な市民の憎悪の対象となるよう扇動する目的で，いかなる虚偽にして，中傷的で，悪意ある文書」をも執筆したり出版したりすることを犯罪とした。

　連邦最高裁判所の判事が修正第1条を言論とプレスの自由を擁護する論拠として初めて用いたのは，1907年である。ただし，それは反対意見の中で言及されたのみであり，それが最高裁判所によって本格的に採用されたのは1925年だった。当時は，合衆国憲法とその修正条項は，連邦政府の制定した法律のみを対象とし，州法には適用されないと考えられていた。19世紀のアメリカは州政府による活動が中心であり，連邦政府は治安法が廃止されて以降1917年まで，言論やプレスを規制する法律を制定しなかったため，同修正条項が適用される可能性が存在しなかった。

　南北戦争後に修正第14条が追加されても，「悪しき傾向」を有する言論については州政府が規制を加えることができるとの解釈が一般的だった。状況を変化させたのは，第一次世界大戦への参戦に伴って，ウッドロウ・ウィルソン大

第3節　上からの秩序形成と権利章典——145

統領がスパイ防止法を立案して連邦議会がそれを1917年に制定したことである。塩漬けキャベツのザワークラウトがドイツ風の名称だということでリバティー・キャベッジと言い換えられるようになるなど，愛国主義的な雰囲気が高まる中で，政府や戦争に対する批判的な発言や記述がスパイ防止法の対象として取り締まられた。

　スパイ防止法をめぐっては複数の訴訟が提起された。1919年の判決でオリヴァー・ウェンデル・ホームズ判事は，言論の自由の規制をめぐっては，その言葉が実質的害悪をもたらすような明白かつ現在の危険を生む性格のものであるかを考慮する必要があるとの原則を提示した。ただし，この事件では言論の自由を規制する根拠としてこの基準が用いられた。そして，半年後の判決でホームズは，言論の自由を擁護する反対意見を執筆した。ホームズは，望ましい善や真実に到達するには，アイディアが思想の自由市場で受け入れられることが必要だとした上で，即時の害悪の危険が現在ある場合を除き，我々が嫌悪する意見であってもその表明を阻止することには慎重でなければならないと表明している。

　1920年代は自由な言論を求める訴えは敗北することが多かったものの，第一次世界大戦の記憶が薄れていくにつれ，連邦最高裁判所は表現の自由を徐々に認めるようになっていった。1925年の判決では，修正第14条に基づいて修正第1条が州に対しても適用されることを認めた。また，1929年の判決の反対意見でホームズは，憲法に定められた原理の中で最も強く支持せねばならないのは，思想の自由，我々が忌み嫌う思想のための自由の原理だと主張した。この意見には，ルイス・D・ブランダイス判事も同調している。ニューヨーク州知事，国務長官，連邦最高裁判所判事を歴任したチャールズ・エヴァンズ・ヒューズは，反対意見には将来の裁判官に対して判決の再考を求める意義があると述べているが，ホームズとブランダイスによる反対意見は，修正第1条に関する連邦最高裁判所の意見を改めさせる効果を持つことになる。

第二次世界大戦と冷戦　第一次世界大戦が終わると，連邦政府は表現の自由を積極的に認めるようになったものの，第二次世界大戦と冷戦が勃発すると，安全保障と治安維持を重視して表現の自由に制約を課す考え方が

強くなっていった。例えば，第二次世界大戦中に日系アメリカ人は強制収容された。また，1940年には物理的暴力による政府転覆を企てることを禁じたスミス法が，1950年には共産党員を政府機関に登録させる国内治安法が，1954年には共産党が政府転覆を企てていると宣言する共産主義者統制法が定められた。後者2つは，1950年に上院で「205人の共産主義者が国務省職員として勤務している」と発言し，マッカーシズムと呼ばれる赤狩りの雰囲気を激化させたことで知られるジョセフ・マッカーシー上院議員が実現させたものである。

　連邦最高裁判所も言論の自由を制限する判決を下している。例えば，1942年の判決で警察官を神に呪われた強請屋やファシストと呼んで逮捕された被告の発言に対し，そのような挑発的辞辞は修正第1条の保護を受けないと判示している。また，1951年の判決では，共産党を組織して政府転覆を唱道したとしてスミス法違反で訴追された被告に対し，表現の自由は特定の状況下では対立する公益とのバランスをとらねばならないとして有罪判決を下した。

　だが，マッカーシズムが収まり始めると，世論は表現の自由を，過激派や共産主義者を含むあらゆるアメリカ人に対して認めるようになっていった。連邦最高裁判所も積極的に言論の自由を認めるようになるとともに，表現の自由を広範にとらえるようになる。例えば，ヴェトナム戦争反対を示す黒の腕章を学校で着けていた高校生の行動を表現の自由として認めている。また，KKKによる，また，アドルフ・ヒトラーのナチ党をモデルとした国家社会主義者によるヘイトスピーチも，表現の自由として許容している。さらに，アメリカ国旗の焼却も表現の自由に含める判決を下している。同判決を受けて連邦議会は古くなった国旗を処分する場合などを除き，国旗の焼却を禁じる国旗保護法を制定したが，連邦最高裁判所はそれに違憲判決を下している。

修正第1条の例外　　このように，連邦最高裁判所は表現の自由の範囲を拡大するとともに，それを制約することを正当化しなくなっている（2001年の9.11テロ事件以降状況が変わったが，この点については後述する）。とはいえ，表現の自由が自動的に認められるわけではないとして，いくつかの表現には一定の制約を課している。

　例えば，営利的言論については，消費者に対して虚偽の，あるいは誤解を招

第3節　上からの秩序形成と権利章典──147

くような表現を行うことを禁じているし，煙草など政府が有害と見なす物質についての宣伝に規制をかけることが認められている。

名誉棄損については，修正第1条による保護が及ばないというのが一般的な考え方である。ただし，1964年の判決で，公職者が公職に関して名誉棄損的な虚偽の言論で損害を受けた場合，現実の悪意を伴ってなされた場合にのみ賠償請求を認めるとの判決が下されている。

また，先に国旗の焼却は認められていると説明したが，同じ象徴的言論であっても，戦争反対の意思表示として徴兵カードを焼却することは認めていない。

最後に，性に関する表現については，猥褻と判断される場合には修正第1条の保護の範囲外とされるが，法的な意味で猥褻に当たらない性的表現はポルノグラフィーと呼ばれて修正第1条の保護の対象とされる。猥褻とポルノグラフィーを区別する基準については，1957年に，問題とされた資料を全体として見た場合に，当該地域共同体の基準に照らして好色な興味に訴えるものと平均的な人によって判断される場合に猥褻と判断されると判示している。ただし，この判決は曖昧なこともあり，1973年にはその基準に加えて，作品を全体として見た場合に重要な文学的，芸術的，政治的，科学的価値が欠如していることを猥褻の条件とし，具体的な猥褻の定義を州政府に委ねた。だが，インターネットが普及して性的な表現物が州の境界を越えて移動する今日では，州政府に猥褻の定義を委ねることの妥当性には疑問が呈されている。なお，猥褻物を自宅で所持し，見たり読むだけでは犯罪とされない。他方，風俗営業を一定地域から排除するゾーニング規制や児童ポルノ規制については，修正第1条に対する規制が認められるとされている。

3. 犯罪者の権利

法の支配における意義　法律は，政府と市民の関係を扱う公法と，私人間の関係を扱う私法に大きく分けることができる。刑事法は，私人の活動を政府が取り締まることで社会秩序の維持を図る法律である。そして，社会秩序維持を根拠として私人の活動を恣意的に取り締まる危険を除去し，犯罪者と見なされた者が不当な処分を受けるのを回避するために，様々な方法が合衆国憲法の修正条項の第4〜6条，第8条に規定されている。

148——第6章　市民的自由と社会秩序

なお，罪を犯した者は処罰されて当然ではないのか，何故犯罪者の権利について権利章典に詳細な規定を置く必要があるのかと疑問に感じる人もいるかもしれない。だが，これは歴史的な経緯を考えると，不思議ではない。例えば，フランス革命前のフランスでは，塩の専売制が導入されて塩税が課され，戦費調達を目的として塩の購入が国民に義務付けられていた。そして，それに違反した者は見せしめとして厳罰を科されることもあった。このような状況下では，あらゆる人が国家によって犯罪者とされる危険があったのであり，犯罪者の権利を守ることは，全ての人の権利を守ることにつながると考えられた。今日でも，法の支配の原則が貫徹していない国家では政治的考慮に基づいて敵対勢力を訴追し投獄することが行われている。このような事態が発生するのを制度的，手続き的に防止することは，重要な意味を持つのである。

修正第4条　　不当な方法によって警察などの法執行機関が入手した情報に基づき訴訟が提起された場合，その訴訟を正当なものと認めるべきだろうか。そのような場合にとりうる方法としては，法執行機関の担当者を処罰したり，不利益を被った人物に損害賠償請求権を認めたりするものの，訴訟全体の効果は認めることが考えられる。別の方法としては，不当な方法で入手した情報の効力を否定することも考えられる。一般論としていえば，前者が秩序維持の目的のために，より柔軟な取り組みを可能にするのに対し，後者は秩序維持よりも不当な権力行使の抑制に力点を置いているといえる。イギリスが前者の立場をとるのに対し，アメリカは後者の立場をとっているのである。

　この違法収集証拠排除原則は，「国民が，不合理な捜索および押収または抑留から身体，家屋，書類および所持品の安全を保障される権利は，これを侵してはならない。いかなる令状も，宣誓または宣誓に代わる確約にもとづいて，相当な理由が示され，かつ，捜索する場所および抑留する人または押収する物品が個別に明示されていない限り，これを発給してはならない」という修正第4条に反映されている。この原則は1961年の判決で州政府にも適用されることになっている。

　警察による逮捕が認められるのは，裁判所が捜索令状を発行している時や，警察官の目の前で罪を犯した時，警察官が当該人物が重大犯罪に関与している

と信じるに足る相当の理由がある場合に限られる。そして，捜索・押収が認められる範囲は，捜索令状が認める範囲や，犯罪の証拠物が現認された場合などに限られるが，自動車運転中に逮捕された場合のトランクの捜索も判例上認められている。

この違法収集証拠排除原則は，明らかに犯人である者の処罰をも場合によっては不可能にするため，法と秩序を唱道する人々から強い批判がなされている。裁判所もこの原則を一部緩和しており，例えば法執行機関が取得した捜索令状に思わぬ誤りがあった場合などは，善意の例外として認めている。

修正第５条　修正第５条は，何人も同一の犯罪について重ねて生命または身体の危険にさらされることはないという二重危険禁止原則と，刑事事件において自己に不利な証人となることを強制されないという自己負罪を拒否する権利を定めている。これは，1966年のミランダ対アリゾナ判決で明確化されており，今日では，①黙秘権があること，②供述が法廷で不利な証拠として用いられることがあること，③弁護士の立会いを求める権利があること，④自分で弁護士を依頼する経済力がなければ公選弁護人を付けてもらう権利があることを警告しなければならないことになっている。このミランダ警告が法執行を阻害する可能性があるとの恐れからミランダ警告を廃止しようとする試みもあるが，2000年に裁判所はミランダ警告を憲法上の原則だとして，連邦議会にはそれを廃止する権限はないと判示している。

修正第６条　修正第６条では，刑事上の訴追において被告人は陪審裁判を受ける権利が認められるとともに，自己に有利な証人を得るために強制的手続きを利用したり，自己の防御のために弁護人の援助を受ける権利を持つと定められている。公選弁護人を受ける権利を州レベルでも認めた1963年のギデオン判決は，画期的な判例と見なされている。

修正第８条　残酷で異常な刑罰の禁止を定めた修正第８条は論争的な条文である。ヨーロッパ諸国で死刑制度が廃止される中，アメリカでは死刑が執行されている。これが残虐で異常な刑罰にあたるかが論争になっている。

150——第6章　市民的自由と社会秩序

連邦最高裁判所は，1972年の判決で，ジョージア州の死刑制度が実質的な指針を与えずに陪審に無限定の裁量を認めていることが修正第8条に違反するとの判断を下したものの，死刑制度自体に対する判断は明確にしなかった。その結果，恣意的な量刑裁量を否定するべく，一定の犯罪類型で有罪となった全ての者に死刑を科す絶対的死刑制度を導入する州が出てきた。連邦最高裁判所は，絶対的死刑制度については残酷で異常な刑罰にあたると判示している。

これに対し，有罪無罪を決する罪責過程と，死刑を科すかを判断する量刑を別の手続きとして構成した上で，後者の量刑については，明確に恣意性を排除した加重事由に加えて，個々の犯罪状況や犯罪者の特性を考慮するという，二段階審理・指針つき裁量制と呼ばれる死刑法を導入する州も存在した。これについては，連邦最高裁判所は1976年の判決で合憲の判断を下している。

同判決以後も，死刑判決の合憲性を問う訴訟は数多く提起されており，例えば連邦最高裁判所もIQが59の被告に対する死刑に対して違憲判決を下している。裁判所はIQが70を下回る者は知的障害者として死刑の適応を免れると判断しており，2010年にはIQが72の者に対する死刑が実施されている。また，連邦最高裁判所は子どもを殺害した者に対する死刑は認める一方で，子どもをレイプしたものに対する死刑は修正第8条に違反するとの判断を下している。

アメリカの世論は死刑制度を支持する割合が高いこともあり，治安問題が重大な政治的争点となっていた1990年代には多くの州知事が死刑を執行した。犯罪に対して厳格であることを示す上で，死刑を推進することは有効な手段と考えられていた。だが，2000年代に入って以降，死刑の執行数は徐々に減少している。

4. 9.11テロ事件と市民的自由

2001年9月11日に発生したテロは，アメリカの市民的自由の伝統を強く問い直すものとなった。テロの45日後に制定された愛国者法は，900を超える規定から成り，300頁を超える。

愛国者法は，アメリカ内外のテロリズムと戦うことを目的としており，政府の権限を大幅に増大させている。例えば，電話や電子メール，医療情報，金融

情報等について調査する権限を拡大したり，国内で外国人に対する情報収集の制限に対する権限を緩和している。財務省に対しては，金融資産の移転，とりわけ外国人や外国法人について規制する権限を強化している。司法部門や入国管理局に対し，テロに関係する行為をとったと疑われる者を留置，追放する権限を強めることも規定している。

　愛国者法は，既遂犯罪者を逮捕するだけでなく，テロを予防することに力点を置く点で，従来法執行機関に求められていた対策と一線を画している。法執行機関は移民とアメリカ国民の双方に対する監視，逮捕，拘束の権力を増大させており，伝統的な市民的自由の考え方に反する事例が増大しているのではないかとの懸念も示されている。例えば，テロの容疑をかけられた者に関しては，違法収集証拠排除原則やミランダ原則が適用されていないのではないかと指摘されている。

　それに加えて，当時のジョージ・W・ブッシュ大統領が，テロリスト，ないしテロリストをかくまっていると考えられる非合衆国民については通常の裁判所ではなく軍事裁判所で裁判を行うよう大統領令を出したことの妥当性についても，様々な議論がある。軍事裁判は非公開の場で行われ，陪審も同席しないこと，また，判決に不服を抱く被告は国防長官や大統領に対して不服申し立てをすることはできるものの，通常の裁判を受けることができないことなどが問題とされている。

　さらには，ブッシュ政権の政府高官が作成した対テロ政策秘密メモに，テロ容疑者に対する捜索は合衆国憲法の修正条項（第1条と第4条）の制約を受けず随時行われてよいこと，戦時に人権は制限され得ると記されていたことも，連邦司法省が公開した資料によって明らかにされている。

　これまで記してきたように，市民的自由と秩序維持には対立する側面がある。アメリカでも戦争などの国家的危機に際しては市民的自由が大幅に制限されることも多く，裁判所もそれを許容してきた。統治機構による市民的自由の制限は世論も支持ないし許容することが多かった。ただし，それは一時的な許容にとどまり，国家的危機が終了し，その措置に対する世論の支持が低下した際には，政府も市民的自由の制約を解除している。

　9.11テロ事件以降，世論は愛国者法とブッシュ政権の措置を強く支持して

いたものの，テロから時間が経った今日では，ブッシュ政権の措置に対する批判も高まっている。また，連邦最高裁判所も，グアンタナモの収容所におけるテロリストの取り調べに対して，合衆国憲法上の保護が認められる旨判示している。グアンタナモ基地は，アメリカと国交を持たないキューバの中にありながら米西戦争以来アメリカが実効支配しているため，国際法上の保護が得られるか，合衆国憲法が適用されるか，法的な解釈が難しい状況にあったところである。このような動向を見れば，伝統的なパターンと同様に，今後市民的自由が復権すると考えることもできるかもしれない。

　だが，特定の対象を破壊すれば終わるというような明確な敵が存在した従来の戦争と異なり，対テロ戦争は所在も人数も確定できないテロリストを対象とするため，無期限に継続する可能性が高い。愛国者法とブッシュ政権により課された市民的自由に対する制約がアメリカ社会でいつまで，どの程度まで許容されることになるのかは，市民的自由と社会秩序の関係について深刻な問題を突き付けているといえよう。

第3節　上からの秩序形成と権利章典——153

第7章 社会福祉政策

CNN「オバマ・ケア」を蹴り上げる共和党

第1節　社会福祉政策の意味

　アメリカは社会保障という名を冠した法律を世界で最初に導入した国であるにもかかわらず，その福祉国家は不完全で未発達だと評価されることが多い。この特徴は，国民皆医療保険が公的に制度化されていないことや，公的扶助政策の受給期間が継続して2年，生涯で5年に制限されていることに見てとれる。

　社会福祉政策というと，一般には，貧しい人の生活を助けるための政策，富裕な人から貧困者への富の再分配が想定されるだろう。ただし，社会福祉政策をめぐる政治過程を理解するためには，社会福祉政策は富の再分配という側面を超えて，様々な機能を果たしている，そして，果たすことが期待されていることを理解する必要がある。

　世界に先駆けて民主政治を発展させてきたアメリカは，連邦制を採用し，財源確保の観点から再分配政策の提供に消極的になりやすい州や地方政府が福祉提供の中心とならざるを得ない国でもある。このアメリカで，福祉国家はどのように発展してきたのだろうか。

1. 再分配政策としての側面

　社会福祉政策とは，政府による援助が社会的に見て必要だと見なされる人々を助けるべく設計された国内政策である。社会福祉政策と他の国内政策を区別する原理をあげるとすれば，「ニーズ」になるだろう。資本主義社会では，欲求が存在する場合，まずは経済的な需要として表現され，市場を通じて充足されることが想定されている。だが，資本主義経済の下では自らのニーズを充足できない社会的弱者が存在しており，彼らのニーズを否定するのは妥当でないと考えられている。そのような場合に，社会福祉政策が要請されることになる。

　再分配の側面に着目した社会福祉政策の定義の中で考えておくべき点を2つ指摘したい。第1は，社会福祉という目的を達成するために，政府がどの程度の役割を果たすべきかである。先ほど，ニーズはまず市場を通じて充足されるべきで，市場では実現できない部分を政府が担うと述べたが，市場と政府が行う活動の好ましい境界線は国家により異なる。市場や政府に期待される役割が，

156——第7章　社会福祉政策

国によって異なるからである。

　この点についてアメリカでは，市場が大きな役割を果たすことが期待される一方で，政府が大きな役割を果たすことは想定されていないのが特徴だと言われている。実際，アメリカの福祉国家は，経済的支援に関しては小規模なのを特徴としている。

　日本では憲法25条に生存権が規定されており，全ての国民に健康で文化的な最低限度の生活が保障されている。これに対しアメリカでは，日本の生存権にあたる規定が合衆国憲法に存在せず，社会福祉の提供は国家の義務だと考えられていない。アメリカでは福祉受給に関して様々な条件が付けられており，受給が認められない貧困者が多数存在する。例えば，貧困家庭一時扶助（TANF）という公的扶助の受給には，継続して2年まで，生涯で5年までという制限が課されている。また，精神的，肉体的に労働可能な公的扶助受給者には労働の義務が課されており，義務を果たさない者に対する給付は原則として打ち切られることになっている。

　この特徴は，アメリカでは歴史的に公的に国民皆医療保険が制度化されてこず，医療保険を必要とする人は民間市場を通して購入することが期待されてきたことにも表れている。その結果，医療保険に加入していない，あるいは，不十分な保険にしか加入できない貧困者が多く存在している。その代わり，アメリカでは民間医療保険が発達しており，そのことがかえって公的な医療保険制度の必要性に疑念をいだかせている面もある。

　ただし，広義の社会政策に関する政府の支出額を比較すれば，アメリカの支出額は他の主要先進国と比べて著しく小さいわけではない。アメリカは，経済的側面に関しては小さな国家が志向されるものの，モラルを規制するためには政府が大きな役割を果たすことが期待されており，社会福祉政策をそのために活用しようとする考えが強いこともその一つの理由である。そして，この点が第2の点に関わっている。

　先ほどの定義から考えておくべき2つ目の点は，政府による援助を必要とする人のニーズを判断する基準は，国や社会の規範に応じて時代とともに変化することである。アメリカでは，貧困者を救済に値する者と値しない者に分ける伝統がある。ピューリタン的勤労倫理を重視するアメリカでは，少なくとも男

第1節　社会福祉政策の意味──157

性は，自ら労働して生活の糧を得るべきだとされてきた。高齢者，若年者，障害者等，労働市場に参画するのが難しい人々に対する救済は政府が行うべきだが，肉体的にも精神的にも労働可能な人物は，仮に貧困状態に置かれたとしても，救済に値しない者として批判的に見られているのである。

なお，福祉受給者を救済に値する者と値しない者に区別することは世界的に行われているが，この区別が人種やジェンダーと強く関連させて論じられるのが，アメリカの特徴である。

2. 再分配以外の側面

社会福祉政策の発展を理解する上で押さえておくべきなのは，社会福祉政策には再分配以外にも様々な機能があることである。仮に，社会福祉政策が富裕者から貧困者への富の移転だけを機能とするならば，富裕層の反対にあって採用されてこなかった，あるいは，採用されたとしても，もっと規模の小さなものにとどまっていただろう。アメリカの福祉国家の展開を理解する上では再分配以外の側面に着目することも重要である。

では，社会福祉政策は，どのような機能を果たしているのだろうか。

第1に，社会福祉政策は社会統制の機能を果たしている。ある専門家によれば，福祉支出の目的は貧困者の行動を統制することにあり，国家が福祉施策に力を入れるのは人々が既存の秩序に反抗的行動をとる時である。しかし，ひとたび既成秩序の破壊という直接的脅威がなくなると，政府は受給者を福祉対象者のリストから外すなり，給付水準を引き下げるなりして，労働市場の締め付けを厳しくするというのである。

第2に，社会福祉政策は政治家にとっては票獲得のための有効な手段である。社会福祉政策を通して政治家は，目に見える具体的利益を人々に対して公にもたらすことができる。社会福祉政策は，巧みに活用することができれば，政治家にとって有効な政治資源になる。

第3に，社会福祉政策は財政政策の一種であり，資本主義体制を維持する機能を果たしている。社会福祉政策は，景気悪化時には消費者の需要を維持する役割を果たし，インフレ時には財源として税が徴収されるのでインフレを抑制する機能を果たす。関連していえば，公共事業も同様の側面を持っている。景

158——第7章　社会福祉政策

気が悪化して失業率が上昇した時に雇用を通して生活を保障し，消費者の需要を維持する一方で，その費用を徴収するためにインフレ時にも税金が徴収されるからである。社会福祉政策は，恐慌の発生を抑制するとともに，失業や高齢，障害，疾病等，資本主義経済の中での活動が困難な人々を助けて，資本主義経済の枠内に押しとどめる役割を果たしている。

　以上のように，社会福祉政策は，社会を統制し，政治家に票獲得の手段を与え，資本主義を守る役割を果たしており，富裕者や資本家にも利益をもたらしている。福祉国家の発展を理解するには，これらの要素がどのような形で現れているかを理解することが必要となる。

第2節　革新主義時代

1. 都市政府の役割

　20世紀前半期までのアメリカの社会福祉政策をめぐる政治を検討する上では，州以下の政府，とりわけ地方政府に着目することが必要である。アメリカは，建国期には各邦が，一旦主権と憲法を持つ政治体として独立した後，その主権の一部を移譲することで連邦政府を設立した。連邦政府の権限は，基本的には合衆国憲法に記されたものに限定された。ニューディール以前は，連邦政府が社会福祉の分野で役割を果たすことが想定されていなかった。

　このような連邦制の在り方はアメリカの福祉国家の性格を複雑にした。州以下の政府が社会福祉に関して中心的役割を果たすこととなり，貧困な移民が集中した都市にはとりわけ大きな役割が期待された。財源の多くを自主的に確保し運用しなければならない都市政府は，財源を民間企業や中産階級の納税に頼っている。税収を確保するには，市に経済発展をもたらしたり高額納税者を利するような開発政策を積極的に展開する一方で，税金を納めずにサービスを利用する貧困者を利するような再分配政策の執行に消極的になるのが合理的帰結である。

　このように，制度的にみて社会福祉政策を実施するのに困難を伴う州以下の政府が社会福祉政策の担い手とならざるを得ないという制約を，アメリカの福祉国家は抱えていた。それゆえに，社会福祉改革に関するアイディアが，連邦

の政治家よりも州や都市の政治家によってもたらされることも多かった。アメリカの福祉国家の発展を考える上でも，州以下の政府，とりわけ都市政府の動向に着目する必要があるのである。

2. 民間慈善団体と政治マシーン

歴史的にアメリカは多くの移民を受け入れてきたが，その大半は技能を要しない職が多く存在する都市部に集住した。移民の多くが，財産がなく，英語が理解できず，熟練した技能を持たなかったため，彼らに開かれた就業機会は狭かった。

この状況下で，貧困移民への支援を行ったのは民間慈善団体と政治マシーンだった。

民間慈善団体では，ヴィクトリア朝時代的価値観に基づいてセツルメントで活動していた，高い教養と専門能力をもつ女性が重要な役割を果たした。当時，女性は公的な役割を果たすことが認められなかったので，共和国の母として，社会改良の観点からアメリカ的価値観を移民等の貧困者に身につけさせるべく活動した。一連の活動の中で，エレノア・ローズヴェルトやフランシス・パーキンズのように，後のアメリカの福祉国家建設に際して重要な役割を果たすことになる人材が育成された。

他方，政治的観点からサービスを提供したのが，都市の政治マシーンである。先に社会福祉政策は政治家にとっては票獲得のための手段だと述べたが，都市の政治マシーンはこの特徴を体現している。

地域を基盤とした集票組織である政治マシーンは，移民に衣食住を与える等の，一種の福祉サービスを行った。政治マシーンがこのような活動をしたのは，移民が票になるからだった。当時は，アメリカに到着したばかりで英語も話せず，政治の仕組みを理解していない移民も有権者として扱われた。帰化前の移民に投票権を与えることも慣行となっていた。政治マシーンは，移民やエスニック集団に便宜を与え，その政党帰属意識を涵養した。

このマシーン的救済には，今日福祉国家というのとは大きく異なる点があった。政治マシーンによる救済は，政党という自発的結社が私的に行う施しとされ，貧困者に対して平等に提供されたのではなかった。政治マシーンは救済の

160——第7章　社会福祉政策

対象を自由に選定することができた。選挙で勝利するのに十分な票を獲得しさえすればよい政治マシーンには、必要以上にバラまきをする理由はなかった。小選挙区制度の下では、政治家は相対多数の議席を確保すれば勝利できたので、政治家は不要な部分にまで救済を行う必要はなかったのである。

　もっとも、あまりにも多くの人を貧困状態においておけば、彼らが犯罪活動に携わったり暴徒化する可能性もあるため、政党は社会統制の観点から当選に必要な範囲を超えて施しを行った。とはいえ、政党は救済の対象をあくまで自由に選択できたのであり、全ての貧困者に同様の施しをしたわけではなかった。

3. 州レベルでの「福祉国家」建設

　社会で発生した問題に、個別的、具体的な段階で対応するという、民間慈善団体や政治マシーンの活動は、福祉国家が包括的な形で発展するのを妨げた。都市における貧困問題へのこのような対応は、アメリカの福祉国家を独特な形で発展させることになる。

　衣食住を提供する代わりに投票を依頼するという政治マシーンの戦略は、前世紀転換期には困難に直面した。流入する移民の数が大幅に増大したし、女性に参政権が認められたからである。政治マシーンは、急激に増大した有権者に個別に対応するための資源を持たなかった。また、それ以前の移民の大半が西欧や北欧からのプロテスタントの移民だったのに対して、新しい移民は東欧出身者も多く、宗教的にもカソリックやユダヤ教徒が多かった。彼らの中には、ロシア革命を経験して社会主義に共感する者もいた。政治マシーンがそれまで行っていたような個別的、具体的な救済を行うのは困難になるとともに、それだけでは不十分になったのである。

　そこでマシーン政治家は、票獲得のための手段として福祉を利用することを決め、社会福祉政策を公的に導入した。社会福祉政策は多くの人々の利益に奉仕するので、従来の個別的対応よりも有権者からの支持は弱くなるものの、幅広い支持を期待できた。

　ただし、20世紀初頭の連邦制に関する理解では、都市政府が単独で福祉を提供することは想定されていなかったため、都市の政治家は州レベルで、労災補償や母親年金を立法化した。アメリカの中でも早い時期から社会福祉政策を

第2節　革新主義時代——161

制度化したニューヨーク州では，マシーン政治家であるアル・スミス州知事の下，民間慈善団体で活動したパーキンズらが多大な貢献をした。こうして20世紀初頭に，民間慈善団体の活動とマシーン的救済活動が融合する形で，公的な社会福祉政策が実施されることになった。

　なお，この時代に制度化されたのは，労災補償，母親年金等であったが，医療保険政策については公的制度化に失敗した。後のアメリカの福祉国家の展開を考える上で，この失敗は大きな意味を持つことになる。

第3節　ニューディール体制

1．大恐慌と社会統制

　大恐慌は伝統的な救済方式の限界を明らかにした。従来は，アメリカ社会に十分に定着していない者や，自ら労働して生活の糧を得ようとしない者に救済を行えばよかったが，1929年の株価大暴落に始まる大恐慌は，勤労する意欲と能力を兼ねそろえた人物でも，職を失い，困窮状態に陥る可能性があることを明らかにした。失業・貧困は，資本主義経済に備わる構造的問題に起因する側面もあることが明らかになったのである。

　ハーバート・フーヴァー政権は，復興金融公社を設立して金融機関に緊急貸し出しをする等の対策を行った。フーヴァーは，財政均衡を重視し，個人のイニシアティヴを重視する立場から増税を提案したものの，国内経済への連邦政府の介入を限定的なものにとどめようと努めた。今日ではフーヴァー政権の対策を高く評価する研究も存在するものの，当時はその取り組みは不十分と考えられたのである。

2．公共事業

　フーヴァー政権の後に登場したフランクリン・D・ローズヴェルト政権は，ニューディールと呼ばれる一連の政策を連邦レベルで実施した。連邦政府が，社会福祉政策の担い手として登場したのである。

　ローズヴェルトは，スミスの後任のニューヨーク州知事としてパーキンズらに引き続き労働，福祉政策を担当させ，大恐慌後のニューヨーク州で先駆的な

162——第7章　社会福祉政策

社会立法を行っていた。ローズヴェルトは州知事時代の閣僚を大統領になってからも重用し，社会政策を担当させた。連邦の一連のニューディール政策は，ニューヨークやウィスコンシン等の，州レベルでの先駆的な社会政策の実験成果を取り込む形で達成された。

初期のニューディールのプログラムは公共事業を中心としていた。当時は，貧困者に現金や食糧を供給すること以上に，仕事を提供することが重要だった。自立し，家族を扶養する労働者であることが，男性が社会的承認を得るために不可欠な条件とされていたからである。失業が社会の構造的問題に起因するという認識も芽生えつつあったが，失業は個人的欠陥に起因するという伝統的意識が社会を支配していたため，失業によって失われた自尊心は物質的安定を保証しても復活しなかったからである。

3. 1935年社会保障法

だが，ニューディール初期の公共事業では，大恐慌以後の社会経済状況を改善することはできなかった。また，ヒューイ・ロングやチャールズ・コグリン，フランシス・タウンゼント等のデマゴーグが登場した。ルイジアナ州知事のロングは富裕者から貧困者へ富を強制的に移転させる富の共有運動を展開し，1936年大統領選挙への出馬をにおわせた。神父でもあったコグリンはラジオ演説で反政府運動を展開した。タウンゼントは年金の制度化を求めて社会運動を展開した。このようなデマゴーグによる過激な主張が人々の関心を集め，社会不安も高まっていった。

この事態を受けてローズヴェルト政権は包括的な社会福祉政策の導入に踏み切り，1935年に社会保障法を成立させた。そこでは，要扶養児童や高齢者，身体障害者等の社会的弱者に対する支援が目指され，老齢年金や失業保険，公的扶助政策が制度化された。これらの施策は，公共事業を中心とする初期のプログラムと区別して，第二次ニューディールと呼ばれることもある。

なお，一般に社会福祉政策は，受益者の拠出に基づく拠出型プログラムと，拠出がない場合でも給付が得られる非拠出型プログラムに分けることができる。前者が社会保障や社会保険と呼ばれるのに対し，後者は公的扶助と呼ばれる。もちろん，前者も自らの拠出金を高齢になった時に完全に取り戻すように設計

第3節　ニューディール体制——163

されているわけではなく，高所得者から低所得者への，また勤労世代から高齢世代への富の移転が重要な役割を果たしている。とはいえ，後者と比べて再分配政策としての性格は弱い。

　また，社会保障は，ほとんど全ての人が費用を払い，ほとんど全ての人がいずれ利益を受け取るので，どれだけ支払い，受け取るかという金銭問題が争点になる。他方，公的扶助は，ほとんど全ての人が税金という形でコストを払う一方で，利益を受ける人は一部に限られるため，誰がどのように受け取るのが妥当かという受給の正統性の問題を伴う。従って，公的扶助に関しては，受給者がどのような人々であり，社会的にどのように見られているかという社会的イメージが重要になる。

　1935 年の社会保障法には，拠出型，非拠出型の両方のプログラムが含まれていた。

　最も重要な拠出型プログラムは高齢者を対象とした年金であり，アメリカで社会保障という場合にはこれが想定されるのが一般的である（1939 年には遺族年金が，1956 年には障害者年金が追加された）。タウンゼントが税を元として 60 歳以上の人に毎月 200 ドルを支給するよう求めたのに対し，ローズヴェルト政権は拠出型としてプログラムを構想し，社会保障税を導入した（今日では 65 歳以上の人で，原則として四半期を 40 回以上労働して，一定の社会保障税を納めていることが受給要件とされている。なお，年齢については現在 67 歳までに段階的に引き上げ中である）。そして，1939 年には労働者に加えて，その妻，また，受給年齢に達する前に死んでしまった男性労働者の寡婦にも受給資格が拡大された。この修正は，男性が外で働き，女性は家庭を守るという性別役割分担の考えに基づいており，労働する女性に養われている男性には受給資格は与えられなかった。ジェンダーに基づくこの区別は 1983 年まで残された。ニューディールで設けられた他のプログラムが州政府に執行を委ねているのに対し，このプログラムは連邦政府が直接運営しているのも大きな特徴である。

　後のアメリカの福祉国家の展開を理解する上で最も論争的だったのは，要扶養児童扶助（ADC）という非拠出型プログラムである。後に要扶養児童家庭扶助（AFDC）と改められることになる ADC はロングやコグリンが主張した

164——第 7 章　社会福祉政策

ような過激なものではなく，革新主義時代に州で採用されていた母親年金の補完を目的として導入された。家計の長たる役割を期待されていた成人男性のいない，扶養を必要とする児童のいる家族に現金給付を行う資産調査付きプログラムである。その受給者は貧困者に限られており，富裕者から貧困者への再分配という性格が強いため，受給者の正統性の有無が政治的に重要な意味を持つ。なお，アメリカで福祉（welfare）という場合は公的扶助のみを指すのが一般的である。ニューディール期にも連邦政府は政策を実施する機構を持たなかったため，政策の実施が州政府に委ねられたので，プログラムの詳細は州や地方で相違することも特筆に値する。

　ニューディール期に国民皆医療保険が制度化されなかったことも，アメリカの福祉国家の発展に重要な意味を持った。一般的イメージと異なるかもしれないが，ニューディール期においても社会プログラムを立法化するのは容易でなかった。裁判所は当初は連邦政府の権限拡大に対して抑制的な姿勢を示していたし，南部民主党もかつての奴隷制をもとに発展してきた南部の社会，経済の在り方の変革を恐れていた。ローズヴェルト政権は比較的立法化が容易なプログラムを迅速に通過させることを重視したため，州レベルでも制度化されておらず，論争的性格を持つ医療保険の公的制度化に高い優先順位を与えなかった。公的扶助や年金と違い，医療保険導入を求める活発な社会運動が巻き起こらなかったことも原因であろう。

　とはいえ，医療保険の重要性は革新主義時代以降認識されていたため，業種や企業を単位とした，あるいは個人向けの民間医療保険制度が発達を見た。政府もその発達を促すべく，租税上の優遇措置をとるようになった。その結果，ニューディールから第二次世界大戦期にかけて民間医療保険への加入者は増大していった。

　福祉立法に尽力した人々は自らをリベラルと称した。西欧では小さな政府を主張する人々がリベラル，福祉拡充を主張する人々が社会民主主義的と呼ばれるのが一般的だが，アメリカの場合は前者が保守，後者がリベラルと呼ばれるのである。

4. 1960〜70年代初頭の拡大期

　民主党のジョン・F・ケネディとリンドン・B・ジョンソンが大統領を務めた1960年代は,「偉大な社会」の創設が追求され,社会福祉政策が拡充された時代だった。

　第二次世界大戦後の経済成長を背景とした豊かな社会にあって,貧困等の社会問題は社会の構造的要因によってもたらされたという見方が強くなり,福祉受給者に対して同情的な世論が高まっていった。一部の地域で福祉権運動と呼ばれる社会運動も展開された。合衆国憲法には日本国憲法の生存権にあたる規定が存在しないので,貧困者が福祉給付を受けるのは当然の権利だという福祉権運動の主張を裁判所は明確に否定した。ただし,AFDCの規定が存在する限り,受給要件を満たした貧困者は給付を受ける資格があると宣言した。その結果,60年代には福祉受給者が大幅に増大した。

　偉大な社会を象徴するのが,高齢者向け公的医療保険制度であるメディケアと貧困者向け公的医療保険制度であるメディケイドが創設されたことである。第二次世界大戦期に民間医療保険が大幅に拡大したため,公的医療保険が導入される余地があるとすれば,民間医療保険でカバーされない高齢者と貧困者だった。企業ベースの民間医療保険は労働者とその家族をカバーしたものの,退職後の医療費をカバーすることは認めなかった。また,貧困者は保険料を支払うことが困難だった。これが,1960年代にメディケアとメディケイドの制度化に向けて国民の支持が集まった原因である。なお,公的医療保険が1997年に若年者にも拡大されたのも,同様の理由に基づいている。

　また,社会保障も,第二次世界大戦後,大幅に拡大した。連邦議会は幾度も年金給付額を増大させたし,1956年には社会保障が障害者にも拡大された。1972年には,社会保障給付と社会保障税は連邦議会の決定を経ずとも,平均的な生活費の増減に合わせて自動的に調整されることになった。時に政治家は,自らの再選可能性を増大させるべく,財政的制約を考慮せずに給付額を増大し,増税を回避しようとする傾向がある。この方式は,その問題を生じさせなくするメカニズムを伴った,優れた方法だと評価されることが多い。この方式が導入されたこともあって,戦後の経済成長に基づくインフレを背景として,社会保障費も増大することになった。

166——第7章　社会福祉政策

このように，1960年代から70年代初頭にかけて，アメリカの福祉国家は，西欧諸国と比べれば不十分ながらも，大幅に拡充された。しかし，1980年代以降，福祉国家の拡大に対する反発が示されるようになった。そして，福祉問題を社会の問題と見なすのではなく，個人の責任を追及する形での改革が目指されるようになっている。

第4節　近年の動向

1．公的扶助政策再編の背景

福祉政策に対する批判には経済的側面と文化的側面がある。経済的側面というのは，福祉国家を維持するのに必要な費用を負担したくないと考える人が福祉受給者を批判する側面であり，経済成長が1970年代に終焉を迎えて以降増大した。

アメリカの福祉国家批判に特徴的なのは，文化的な批判が強いことである。これは1980年代に犯罪や麻薬等の低所得者層の生活様式に結び付けて考えられることの多い都市問題が顕在化するに伴って強く現れた。批判の中心となったのはAFDCだった。AFDCの受給者は障害者を除いて怠け者で救済に値しないと見なされることが多くなっていた。

アメリカで嘲笑的な意味合いを込めて「ウェルフェア」という表現が用いられる場合は，この公的扶助プログラムが念頭に置かれている。様々なプログラムについて，政府の財政支出額が少な過ぎるか，ほぼ適正か，多過ぎるかを問うた世論調査で，「福祉」について問うた時は，少な過ぎるが13％，ほぼ適正が25％，多過ぎるが62％という回答だったが，同じ調査で同じ人々に「貧困者への援助」について問うた時には，少な過ぎるが59％，ほぼ適正が25％，多過ぎるが16％という回答になった。貧困者に対する援助と福祉支出はかなりの程度重複している。にもかかわらず，調査票の表現を変えただけでこれほどまでに異なる結果が出るのは，AFDC受給者への批判が強かったことの端的な表れである。

話を複雑にしているのは，AFDCのコスト負担者と受益者の分化が，ジェンダーと人種の影響を帯びていることである。AFDCは，元々母親年金の補

完として出発したこともあり，その受給者は女性が多かった。しかし，受給者の中で未婚の母の占める割合が増大していき，また女性の社会進出が一般的になる中で，給付を受けている女性は働く能力があるにもかかわらず，あえて働かずに AFDC を生活の手段として悪用していると主張する人々が登場するようになった。

　世論調査の結果を分析すれば，アメリカの福祉政策批判の背景には，AFDC 受給者の多くは身体的に労働可能であるにもかかわらず，怠惰で勤労倫理に欠けているために仕事をしないのだという誤解がある。その誤解は，勤労倫理が欠如した福祉受給者の多くは黒人に違いないという人種偏見により増幅されていることが明らかにされている。1980 年代には，福祉給付こそが貧困者に他者依存的な生活をおくる誘因を与えているとの批判も登場した。公的扶助プログラムを維持する上では受給に正統性があると見なされる必要があるが，受給者の社会的イメージが悪化するのに伴って，プログラムの正統性に疑問が呈されるようになったのである。

2．個人責任就労機会調停法

　以上の背景を踏まえて，貧困問題を解決するには，福祉受給者の価値観と行動を変革する必要があると主張されるようになった。福祉給付を得るには労働したり，職業訓練を受けたりする等の義務を果たさねばならないという社会契約的な考えが強調された。

　この立場を体現するのが，1996 年にビル・クリントン政権下で成立した，新しい社会福祉プログラムである。クリントンは大統領選挙中に，「我々におなじみの福祉を終わらせる」と宣言し，1996 年に個人責任就労機会調停法を制定する政策革新を達成した。

　その中で AFDC に代わって中核的位置づけを与えられたのが TANF である。その特徴は，受給期間を制限するとともに，受給者に勤労の義務を課したことである。前者に関しては，プログラム実施の責任を負うことになった州政府は，継続して 2 年間，また通算して 5 年間受給している者に対する給付に連邦からの補助金を使用してはいけないことになった。アメリカでは，立法措置によって受給期間を定め，強制的に期限で切ってしまうことができるのである。

168——第 7 章　社会福祉政策

後者の労働義務化はワークフェアと呼ばれ，身体的，精神的に労働可能な福祉受給者に労働ないし職業訓練の義務を課すことになった。成人受給者は州が規定する労働等に従事することが要求され，その義務を果たすことができない場合は給付を得られなくなる。受給者が勤労倫理や遵法意識を身につけて建設的な生活を営むために，政府が監督的立場から生活を管理することが必要と考えられたのである。

　この改革を，保守対リベラルという伝統的枠組みに位置づけることはできない。一方では，貧困者の権利やニーズではなく，社会秩序維持の観点から貧困者の生活習慣を変更させるためにプログラムを活用する点で保守的な性格を帯びている。他方，政府が大きな役割を果たすことを要請する点で，リベラル派と共通する面がある。また，福祉受給者の就労可能性を高めるべく職業訓練等を施すことは，単に給付を拒否したり給付額を削減したりするのと比べてコストがかかる。この改革は，福祉国家の再定義，政府の果たすべき役割の変革を要請する考え方だといえよう。

　また，社会保障法の時代と比べて，州以下の政府の政策的裁量が増大する一方，財政的制約も増大した。1996 年の福祉国家再編に際しては，連邦政府より先に州以下の政府が率先して改革を実施し，先駆的な州や都市で導入された改革の成果が模倣され，地域の独自性を踏まえた修正が加えられて広まっていった。その過程でプログラムの有効性と問題点が明らかになったのを受けて，連邦政府がその成果を取り込む形で改革が達成された。このような経緯もあって，立法過程では，連邦政府より身近な州以下の政府が福祉を提供する方が，ニーズに適ったサービスを提供できると主張された。また，連邦政府が政策を一元的に執行するよりも，州以下の政府が多様な政策実験を行う方が自由競争原理が働いて，より良いプログラムが生み出されるとも主張された。

　その結果，TANF は一括補助金として州政府に財源が与えられ，その使用に際して州政府の独自性が大きく認められた。AFDC の下では，貧困者が多く，救済の必要性が高ければ，州政府は連邦政府により多くの財政的補助を求めることができた。だが，TANF の下では，連邦政府は各州に一括補助金として定額の資金を与え，経済，社会状態が変化しても金額を増減することはない。その代わり，州政府は一定の要件さえ満たせばそれをどのような形で利用

第 4 節　近年の動向——169

しても良いこととなり，州政府の裁量の幅が拡大したのである。

　この点については，仮に州以下の政府が再分配政策を拡充すると，貧困者を寄せつける一方で，負担を避けるべく高額納税者が他地域に逃げる可能性があるので，州以下の政府は社会福祉政策の規模を縮小しようとするのではないかと心配されている。実際，今日のアメリカでは，政府の福祉プログラムは十分な支援をできておらず，人々にセイフティ・ネットを提供したり，福祉受給希望者に職業訓練，教育支援，カウンセリング等の社会サービスを提供する役割は，NGO が果たさざるをえなくなっているともいわれている。

3. 社会保障

　今日のアメリカの年金システムは2階建ての構造となっている。1階部分は1935 年の社会保障法で制度化された社会保障年金であり，2階部分は企業年金である。この年金システムの制度的安定性は非常に高い。社会保障年金の受給者は今日 5000 万人を超えている。社会保障以外の民間の年金プランに加入していない労働者は半数を超えており，もし社会保障年金がなければ高齢者の半数以上が貧困線以下の生活水準で過ごすことを余儀なくされる。

　1972 年に平均的な生活費の増減に応じて一階部分の年金給付額が自動的に変動することになったため，社会保障給付額はインフレーションとスタグフレーションの下で大幅に増大した。また，高齢化が進むと，年金財政を取り巻く状況は悪化した。アメリカは若い移民が多いこともあり，他の先進国と比べれば財源問題が先鋭化していないと指摘されることもある。だが，移民も四半期を 40 回以上国内で労働すれば年金の受給資格が得られるので，社会保障の先行きは楽観できる状況にない。

　とはいえ，年金の支給額を減少させようという提案がされることはまずない。アメリカ全体で投票率が減少傾向にある今日にあって，高齢者の投票率はむしろ上昇しているからである。高齢者の利益関心を追求するアメリカ退職者協会は 3500 万人もの会員を擁する全米最大の利益集団であり，全米各地で高齢者に投票を呼びかけるキャンペーンを展開している。年金は大半の人が（長生きすれば）いつかは受給することになると考えられるし，家族に高齢者がいる人も多い。また，高齢者は年金財政に貢献してきたために受給する資格があると

一般に考えられている。そもそも社会保障年金の補償水準は基礎的なものに限られており，給付額は現役時の労働水準に対応して定められているために不正が発生しにくいこともあり，一階部分の縮小を主張する集団も発生しにくい。

　二階部分の企業年金は，雇用主の任意に基づくものとされているため，その内容は多様である。だが，企業経営が悪化した場合などに給付が保障されなくなると問題なので，1974年の被用者退職後所得保障法で，年金プランを提供する雇用主に資産積み立て義務を課すとともに，積み立て不足の年金プランを抱えた企業が倒産した場合にも年金給付をある程度保証するための制度終了保険が設立されている。年金保険の破綻リスクを連邦政府が最終的に担保することによって，企業年金の信頼性を高め，その普及を推進しようとしているのである。

4. 医療保険制度

　アメリカの福祉国家の大きな特徴は，国民皆医療保険が公的に制度化されておらず，今日においても医療保険を持たない人が多数存在することである。代表的な比較福祉国家研究によれば，産業化の進展に伴って福祉国家も発展するとされている。にもかかわらず，産業化が最も進展しているアメリカで，4500万人以上が医療保険を持たずにいるのである。だが，これは見方を変えれば，公務員や軍人などを対象とするものを除けば医療保険が高齢者と貧困者，若年者を除いて公的に制度化されていないにもかかわらず，国民の6人に5人が医療保険を持っていることを意味している。これは，民間の医療保険が発達し，政府が租税上の優遇措置をとることで民間医療保険の発達を間接的に推進してきたことの結果である。そして，このような民間医療保険の発達が，かえって医療保険の公的な制度化を阻んでいる。

　革新主義時代に始まる民間医療保険制度の発達，とりわけ民間医療保険が地域を基盤として業種別に導入され発展してきたことは，アメリカの医療保険制度の発達にとって大きな意味を持った。医療保険政策の潜在的受益者が業種や地域ごとに分断され，公的医療保険制度の導入を求める声がまとまらなかったからである。労働組合にとっても，実現可能性の低い公的医療保険制度の導入を目指して活動するより，企業単位で団体交渉を通して企業保険の充実を目指

す方が容易だった。公的医療保険制度導入はスローガンとして掲げられてきた
ものの，実際には企業や業界ごとの民間保険が拡充され，それがかえって公的
医療保険制度の必要性を低下させたのである。

　企業や業界を単位として民間医療保険が発達したことは，医療保険にも労働
市場に存在する差別や不平等が反映されることを意味した。労働市場には人種，
エスニシティ，ジェンダーに基づく差別や不平等が存在したため，マイノリテ
ィは保険を提供するような，あるいは，自ら民間保険に加入することを可能に
する賃金を払ってくれるような，社会的，経済的地位の高い企業で職を得るの
が容易でなかった。社会，経済的地位の低い人々は利益集団を組織するための
コストを払うのが容易でないので，公的医療保険制度導入を求めて政治活動を
効果的に行うのも難しかった。

　このような状況の中で，無保険者，また，十分な給付を受けることのできな
い低保険者の問題が顕在化していた 2008 年の大統領選挙の際に，公的医療保
険制度の導入が大きな争点となった。とはいえ，世論が医療保険改革推進でま
とまっていたわけでもない。2009 年 6 月に行われた世論調査では，国民の 85
％がアメリカの医療保険制度を根本的に変革すべきだとしており，政府が医
療保険を運営する案を支持する人は民主党支持者の 9 割，支持政党を持たない
人の 75％，共和党支持者の約半数に及んだ。その一方で，国民の 77％ もの人
が医療に関する自らの状況に満足していると回答している。これは，一般論と
しては医療保険改革を支持していても，自らに大きな経済的負担が及ぶことが
わかれば不支持に回るかもしれない人が多く存在する可能性を示している。

　このような中で，2010 年 3 月に，国民皆保険の導入を掲げていたオバマ大
統領の下で，激しい党派対立を経て，僅差で医療保険改革法が成立した。ただ
し，この政策は国民に保険加入を義務づけることを定めたものであるに過ぎず，
国民皆医療保険が達成されたわけではない。低所得者に対する税額控除やメデ
ィケイドの拡張は決定されているものの，新たな公的保険が導入されたわけで
はない。この改革が実現したのは，むしろ民間保険会社に対して新たな市場を
創出した側面があるためでもある。この改革は 20 世紀初頭から続く民間医療
保険を中心とする制度の性格を大きく変えるものではなかったのである。

172——第 7 章　社会福祉政策

第5節　今後の福祉国家像をめぐって

　近年のアメリカでは，貧富の差が拡大するとともに，その格差が世代を経て継承され，固定化しているといわれている。富の不平等も，全ての人の生活水準が向上していたり，個人に機会の平等が保証されていて，社会的上昇の可能性が十分に開かれていると考えられる場合には問題になりにくいだろう。しかし，世論調査によれば，アメリカが「持てる者」と「持たざる者」に分断されつつあるという見解を支持する人の割合は，1988年の26%から2007年には48%に増大している。自らを「持たざる者」だと考える人の割合も同時期に17%から34%に増大している。現実にも貧富の差は拡大，固定化しており，社会的流動性は低下している。アメリカは機会の国であり，貧困家庭に育っても努力しさえすればアメリカン・ドリームを達成できるという期待は，もはや現実ではなくなっている。

　また，今後は郊外における貧困の増大への対応が重要になる。1999年から2009年にかけて，大都市圏の貧困者は550万人増大しているが，その3分の2は郊外に居住している。1999年には大都市と郊外にほぼ同数の貧困者が居住していたが，2008年には郊外の貧困者数は都市の貧困者を150万人上回っている。歴史的に貧困層は都市中心部に多く存在していたこともあり，郊外のNPOには都市のNPOと同水準の社会サービスを提供できるところが少ない。今後郊外の貧困者対策が重要性を増すだろう。

　このような現状を踏まえて，様々な対策が提唱されている。リベラルな立場からは貧困者支援をいかにして拡充するべきかが論じられることが多いが，経済状況の悪い時にも保守の立場からは福祉国家の縮小が主張されるのがアメリカの特徴である。例えば，個人の責任感強化と労働義務化をさらに推進する観点から，公的扶助をローンとして提供して，将来の返却を義務づけるよう提唱する人々がいる。また，ベーシック・インカムとして年に1万ドルの給付を全国民に行う代わりに，福祉プログラムを全て廃止するよう提唱する者もいる。日本では，ベーシック・インカムは福祉の拡充を目指す左派的傾向の強い人々が唱えるものと考えられがちだが，小さな政府を実現するための手段として，保守の立場からベーシック・インカムが提唱されているのである。

本章で紹介したように，アメリカの福祉国家は独自の発展を遂げてきた。今後もその独自性が際立っていく可能性は高いといえるだろう。

第8章
宗教とモラルをめぐる政治

紙幣の「イン・ゴッド・ウィ・トラスト」

第1節　アメリカ政治と宗教

1. 宗教とモラルをめぐる政治

　篤いキリスト教信仰を持つ者が，人工妊娠中絶手術を行った病院を宗教的信念に基づいて爆破する。このような事件が，アメリカで実際に時折発生している。アメリカでは，2008年には128万件の人工妊娠中絶が行われた。15歳から44歳までの女性のうち，毎年2％が中絶を行っているとされている。ただし，人工妊娠中絶大国として世界的に知られ，中絶を行うことが比較的広く受け入れられている日本とは異なり，アメリカでは中絶を認めることの是非をめぐって大きな論争がある。

　アメリカでは，中絶をするか否かを選ぶ権利を女性が持つべきとする立場をプロ・チョイス（選択重視派），胎児の生命を奪うことはできないとする立場をプロ・ライフ（生命重視派）と呼ぶ。この両者の立場は，女性の選択を重視すること，生命を重視することを意味しているので，厳密には多様な解釈が可能なのだが，一般的にはプロ・チョイス＝中絶容認，プロ・ライフ＝中絶反対と見なされている。下の図に見て取れるように，中絶を合法とすべきか非合法とすべきかを問うた世論調査では，合法とすべきとの立場が50％強，非合法とすべきとの立場が40％程度と，安定的に推移している。

　アメリカでは1973年の連邦最高裁判所の判例（ロウ対ウェイド判決）で，

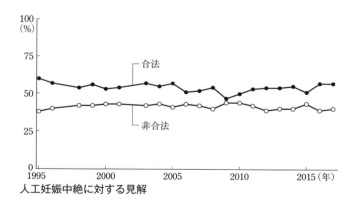

人工妊娠中絶に対する見解

政治的・宗教的立場と中絶に対する見解

	道義的に好ましくない（％）	道義的に受け入れ可能である（％）	モラルの問題ではない（％）
全体	47	13	27
男性	45	26	26
女性	49	10	28
共和党支持者	63	7	18
民主党支持者	39	17	31
支持政党なし	45	12	30
プロテスタント全体	56	9	20
白人エヴァンジェリカル	73	6	11
白人主流派教会	36	15	32
黒人プロテスタント	53	8	23
カソリック	58	9	24
白人（中南米系を除く）	55	9	29
無宗教	20	24	43

（出所）Pew Research Center, 2013 年 1 月

人工妊娠中絶を容認する判決が下された。同判決は妊娠期間を大きく 3 つに分け，その初期 3 分の 1 の時期には中絶を原則容認し，最後の 3 分の 1 の時期は中絶をしなければ母体の生命の安全が脅かされるなどの場合でなければ原則認めない，そして，間の 3 分の 1 の期間は一定の条件付きで容認している。

　一般に保守派の共和党支持者が中絶に反対し，リベラルな民主党支持者が中絶を容認している。中でも，福音派（エヴァンジェリカル）と呼ばれる人々は中絶に強く反対する立場を示している。福音派とは，聖書に絶対的な重きを置き，その言葉を文字通り解釈しようとする人々のことである。彼らは旧約聖書内で神が「汝殺すなかれ」や「産めよ，増えよ」と述べたことを根拠として，中絶反対の立場をとっているのである。

　宗教やモラルと関連する社会的，政治的対立は，他の政策分野でも発生している。例えば，同性愛者の権利をどこまで認めるか，同性婚を認めるかは，アメリカを揺るがす大問題となっている。例えば，ビル・クリントン大統領が同性愛者の軍への加入を認めたり，オバマ大統領が同性婚を支持するなど，民主党が同性愛者の権利を重視する立場をとるのに対し，共和党の社会的保守派は旧約聖書のソドムの事例を引き合いに出して同性婚に批判的である。1996 年

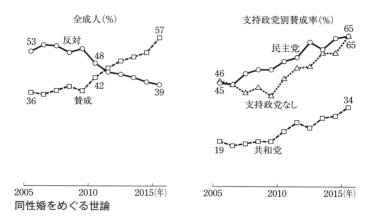
同性婚をめぐる世論

に保守派は、結婚を男女の間に限るとする結婚保護法を連邦法として成立させた。しかし、2013年に連邦最高裁判所が、結婚の定義を規定するのは州政府の権限であり、州法で合法化された結婚が連邦法で認められないのは基本的人間関係の安定を損なうとして結婚保護法に違憲判決を下した。また、2015年には同性婚を認める判決を下した。この判決は大きな議論を巻き起こしている。

その他、人間がサルから進化したというダーウィンの進化論を認めるかについても、大論争を巻き起こしている。人間はアダムとイブの子孫であるとの聖書の創世記の記述を重視する人々は、生物の教科書から進化論に関する記述を削除しようとしている。進化論に関する記述を残す場合でも「進化論は一つの仮説に過ぎず、その正しさが科学的に証明されているわけではない」などの記述を教科書内に記載しようと働きかけており、実際にそのような内容のパンフレットを教科書に挿入する措置をとっている地域も多い。また、自然界は最初から「知的存在」による一定の計画に基づいて作られてきたと記述し、神という語を避けることで公立学校でも創世記の記述に近い内容を教えようとするインテリジェント・デザイン論も提唱されている。2013年の調査によれば、アメリカで進化論を信じる人の割合は60％に過ぎない。

地球温暖化問題のように、宗教とは関係のなさそうに思われる争点についても、宗教上の対立が前面に表れることがある。一般に、地球温暖化の原因の少なくとも一つは人間が排出している温室効果ガスだと考えられており、温暖化

を防止するには二酸化炭素の排出量を抑えるなどの努力が必要だといわれる。しかし，保守派の中には，神の大いなる意思に基づいて変動している地球環境を，人間の所作によって変化させようというのは神をも恐れぬ世俗的人間中心主義だと批判する人もいる。

　上述のような社会的，宗教的問題が，大統領選挙の結果をも左右する大問題になるというのは，日本の読者にとって驚きだろう。大統領選挙の予備選挙や党員集会は投票率が低く，1〜2% 程度となることもあるが，宗教的信念を持つ活動家の投票率は高いため，その人口比率以上のインパクトをもたらしている。一般に，近代化が進展すると，ライフスタイルに関わる価値の問題が重要性を増す一方で，宗教に関する問題は顕在化しにくくなるといわれている。だが，アメリカは，世界で近代化が最も進展した国であるにもかかわらず，宗教的争点が大問題となっているのである。

　また，アメリカは小さな政府を志向し，政府による介入を嫌う傾向があるとしばしば指摘されている。この傾向は，経済政策などの分野ではたしかに見て取れる。だが，経済分野で政府による介入を嫌う保守派や共和党支持者が，モラルに関する争点については，政府による規制を積極的に推進するのも興味深い特徴である。

　歴史を振り返ってみても，アメリカは 1919 年に合衆国憲法修正第 18 条で禁酒法を制定するなど，独特の発展を遂げてきた。本章では，アメリカが何故このような独特の発展を遂げてきたのかについて，紹介することにしたい。

2.　信仰心の強さと個人主義

　第 1 章で，アメリカのナショナル・アイデンティティを説明するに際して，アメリカ的信条と呼ばれるものが重要な意味を持ち，その中に個人主義が含まれることを紹介した。だが，一般的にいえば，個人主義は宗教的伝統を打破する中で生まれてきた考え方であり，個人主義と宗教的影響力の強さには対立する側面がある。個人主義的伝統の強いアメリカで，何故信仰が重要な意味を持つのだろうか。

　建国以前からの歴史状況を考えるならば，アメリカに入植，移民してきた人々にとって聖書が大きな意味を持っていた。初期のアメリカでは，広大な土

第 1 節　アメリカ政治と宗教——179

地の中で人口密度も低く，娯楽も少なかったため，聖書を読むことは孤独を癒すとともに重要な楽しみだった。聖書やキリスト教は当時の人々にとって重要な共通の話題となっており，1740年代と1800～1830年にかけての2度の信仰復興運動（大覚醒）を経て教会所属率は上昇していった。

　そのようにキリスト教が重要な意味を持つ土壌の中に，多種多様な移民が流入していった。移民たちは出身国で広がっていた様々な宗教を持ち込んだ。キリスト教に限定しても，カソリックとプロテスタントの両分派が入国したし，プロテスタントの中でも英国国教会や改革派（カルヴァン派），ルター派などの教会が流入した。それらがアメリカ国内でバプティストやメソジスト，長老派，聖公会，ペンテコステ派など様々な教派に分離していった。19世紀にはユダヤ教徒が移入したし，イスラム教地域から多くの奴隷が強制的に連れてこられた。これほど多くの教会や教派が存在する国は他にないだろう。

　これらの教会や教派は互いに信者獲得競争を展開したが，これは一般信徒からすれば，自らどの教会や教派に属するかの選択を迫られたことを意味している。ヨーロッパ諸国では，国教会が存在していたり，信仰が親から子へと受け継がれるのが一般的だが，複数の教会や教派が存在し，信徒の間での通婚も一般化したアメリカでは，宗教ですら自ら選びとらねばならないものとなった。

　その結果，アメリカの信仰にはいくつかの顕著な傾向が生じるようになった。信者は，自らの信仰が真正なものであることを示す必要に迫られた。神によって選ばれたのではなく，自ら神を選んだ立場からすれば，自分が神の国に行く資格があることを示さねばならない。そのために，信仰上重要な意味を持つ事柄に熱心に取り組むことで自らの信仰の真正さを証明しようとする人が増えたのである。

　アメリカ国民の信仰心の強さは先進国の中で例外的に高い。自らの生活にとって宗教が重要な意味を持つと考える人の割合，神は存在すると考える人の割合は，他の欧米諸国と比べて例外的に高く，イスラム諸国のそれに近い。他の国と比べて宗教的に過激な立場をとるアメリカ人が多く，かつアメリカで宗教的争点が政治的にも大きな意味を持つ背景には，アメリカに特有の信仰の発展のあり方が存在するのである。

180——第8章　宗教とモラルをめぐる政治

3. プロテスタントの分裂

　アメリカ国民の中でも，信仰との関わり方にいくつかのバリエーションが見られる。アメリカのプロテスタントは，教派の違いとは独立した次元で，主流派，原理主義派，黒人教会の３つに分裂しているとされる。ひとつ目の主流派は，聖書を尊重するのは当然としても，それに絶対的な価値を置くわけではなく，社会の福祉や改善により大きな関心を抱く立場である。２つ目の原理主義派は，聖書に絶対的価値を置き，回心（ボーン・アゲイン）体験を重視する立場であり，全人口の約３分の１を占める。なお，福音派とは，原理主義派の中でも現実主義的な立場をとる人々のことを指すことが多い（ただし，異なる使い方がされることも多い）。３つ目の黒人教会については，黒人奴隷は元々イスラム教圏から連れてこられた人が多かった。奴隷が自由な会合が認められるのは教会だけだったこともあり，独特の発展を遂げてきた。

　興味深いのは，この３つの分裂に関して，人種の要素が重要な役割を果たしたと指摘されていることである。黒人教会が人種的要因によって規定されているのはいうまでもないにせよ，この見解によれば，主流派と福音派の違いをもたらす上でも人種が大きな要因となった。キリスト教は伝統的に隣人愛など，主流派が強調する社会改良的要素を含んでいる。だが，アメリカでその問題に真摯に取り組むと奴隷制などの人種問題に直面せざるを得ない。だが，南部では奴隷制の問題に関与するのは避ける必要があるので，キリスト教の中でも社会的要素を重視せずに，個人の宗教的回心を重視する原理主義派が生まれたというのである。

　今日でも原理主義的伝統は，かつて奴隷制が布かれていた南部と，そこから多くの人が移住した西部・中西部で強くなっている。これらの地域はバイブル・ベルトと称されることもある。キリスト教徒といっても，公民権運動を主導したマーティン・ルーサー・キング牧師ともかかわりの深い黒人教会と，原理主義派では，根本的な違いがあるのである。

4. 合衆国憲法上の規定と政教分離の考え方

　アメリカは政教分離を規定した国だといわれているが，その点に疑問を持ったことのある読者も多いのではないだろうか。

第１節　アメリカ政治と宗教——181

例えば，アメリカでは大統領の就任式の際には大統領は聖書の上に手を置いて就任宣誓を行うし，大統領が行う演説は「神のご加護がありますように」という言葉で締めくくられることが多い。また，ドワイト・アイゼンハワー政権以降，大統領が就任式を行う前に礼拝を行う慣例と，閣議前に黙禱を行う慣例が存在する。公立学校で行われている国旗と国歌への「忠誠の誓い」の中には，同じくアイゼンハワー政権期に「神の下に」という語が加えられた。アメリカの紙幣には「我々は神を信ず」と記されている。日本的な政教分離概念を念頭に置くと，これらに違和を感じる人がいても不思議ではない。

　合衆国憲法でいわゆる政教分離を規定しているのは，「連邦議会は，国教を樹立し，あるいは信教上の自由な実践を禁止する法律を制定してはならない」としている修正第1条である。これは一般には，議会が宗教を公定化してはならないという公定条項と，人の信仰を妨害してはならないという自由行使条項の2つの部分からなると考えられている。この規定を文字通りに解釈するならば，大統領が演説などに際し自らの宗教的信念を表明するのを禁じる法律を連邦議会が作ることはできないし，紙幣に先ほどのような記載があっても憲法上の問題は発生しないことになるだろう。ライシテと呼ばれる政教分離原則をとるフランスが，公的空間から宗教を一切排除しようとするのとは対照的である。もちろん，政治と宗教の関係についてはアメリカでも様々な議論が存在するが，憲法の規定が日本で前提されているのと異なる点には留意する必要がある。

　このような規定が合衆国憲法に置かれた背景には，植民地時代のアメリカの状況がある。1620年に，英国国教会の迫害を逃れたピューリタンらが，プリマス植民地を建設した。だが，ヴァージニアでは英国国教会が公定宗教とされていた。メリーランドはカソリックの人々が建設した植民地だった。また，マサチューセッツなどのニューイングランド地方では，ピューリタンの思想に基づく植民地運営が目指された。それに異を唱えてマサチューセッツを追放されたバプティストのロジャー・ウィリアムズが建設したのがロード・アイランドだが，初めて信教の自由が宣言されたのは同州においてだった。また，ペンシルヴェニアは，クウェーカーのために，ウィリアム・ペンが建設した植民地だった。このように，アメリカの植民地の中には，宗教的要因に基づいて建設されたものも多かった。

182——第8章　宗教とモラルをめぐる政治

このような植民地が集まって一つの国家として独立する上では，国教を制定するという考え方は当然ながら受け入れられなかったため，先ほどのような規定が合衆国憲法に設けられた。他方，州政府については，国教にあたる州教を定めることができるのは当然だというのが建国時の想定だった。だが，南北戦争後に制定された合衆国憲法修正第14条に定められた適正法手続条項が保護する自由に修正第1条が保護する自由が含まれ，州に対しても適用されると連邦最高裁判所が1940年以降解釈するに至り，今日では州や地方政府にも修正第1条が適用されることになっている。

このようにアメリカでは，日本とは意味合いは異なるものの，政教分離の原則が確立している。しかし，アメリカ政治には愛国心と密接に結びつく形で宗教的要素が持ち込まれている。このような側面を指して，アメリカの市民宗教であるとか，見えざる国教という表現が用いられる。だが，その宗教とは，国民としての自覚を与え，統治機構に正統性を与えることで社会統合を可能にする公共性の高い宗教であり，プロテスタントやカソリック，ユダヤ教を包括する，より抽象度の高いものだと考えられている。アメリカの通貨に記されている神もこの市民宗教上の神であり，特定の宗教の神ではないとされている。このような議論は無神論者には通用しないものの，広範に受け容れられている。故に，政府や公的機関は平等に接している限り宗教に関わってよいという，アメリカ流の政教分離の考え方が成立するのである。

第2節　アメリカ政治の保守化

1. 前　史

アメリカの歴史上，宗教的論争は常に発生していた。有名な例は，進化論をめぐって行われた1925年のスコープス裁判である。これは，公立学校で進化論を教えることを禁止する反進化論法が制定されていたテネシー州で，高校の臨時教員であるジョン・スコープスが進化論を教えたことの是非が問われた裁判である。この訴訟がとりわけ注目を集めたのは，検察側の弁護人をウィリアム・ジェニングズ・ブライアンという，元国務長官で，大統領候補に3度も選出されたことのある人物が務めたことにもよっている。

全米の注目を集めたこの訴訟では，弁論の最中に両陣営が聖書の解釈をめぐって論争した。第一審でスコープスは有罪判決を受けたが，翌年，州最高裁判所が裁判手続きの問題点を指摘して一審の判決を覆し，裁判長が訴えを棄却して，この裁判は勝敗のつかないまま放置された。反進化論法は1968年に廃止されるまで効力を維持することとなった。しかし，世論は，進化論を否定する原理主義者が実は聖書を十分に理解しておらず，保守的に偏っているとの印象を強めた。これを機に，原理主義者はしばらくの間政治の表舞台から姿を消すことになる。

　20世紀初頭に争点化された禁酒法の問題も，モラルをめぐって争われた興味深い事例である。19世紀後半からカソリックの移民がアメリカに大量に流入したが，その文化的慣行に違和を感じるプロテスタントの人々が中心となって，禁酒法を制定した。もっとも，禁酒法はアルコールの摂取を禁止するものではなく，売買用の酒の製造，販売，輸送を禁止するものに過ぎなかったため，ほとんど政策的な実効性を持たなかった。売買用でない酒を製造して飲むことは禁止されていなかったし，酒になる寸前のブドウジュースが「発酵して酒になる前に飲んでください」との注意書き付きで販売されることもあった。禁酒法は飲酒を減少させることなく，むしろアル・カポネに代表されるマフィアの出現を招いたとされている。それはさておき，驚くべきは，アメリカでは禁酒の考えに基づいて憲法改正までもが行われたことであろう。宗教的情熱に基づく政治転換は，頻繁に発生してきたのである。

2. 1960年代への反動としての原理主義者

　保守勢力の政治的影響が目立つようになったのは，1960年代以降である。1950年代後半から展開された公民権運動に触発された一連の動き，例えばヴェトナム反戦運動や，伝統的規範にとらわれない文化や生活様式を容認するカウンター・カルチャーがアメリカの道徳的退廃を招いていると，社会的保守派が懸念したからである。離婚の増加や家族の崩壊，麻薬の使用などは，彼らには容認できない社会問題と考えられたのだった。

　1960年代のリベラルな風潮を形作ったのは，宗教的にいえば黒人教会と主流派が中心だった。それに対して，スコープス裁判以降政治とは距離を置いて

184——第8章　宗教とモラルをめぐる政治

いた保守的な原理主義者が再び表舞台に登場した。リベラル派と保守派の文化をめぐる対立は徐々に激化し，とりわけ1990年代には時に文化戦争と称されるまでになった。

　文化戦争が表面化する契機を作ったのは，1964年に共和党の大統領候補になったバリー・ゴールドウォーターである。当時の共和党主流派で東部出身の穏健派だったネルソン・ロックフェラーを破って共和候補となったゴールドウォーターは，50年代前半にマッカーシズムと呼ばれる反共主義運動を巻き起こしたジョセフ・マッカーシーを熱烈に支持した人物だった。ゴールドウォーターは演説で，政府のみならずキリスト教会やマス・メディア，軍隊にまで共産主義が侵入しており，中国が国連に加盟した場合はアメリカは国連から脱退すべきだと主張していた。経済面では自由貿易とレッセ・フェールを主張し，社会面では法と秩序の重要性を強調した。また，公立学校での神への祈りや宗教行事を禁止する一連の裁判例を批判していた。

　ゴールドウォーターは本選挙では民主党候補のリンドン・ジョンソンに大敗を喫した。だが，後にまで重要な影響をもたらしたのは，選挙運動の終盤に，後に大統領となる元ハリウッド俳優のロナルド・レーガンを登用したことである。レーガンは元々はニューディールを支持するリベラルな民主党員だったが，徐々に右傾化し，1962年には共和党に転じていた。彼は1964年の共和党全国大会で選択の時というスピーチを行い，保守派の強い支持を得た。レーガンはカリフォルニア州知事選挙に出馬し，法と秩序の回復を掲げて，保守派のみならず，公民権運動の行き過ぎを懸念するリベラル派白人の支持も獲得した。

　ゴールドウォーターの登場を契機として，レーガンに代表される，ニューライトと呼ばれる若手政治家集団が登場した。1930年代から60年代まで保守派はリベラル派の後塵を拝していたが，リチャード・ヴィゲリーは，保守系財団やシンクタンクのメンバーに加えて，64年の大統領選挙でゴールドウォーターに50ドル以上の寄付をした7500人のデータをコンピュータで管理し，ダイレクトメールを使って資金を調達する方法を構築した。ヴィゲリーは保守主義運動を組織化し，ニューライトと命名した。また，ゴールドウォーターに触発された若い世代の保守派が，リチャード・ニクソン政権で多く登用された。また，ウィリアム・バックリー二世は『ナショナル・レヴュー』という雑誌を刊

第2節　アメリカ政治の保守化──185

行して，社会的保守派と経済的保守派，軍事的保守派が意見を交換できる場を作った。

ニューライトはイデオロギー面での斬新さはなかったものの，銃規制反対派や妊娠中絶反対派などの多様な団体がまとまる場を作り，保守派政治家やヘリテージ財団などのシンクタンクのエリートと草の根の活動家が交流する場を作り上げた。また，コンピュータに基づく情報管理とダイレクトメールによる情報伝達という新しい政治コミュニケーション手段を作ることで，後に保守派が政治的影響力を増大させる素地を作り上げた。

ニューライトは多様な保守派を緩やかにまとめたが，家族の価値の復活と保護が重要な軸となっていた。1973年のロウ対ウェイド判決によって連邦最高裁判所が人工妊娠中絶を容認したことは，保守派に衝撃を与えた。また，十分な数の州で承認が得られず最終的には批准されなかったものの，性に基づく差別を禁止する男女平等憲法修正案（ERA）が1972年に連邦議会で承認されたのも，保守派は脅威と感じた。さらには，同性愛者の権利拡充への反発，性教育を廃止するための運動などが，保守派から強く支持された。このように，伝統的価値の見直しを求めるリベラル派に対する反発として，70年代には宗教的，社会的保守派が共和党を軸にまとまるための素地が形成されつつあった。

また，1976年大統領選挙で勝利した民主党のジミー・カーターは原理主義者に衝撃を与えた。ジョージア州知事を務めてはいたが，全国的には知名度が低かったカーターは，財政的には保守派だったものの，人種問題など社会的争点についてはリベラルな政治家だった。カーターは，南部バプティスト連合の信徒で，ボーン・アゲインの福音派であると公言し，伝統的なアメリカの家族の価値の重要性を国民に説いた。他方，カーターは，聖書に書かれている言葉は神の言葉で間違いがないという聖書無謬説の立場をとらず，人工妊娠中絶に賛成し，公立学校での祈りの禁止を解くつもりがないと明言した。このような立場は主流派からは支持されたものの，保守的な福音派の間に混乱を巻き起こした。

カーターは，国家と教会の間には可能な限り隔たりが必要という立場を明確にし，州による教会関連の教育機関に対する資金助成に反対したため，宗教関係者の反発を招いた。カーター政権は原理主義者を刺激し，彼らが政治の表舞

186——第8章　宗教とモラルをめぐる政治

台に登場する背景を作ったのである。

3. 宗教右派とロナルド・レーガン

　カーターに失望した原理主義派は，徐々に政治への関与を強めていく。その上で大きな意味を持ったのが，ニューライトがテレビ伝道師と呼ばれる人々と協力関係に立ったことである。アメリカでは日曜にはテレビやラジオの複数の局で宗教番組を放送しており，その視聴率も高い。テレビ伝道師は不特定多数の福音派信徒に呼びかけ，原理主義派の価値観や世界観を政治に反映させるよう努めた。

　その目的を達成するために彼らは利益集団を設立し，政治運動を行った。その代表例が，ジェリー・ファルウェルの作ったモラル・マジョリティである。彼らによれば，アメリカにはモーゼの十戒を強く信じる道徳的多数派が厳然と存在する。生命を尊び，家族の価値を重視する彼らを草の根レベルで結集すれば，世俗的人間中心主義の悪しき影響を政治から排除することができるというのだった。このような勢力は，宗教右派と呼ばれるようになっていく。

　宗教右派は，徐々に共和党との関係を深めていく。20世紀初頭に禁酒法を主導した社会的保守が超党派的に発生したのに対し，近年の社会的保守派は共和党に結集している。そのきっかけを作ったのがレーガンだった。レーガンが大統領選挙で勝利するには，共和党支持者を固めるだけでなく，かつて民主党に投票していた南部の白人の支持を獲得する必要があった。その際にレーガンが重視したのが，政治的にも神学的にも保守的な南部の福音派の支持を固めることだった。

　カリフォルニア州知事時代のレーガンは，人工妊娠中絶容認法案に署名し，同性愛者が教職に就くことを禁じる法案に反対していた。慈善団体や宗教団体への寄付も少なく，教会に定期的に通ったことすらなかった。だが，レーガンを大統領候補に決定した1980年の共和党全国党大会は保守色が強く，選挙綱領でもERA支持は削除され，人工妊娠中絶を禁止する憲法修正案が盛り込まれていた。指名受諾演説でレーガンは，自分は神の定めた偉大さを取り戻すために必要な人物だと述べた。また，指名受諾後，宗教右派の宗教円卓会議が主催する会合で，ユダヤ・キリスト教的価値観が攻撃されていることに注意を喚

第2節　アメリカ政治の保守化——187

起し，残りの人生で読みたい書物を1冊だけ選択できるならば聖書を選ぶこと，聖書には国内外に山積する諸問題の解決策が記されていることを訴えた。このレーガンの雄弁さが宗教右派の強い支持を獲得し，以降宗教右派は共和党の固定的な支持層となる。

　大統領就任後，レーガンは保守派の期待に反し，宗教右派やニューライトから人材を積極的に登用しなかった。しかし，連邦議会では宗教右派が重視する人工妊娠中絶や学校での祈りなどの政策課題が扱われた。また，外交面では，レーガンは共産主義国のソ連を邪悪の帝国と呼ぶなどして，保守派の支持を確保した。

　もっとも，レーガン政権の末期には，宗教右派勢力は失言や不倫，売春などのスキャンダルもあり一時的に弱体化した。その後，宗教右派勢力の中心となったのは，パット・ロバートソンが率いるキリスト教徒連合だった。キリスト教徒連合は宗教保守派を組織化するとともに，税や健康保険，対外政策など様々な争点を取り上げた。それに加えて，南部バプティスト連合やモルモン教会など保守的な立場をとる団体も，共和党候補に票を投じるようになった。これらの団体が協力関係を深めたことが，後のジョージ・W・ブッシュ政権の誕生につながっていく。

4. ビル・クリントン政権

　レーガンの後任となったジョージ・H・W・ブッシュ政権は湾岸戦争期には高い支持を獲得したものの，その後の経済の低迷が原因で1992年の大統領選挙で民主党のビル・クリントンに敗北した。後に宗教的保守派から最もモラルに欠ける大統領と称されることになるクリントンには，大統領選挙戦中から不倫疑惑が存在した。クリントンは大統領就任直後，同性愛者の軍隊入隊を解禁した。また，同政権は国民皆医療保険の公的な制度化を目指したが，これは避妊薬の提供や中絶などを宗教系病院に義務づけることにつながるのではないかと恐れられた。

　この事態を受けて共和党は，1994年の中間選挙で，北部と南部の白人プロテスタント，さらには白人プロテスタントとカソリック教徒の協力関係を強めることによって，歴史的な大勝を収めた。にもかかわらず，1996年の大統領

188——第8章　宗教とモラルをめぐる政治

選挙では，クリントンは共和党のボブ・ドールを破って再選を果たした。1998年にはクリントンがホワイトハウスの実習生と性的に「不適切な関係」を持ったことが発覚し，共和党は批判を強めたものの，世論はクリントンに同情的な態度を示した。議会はクリントンに対する弾劾裁判を実施しようとしたものの，大統領の支持率は低下せず，世論はむしろ弾劾裁判に反対した。

　この事態を受けて宗教右派は文化戦争に敗北したと評価され，政治的，宗教的保守派が衰退するとの予想も強まっていった。

5．ジョージ・W・ブッシュ政権

　クリントンの次に大統領になったのは，テキサス州知事である共和党のジョージ・W・ブッシュだった。W・ブッシュはアルコール依存症から脱却したのを契機として回心体験をしたと公言していた。また，父のH・W・ブッシュの大統領選挙の際に宗教右派担当顧問を務め，様々な宗教右派指導者との交流を通して信仰を深めたとされている。W・ブッシュは大統領選の討論会で，最も影響を受けた政治哲学者としてイエス・キリストをあげるなど宗教色を鮮明にしたが，人工妊娠中絶や同性愛などの問題を主要争点と位置づけることはせず，穏健派を装った。稀に見る接戦となった2000年の大統領選挙を辛うじて制したが，接戦の理由は保守的な福音派の動員が期待通りには進まなかったからだともいわれている。

　大統領就任後のブッシュ政権を特徴づけたのは，その宗教色の強さだった。ホワイトハウス内では，会議や食事は大統領に指名された者が先導する祈りで始まり，女性はロング・スカートの着用を義務づけられるなど，保守的な色彩が際立っていた。ブッシュは大統領就任後，信仰及びコミュニティに基づくイニシアティヴ局を設置するとともに，中絶の相談にのったり実施したりする国際的な家族計画組織に対する連邦助成金を禁止した。また，ES細胞（胚性幹細胞）研究に対する連邦助成金の支出を禁止したり，部分的人工妊娠中絶禁止法案を成立させるなど，宗教右派の好む政策を断行した。さらには，2001年の9.11テロ事件とアフガニスタン攻撃の後に，イラン，イラク，北朝鮮を「邪悪の枢軸」と呼び，宗教的レトリックを用いつつ，正義の戦争を行うと宣言してイラク戦争を遂行した。

第2節　アメリカ政治の保守化――189

ブッシュ政権が宗教色を鮮明にする中で，2003 年にマサチューセッツ州最高裁判所が同性婚を認める判決を下した。宗教右派勢力は，当時最も影響力があるとされていた福音派で，同性婚に徹底的に反対していたジェイムズ・ドブソンが設立していたフォーカス・オン・ザ・ファミリーという組織を核に結集していった。ドブソンは当初ブッシュ政権に慎重な態度で臨んでいたが，ブッシュが結婚を男女の結びつきとして規定する憲法修正案を支持する立場を明確にしたのを受けて，2004 年大統領選挙でのブッシュ支持を決定した。2004 年大統領選挙では宗教保守派の史上最大規模の動員が行われ，ブッシュは民主党のジョン・ケリーに勝利して再選を果たした。この大統領選挙で宗教票が果たした役割は大きく，メディアは人工妊娠中絶や同性婚といった道徳的争点がブッシュ再選を決定づけたと報道している。

　だが，再選を果たしたブッシュは同性婚を禁じる憲法修正を実現することはできず，イラク戦争に伴う戦費拡大もあり，財政赤字を増大させていった。また，ブッシュ政権は，捜査令状無しで通信傍受を認める権限を国土安全保障省に与えるなどしていたことが判明した。これらの結果，ブッシュ政権は保守派の支持を失っていった。

　また，宗教右派も国民の支持を失う事態に陥った。15 年にわたり植物状態が続いた女性の尊厳死を認めるか否かをめぐり，尊厳死を求める夫の要求を認めた州裁判所の決定を再審理するよう求める法律を制定するように宗教右派が連邦議会に働きかけを行ったが，世論はその動きに反対したのである。また，宗教右派はウィリアム・レーンクィスト最高裁判所長官の死去に伴う後任人事をめぐって分裂し，その影響力を低下させていった。その結果，2006 年の中間選挙では民主党が連邦議会上下両院で過半数を獲得するに至ったのである。

6. バラク・H・オバマ政権とドナルド・トランプ政権

　2008 年の大統領選挙でバラク・オバマが勝利した。オバマはその就任演説で，宗教面を含むアメリカの多様性がその強みであると強調し，無神論者やイスラム教徒にも配慮を示したことが注目を集めた。

　オバマは，ブッシュ政権の「信仰及びコミュニティに基づくイニシアティヴ」を継承し，拡大するため，「信仰に基づく組織及び近隣組織とのパートナ

ーシップ」のオフィスをホワイトハウス内に設置した。ブッシュ政権は教会や慈善団体からの申請に基づいて連邦政府が助成金を与えることで福祉事業を実施していたが，オバマ政権は国内の貧困対策，対外的なエイズ問題などへの対策に関連して，現場へのガイダンスとサポートを行うことに力点を置いている。

　2015年に，連邦最高裁判所がオバーゲフェル判決で同性婚を承認したことは，世界的に注目を集めた。アメリカの世論は2010年代に入って以降，同性婚に対する支持を強めていた。ただし，最高裁の判例には，同性愛者の立場を重視するというだけでなく，崩壊しつつある家族という制度を維持するためにも同性婚が重要だという論理が見て取れる。その意味で保守的な性格を強く持ち合わせているともいえる。

　近年の動きを踏まえて，共和党が性の問題を中心として宗教右派勢力を結集させていたのに不満を感じていたリベラルな人々が，環境問題や貧困問題に関心を寄せて結集する兆しを見せていると分析する論者も存在する。アメリカの宗教勢力が世代交代を経て徐々に変質しつつあることは事実だろうが，オバーゲフェル判決の判決文に見て取れるように，保守的立場も大きな存在感を示している。また，オバマ政権の後を受けたドナルド・トランプ大統領は，軍から同性愛者を排除する行政命令を出すなど，宗教保守に配慮した行動をとっている。

　アメリカの宗教と政治をめぐる関係はこれまでも頻繁に変動しており，一般的な法則に従って変化してきたわけではない。今後どのような展開を示すかは予測できないものの，これまでの動きの特徴を把握しておけば，その理解は比較的容易になるだろう。

第2節　アメリカ政治の保守化──191

第9章

対外政策

C・R・マコーレー「教師ウッドロー・ウィルソン」

第 1 節　対外政策とナショナル・アイデンティティ

　対外政策は，ナショナル・アイデンティティを考える上で重要な意味を持つ。対外政策には，軍事・安全保障政策や通商政策，パスポートの発給に至るまで様々なものが含まれるが，その中でも最も注目を集めるのは戦争だろう。戦争は命をかけて遂行されるものであることから，国と個人の関係が最も象徴的な形で現れる。戦争遂行時には，国民の国への忠誠心が問われる一方で，国民にとって国が持つ価値も問われる。経済的利益の実現のみを目指して戦争を長期に亘って継続するのは容易でないため，国の大義やあり方が問われることになる。

　戦争は世界とアメリカとのかかわりを明確にするため，ナショナル・アイデンティティを他の国と関連付ける形で明確化する意味もある。冷戦期には共産主義国であるソ連との違いとして，自由主義の国，民主主義の国としてのアメリカの価値が強調された。近年では，アメリカは世界で最も豊かで力があり，世界を導く国であり続けることができるのか，それとも，中国の台頭を受けて，国際的地位を低下させつつあるのかが問われている。

　圧倒的な軍事力と経済力を持つアメリカの対外政策は，国際政治の在り方を大きく変更させる。その一方で，世界情勢の変化がアメリカの政治や社会の在り方を変える部分もある。本章では，アメリカの対外政策を通してアメリカのナショナル・アイデンティティの在り方を説明することにしたい。

第 2 節　合衆国憲法の規定と政治主体，制度

1.　合衆国憲法の規定

　ヨーロッパとの違いを強く意識する形でアメリカが建国されたことは，アメリカの対外政策の特徴を理解する上で重要な意味を持つ。当時のヨーロッパは，圧倒的権力を持つ君主が常備軍を用いて近隣諸国と戦争を頻繁に展開していた。アメリカ建国の一つの大義は，そのような権力者の登場を未然に防止することだった。

194——第 9 章　対外政策

実際，合衆国憲法の規定は対外政策に関する大統領の権限の抑制を図っている。戦争に関しては，大統領は陸軍と海軍の最高司令官として行政権を発動するという形でやや曖昧に規定されているのに過ぎず，宣戦布告や軍の創設と維持に関する権限は連邦議会に与えられている。条約についても，大統領は外国と条約を締結する権限が与えられているものの，それは連邦議会上院議員の3分の2以上の承認を得なければ批准されない。議会は予算の決定を通して対外政策に影響を及ぼすこともできる。このように大統領の権限は，内政に関する権限と同様，立憲的に大きく制約されている。

2. 大統領の役割

20世紀における変化
　大統領の権限を制約し，連邦議会に大きな権限を与えるという合衆国憲法の規定は，建国期から19世紀までのアメリカを取り巻く状況を考えれば適切だった。例えば軍事面に関しては，アメリカは大西洋によってヨーロッパと隔たれていたため攻撃を受ける可能性が低かったこともあり，大統領が積極的に権限を発動する機会はほとんどなかった。国家的危機に際して大統領が総司令官としての権限を本格的に発動したのは，南北戦争の際のリンカンが初めてだった。南北戦争は内戦としての側面が強く，純粋な対外政策とはいえないが，このリンカンの権力行使が大統領の権限行使に正統性を与えた。20世紀初頭になると，シオドア・ローズヴェルトが必ずしも国家的な危機といえない状況において大統領権限を行使し，その増大を図るようになった。

　20世紀になると科学技術や交通手段が進歩して物事の展開が早くなったこともあり，連邦議会ではなく大統領が対外政策で大きな権力を行使するよう求められるようになった。連邦議会はしばしば政党間，場合によっては政党内部でも対立状況にあり，決定に時間を要する。しかし，軍事的危機に対応するには，迅速に決定する必要がある。そもそもアメリカは，巨大な常備軍の存在を否定する観点から，伝統的に平時と戦時を峻別してきた。だが，冷戦期には両者の区別は不可能となり，大統領は常に戦時大統領としての役割を期待されるようになった。リンカンとT・ローズヴェルトの権力行使を踏まえて，大統領は徐々に軍事面で大きな権力をふるうようになった。

第2節　合衆国憲法の規定と政治主体，制度——195

そして，連邦議会と裁判所もその状況を追認してきた。2009 年 2 月に発表された議会調査局の資料によれば，アメリカは 1798 年のフランスとの戦争以後 320 回以上の軍事行動をとっている。にもかかわらず，連邦議会が宣戦布告を行ったのは，1812 年の米英戦争，1846 年の米墨戦争，1898 年の米西戦争，1917 年の第一次世界大戦，1941 年の第二次世界大戦の 5 回のみであり，第二次世界大戦後は一度も宣戦布告をしたことがない。

このように，現状では，国民，国家を守る上で必要と判断すれば，議会の宣戦布告をまたずに大統領が実質的に戦争を開始できる。その是非が問われたのは，ヴェトナム戦争の際にリンドン・ジョンソン大統領に武力行使に関する白紙委任が与えられた 1964 年のトンキン湾決議をめぐってである。泥沼と化したヴェトナム戦争に際して大統領に派兵権限を白紙委任したことの反省から，大統領の行動に枠をはめるべく，1973 年に戦争権限法が制定された。これは，軍隊の投入に関して最大限，議会と事前協議をするよう義務付け，それが不可能な場合には軍隊派遣後 48 時間以内に大統領は議会に報告するとともに，議会が 60 日以内に宣戦布告をするか派兵を承認しなければ軍を撤退させなければならないと定めている。とはいえ，この戦争権限法は厳密に執行されているわけではない。

軍事・安全保障 　軍事・安全保障政策に関して，連邦議会がしばしば消極的な態度をとるのは，それが連邦議会議員の再選にとって役に立ちにくいからである。次の選挙で再選することを目指す連邦議会の議員は，自らの再選に役立つ政策，とりわけ自らの選挙区の有権者に具体的な恩恵をもたらす政策の実現に向けて尽力する。しかし，軍事・安全保障政策がもたらす利益（例えば平和）は抽象的で拡散しており，有権者を動員する能力は限定的である。また，軍事・安全保障政策については軍需産業などを例外として政策から直接的な恩恵を受ける利益集団が限られている（イスラエル・ロビーやキューバ系のロビー集団は存在するが，例外的な存在である）。このような特徴が相互に強め合って，軍事・安全保障政策に連邦議会が関与する度合いが弱まっている。

その結果として大統領に権力が集中している側面がある。軍事・安全保障政

W・ブッシュ大統領の支持率の変遷

策は機密事項を扱うことも多いし，迅速な決定を行う必要がある場合も多いので，利益集団と折衝したり，議会のチェックを受けるのが容易でないこともあり，大統領が大きな役割を果たすようになるのは正当化できる面もある。

　それに加えて重要なのは，軍事・安全保障問題については大統領が行動することを望む有権者が非常に多いことである。これはとりわけ，アメリカが戦争やテロなどの国家的危機に直面した際に顕著となり，そのような際に大統領に対する支持が一時的に急激に増大する（世論の結集効果と呼ばれている）。例えば，2001年の9.11テロ事件の直後，それまではおよそ50％と低迷していたジョージ・W・ブッシュ大統領の支持率は90％を超えるまでに急上昇した。

　もっとも，危機の際に大統領に対する期待が急激に高まることは，大統領にとっては諸刃の剣である。もし大統領が危機を巧みに乗り切ることができるならば，大統領は歴史に名を遺すだろう。他方，大統領が政策上の措置を誤ると，その支持率は急降下する危険を伴っている。これは，イラク戦争が泥沼と化した後のW・ブッシュ大統領の支持率の低迷を見れば明らかだろう。大統領は事態への説明責任が強く求められることになり，メディアの報道が活発な今日では，小さなミスでも政権にとって致命傷となることがある。

　また，経済政策の場合は好況が続く限り大統領への評価が継続するのに対し，軍事・安全保障政策上の成果は国民も早く忘れ去る傾向があり，その支持が長続きしない。例えば湾岸戦争で大勝利を収めて高い支持を獲得したジョージ・H・W・ブッシュ大統領は，その後の経済の低迷を受けて，1992年の大統領

選挙で再選に失敗している。

条約締結　　条約締結に関しても，大統領は連邦議会からの制約を回避する形で権力を行使する術を模索している。条約を連邦議会上院が批准するのに必要な3分の2以上の支持は敷居が高く，交渉相手国から信頼を勝ち取る上での制約となる。ウッドロウ・ウィルソン大統領は，第一次世界大戦を終わらせるヴェルサイユ条約締結に際して国際連盟の創設を提唱したにもかかわらず，連邦議会上院の批准を得ることができなかったことは広く知られているだろう。このような事態を回避するために，大統領は条約を締結するのではなく，連邦議会上院の批准が必要ない行政協定を結ぼうとすることが増えている。行政協定は，以降の大統領が撤回すれば効力を失うため，条約の完全な代替物とはいえない。

　条約締結についても，連邦議会が大統領の権限拡大を容認している面もある。例えば，通商交渉については合衆国憲法上権限を持つのは連邦議会だが，1974年通商法で，関税及び非関税交渉権が議会から大統領に移譲された。これはファスト・トラック権限と呼ばれていたが，2002年超党派貿易促進権限法によって貿易促進権限（TPA）と名称変更された。ただし，TPAは時限立法であり，その更新をめぐって連邦議会と大統領が対立する状況も生まれている。

　議会が大統領の行動を監視する制度が存在することは，権力分立の観点から重要である。しかし，対外政策に関しては，その機能の多くが形骸化しているといえよう。

3. 行政組織

　大統領は，副大統領やホワイトハウス事務局の補佐官などの助力を得ながら対外政策を策定している。そして，大統領の権力増大に伴い，その活動を支える行政部組織の役割も増大している。

国務省　　国務省は，1789年に外務省として設立された，連邦政府で最も古い行政機関である。国務省は外交全般を担っている。例えば，在外アメリカ大使館，領事館などを通して諸外国政府や国際機関との連絡や関係を維持

し，アメリカ政府の立場を代弁する役割を果たしている。また，様々な条約や協定の交渉・締結に尽力したり，海外の動向に関する情報収集，在外アメリカ市民に対するサービスの提供，パスポートの発給などの役割を担っている。

初代長官はトマス・ジェファソンであり，国務長官は外交に関して大統領に助言をする任にあたる。国務長官は大統領が指名するものの，連邦議会上院の承認を得る必要がある。また，大使は大統領の公式の代理人としてアメリカ政府の立場を代弁するべく，諸外国や国際機関に派遣される。大使のポストは政治任用のために用いられて，大統領の選挙に協力した人物が任命されることが多いため，職業外交官でない人物が就任することも多い。

国防総省が敵国と対決する機関として国の威信を守っていると考えられやすいのに対して，国務省は，相手国との交渉，取引を通して対立を未然に防止しようと努めるため，しばしば妥協的で国益に反する行動をとっているとして強硬派から批判されることも多い。それもあってか，国務長官は内閣の首席閣僚と位置づけられているにもかかわらず，国務省の対外政策への影響力は低下している。国務省に与えられる予算は国防費の2%前後と，その予算規模も小さくなっている。

国防総省　　国防総省は軍事に関する事柄を扱う省庁であり，人員，予算ともに連邦政府最大の行政機関である。ヴァージニア州アーリントンにあるその建物の外観から，五角形を意味するペンタゴンという通称を持つ。

アメリカでは建国当初から軍部が巨大化することの弊害が危惧されており，その規模を抑制するとともに，そのトップを文民が担うことの重要性が繰り返し指摘されている。第二次世界大戦終了まで，アメリカの軍事安全保障は陸軍省と海軍省が担い，両機関を調整して指揮するのは大統領のみとされていた。しかし，第二次世界大戦に際して効果的な統合作戦がとれなかったことの反省や，冷戦に効果的に対応する必要性から，1947年の国家安全保障法によって陸，海，空の三軍を統合することが決定され，1949年の再編を経て国防総省が誕生した。

国防長官は大統領の指名と連邦議会上院の承認を経て選出され，大統領に国防に関する助言を与えることになっている。文民統制の観点から国防長官は文

第2節　合衆国憲法の規定と政治主体，制度——199

民である必要が強調されるが，軍事技術が進歩した今日では，兵器の威力と実
戦の危険性をある程度認識している軍人と比べて，文民の長官の方が無謀な決
定を行う危険性があるとも指摘されるようになっている。

情報機関　　　アメリカのインテリジェンスを担う機関として最も有名なのは中央
　　　　　　　　情報局（CIA）であろう。他国の政治や軍事に関する情報を収集し
分析するという主要任務に加えて，海外での秘密工作も担っている。そのよう
な活動の重要性は，第二次世界大戦，とりわけ真珠湾攻撃を機として強く認識
され，冷戦開始後の 1947 年に国務省や国防総省とは独立した機関として創設
された。今日でも，国務省，国防総省は独自の情報機関を有しているし，国内
の情報活動を担う連邦捜査局（FBI）や麻薬取締局（DEA）など，様々な情報
機関が存在している。これらは合わせてインテリジェンス・コミュニティと呼
ばれ，それぞれが自律性を持つ緩やかなネットワークとなっている。

　これらの情報機関は，時に権限争いなどを伴いつつ，共存してきた。しかし，
2001 年の 9.11 テロ事件に際し，アルカイダによるテロ攻撃を示唆する情報を
事前に入手しておきながらテロを防止できなかったとして，情報機関は強い批
判を浴びた。それを受けて，2004 年に，情報機関の活動を監督するとともに，
大統領，軍司令官，議会に対してインテリジェンスを提供する窓口として，国
家情報統括官室が創設された。これにより，情報の一元化が進んだと指摘され
ることもあるが，各機関が情報の共有に必ずしも積極的でないことも指摘され
ている。また，情報を一元的に扱う部署が存在すると，そこで情報漏洩や裏切
り行為が発生すれば安全保障が危機に直面する危険があるので，この改革につ
いては評価が分かれている。

国家安全　　　アメリカの軍事・安全保障政策を遂行するには，様々な省庁間の調
保障会議　　　整を行う必要がある。その役割を担うのが，ホワイトハウス内部に
　　　　　　　　設置されている国家安全保障会議（NSC）である。1947 年に創設
された際の正式メンバーは正副大統領と国務長官，国防長官の 4 名だったが，
以後，国家情報官や統合幕僚会議議長なども公式のメンバーに加えられた。各
政権が独自にメンバーを追加することもある。

200——第 9 章　対外政策

省庁間の調整の役割を担うのが国家安全保障担当補佐官（NSA）である。ホワイトハウス内部の組織である NSC には予算権限もないし遂行中の政策に対する統制権限もないため，NSA は省庁間の調整役しか果たせない場合もある。ただし，NSA は閣僚と比べて大統領と接触する機会が多いため，大統領の信任を得た NSA は，危機に際して大きな影響力を行使する可能性もある。

その他の
省庁・部局

その他，対外政策に関連する省庁としては，2001 年の 9.11 テロ事件を受けて創設された国土安全保障省（DHS）がある。国内のテロ対策に加えて，国境警備や運輸，保安を担当する他，災害などの緊急事態に向けての準備・対応をする役割も担っている。

経済関連の部局として，米国通商代表部（USTR）というホワイトハウス内の組織が存在する。USTR のトップは閣僚級のポストとして位置づけられているが，その組織の規模は小さく，通商に関する調整機関と見なされている。その他，例えば財務省が経済制裁や金融制裁を行うなど，様々な省庁が対外政策にも関与している。

第3節　アメリカの対外政策の特徴

1. 理念の拡大と例外主義

アメリカの対外政策には，諸外国と性格を大きく異にするところがある。主権国家が自国の軍事的，経済的な安全を確保しようとするのは当然のことであり，アメリカもこの点については他の国々と共通している。アメリカの対外政策に特徴的なのは，アメリカ的な理念や原則を世界に広めようとする傾向が強いことである。

これは，建国期の政治的特徴，並びにアメリカ社会の特徴と密接に関係している。アメリカ建国当時のヨーロッパ諸国では，外交は支配階層であるエリートが担うものとされ，一般国民が関与することは想定されていなかった。しかし，共和国として成立したアメリカでは外交に専従する君主や貴族が存在せず，エリート階層が外交を独占するのは不可能だった。また，19 世紀以後に民主主義が統治原理としての正統性を獲得する中で，対外政策形成過程に一般国民

ジョン・ガスト『アメリカの進歩』
（1872年）
自由の女神が右手に聖書，左手に科学技術を携えて，未開の地に赴こうとしている。

の意思を反映させるのは当然との認識が強まっていき，対外政策も国内政治の延長としての性格を強めていった。

その結果，対外政策を決定する際にも国民からの支持を得ることが不可欠となり，民主主義や自由など，国内で支持される原理や原則に訴えることが有効だと考えられた。例えば，第一次世界大戦に際してウッドロウ・ウィルソン大統領は，その戦争目的を「民主主義のために世界を安全にする」ことだと説明した。ジミー・カーター大統領は人権外交を積極的に推進した。また，歴代の政権は諸外国の民主化をアメリカの対外関与の正統化根拠として掲げてきた。アメリカが対外政策において民主主義や人権をしばしば強調するのは，アメリカ的信条に適った政策を展開することが国内の支持を獲得する上で重要だと考えられているためでもある。

このアメリカの対外政策の在り方は，ウェストファリア条約締結以後の国際政治の基本原則とは相容れない性格を持っていた。宗教戦争を経たヨーロッパでは，平等な主権を持つ世俗国家が併存するのを認めることが重要な原則とされた。その上で，世界全体に共通する価値観は存在しないこと，言い換えれば価値の多元性を主権国家同士が相互に承認して，理念や信条の点で相容れない相手との間でも交渉を通じて自国に有利な条件を引き出すことが外交の基本とされた。このようなウェストファリア体制の下では，理念や信条を前面に押し出すのは避けなければならないとされた。ましてや，他国に政治体制の変革を迫るような内政干渉は，国家主権の原則に反すると見なされた。

国際政治の基本原則に反する方針をアメリカのみが採用できるという考え方は，第1章で説明したアメリカ例外主義の考え方を反映している。アメリカ的信条と呼ばれる理念を共有する市民社会であるアメリカは，建国期以来，多くの移民を受け入れてきた。多様な民族的，宗教的背景を持つ移民がアメリカ的信条を受け入れていったことは，アメリカの理念が世界中で受け入れられる

（べき）ものだという信念を強めることになった。また，移民が絶えずアメリカにやってくることは，アメリカ的理念に憧れる人々が世界中に存在することを意味すると見なされた。アメリカ的理念を世界に広めるのは，神によってアメリカに課された使命だとの考え方までもが主張されるようになったのである。

このような建国時の経緯と，民族や宗教を基礎として社会統合を果たすことのできないアメリカの特徴が，普遍的理念を強調し，イデオロギー的観点から国際関係を見る，そして，国境の内と外を必ずしも区別しないというアメリカの対外政策の特徴を生み出したのである。

2. 対外政策の方針

アメリカの対外政策は例外主義を基調としていると説明したが，歴代の政権が全て同様の政策を展開したわけではない。むしろ，アメリカの対外政策は政権ごとに性格を異にしているところが特徴だともいえる。では，政権ごとの特徴は，どのような点をめぐって表れているのだろうか。その違いは，①アメリカが世界と積極的に関わるべきか否か，②アメリカは単独で行動すべきか他国と協調すべきか，③対外政策のどのような目的や価値を重視すべきかをめぐって表れている。

孤立主義と国際主義　世界と関わるか否か？——2008 年と 2012 年の大統領選挙で共和党の候補となることを目指したロン・ポールは，アメリカは対外援助をやめ，海外の軍事基地から完全に撤退するべきだと主張し，リバタリアンを含む保守派から少なからぬ支持を集めた。

超大国アメリカの大統領候補を目指す人がこのような主張をし，それに一定の支持が集まることを不思議に思う人がいるかもしれない。だが，アメリカには孤立主義を好む伝統が存在する。初代大統領ジョージ・ワシントンは離任に際しての告別演説で，世界のどの国とも永久的同盟を結ばないことこそが，アメリカの真の国策だと述べた。また，第 5 代大統領のジェイムズ・モンローは 1823 年の教書で，アメリカはヨーロッパの問題に干渉しないので，ヨーロッパも西半球の問題に介入しないよう訴えた（モンロー・ドクトリン）。アメリカの豊富な天然資源を考えれば，20 世紀前半までは実際に孤立主義的な政策

をとることも可能だった。

　もっとも，ワシントンの演説もモンロー・ドクトリンも，厳密には孤立主義というよりは不介入主義，あるいは，外国との同盟によって自らの行動を拘束されないという単独主義というべき性格を持っている。このような考え方は，アメリカの外交エリートの中で繰り返し強調されており，今日でも一定の支持を得ている。

　他方，アメリカが諸外国への関与を深めるべきとの考えも古くから存在した。19世紀のアメリカは北米大陸西部への開拓を進めた。アメリカは，フランス領ルイジアナ，スペイン領フロリダ，ロシア領アラスカなどを購入するとともに，時に武力をもって領土を獲得した。メキシコ領テキサスに入植したアメリカ市民に独立運動を起こさせ，共和国として独立したテキサスを1845年に併合したこと，また，米墨戦争によって今日のカリフォルニアからニューメキシコに至る領土を獲得したことが端的な例である。このような領土拡張は，神が与えた大陸（＝北米大陸）にアメリカが拡大し，この大陸をアメリカ化する「明白な使命」を与えられたというスローガンをもって正当化された。

　また，19世紀末以降のアメリカは，海軍を拡張し，対外拡張政策を採用した。アメリカは大西洋側では不干渉主義を強調したものの，西半球である中南米地域や太平洋への関与は強めていった。この膨張主義的傾向はT・ローズヴェルト政権期に強まった。そして，アメリカが第一次世界大戦に関与するようになると，ウィルソン大統領は民主主義などのアメリカ的理念をヨーロッパを含む全世界に広めようとした。さらに，1947年のトルーマン・ドクトリンは，アメリカを中心とする自由主義陣営とソ連を中心とする抑圧された陣営に世界が二分されたと宣言し，前者の立場から世界への積極的な関与を主張した。

　アメリカは，妥協や権謀術数を繰り返してきた諸外国とは異なるというアイデンティティを持っており，その自己イメージがアメリカの対外政策を規定している。そして，諸外国との関わりを避けようとする立場と，諸外国をアメリカ化しようとする立場の間で葛藤が絶えず生じることになる。この中間に，国益のためならば諸外国への関与は厭わないものの，旧世界の変革を目指そうとは考えない，いわゆるリアリストが位置している。対外的危機に直面するとアメリカはリアリスト主導で状況を克服するものの，平時に戻ると孤立主義と国

204——第9章　対外政策

際介入主義のいずれの立場を選ぶかをめぐって，争いが起こるのである。

**単独行動主義
と多国間主義**　　どのように関わるか？──日本が国際状況を変えようとする際には，各国と個別に交渉してそれを積み上げていくか，国連などの場で多国間交渉をするかという選択をすることになるだろう。

　アメリカも多国間主義の方針を頻繁に採用している。例えば，第二次世界大戦後，アメリカは，国際連合を創設するとともに，西欧諸国との間で北大西洋条約機構（NATO）を締結した。経済面でも，世界経済再建のために，関税及び貿易に関する一般協定（GATT）や国際通貨基金（IMF），世界銀行といった多国間制度によって支えられるブレトンウッズ体制を整えた。今日でも，テロリズムの取り締まりや対麻薬戦争，世界規模の伝染病の予防など様々な分野で，多国間主義的な対応をとる必要に迫られている。

　アメリカに特有なのは，二国間と多国間の交渉に加えて，単独で行動するという選択肢を持っていることである。アメリカが単独主義行動をとるのは，自国の主権に対するこだわりの強さの表れである。また，実際に単独主義行動をとることができるのは，アメリカが極めて大きな軍事・経済的資源を持っており，実際にそれらの資源を活用することに躊躇しない傾向が強いからである。

　例えば軍事面に関していえば，2010 年の段階で 6980 億ドルもの防衛費を用いており，それは中国の 6 倍，ロシアの 10 倍で，世界の総軍事支出の 47% を占めている。アメリカの軍事関連の研究開発費も英仏独の合計の 2 倍をしのぎ，保有する兵器の数と性能も世界随一である。また，経済面でも，世界全体の国内総生産（GDP）に占める割合は 2011 年の段階で 21.4% であり，第 2 位の中国（10.5%），第 3 位の日本（8.4%）と大きな差をつけている。このように大きな政治的資源を持つため，アメリカは軍事介入や経済制裁をちらつかせることで，単独で諸外国に大きな影響を及ぼすことが可能なのである。

　また，世界政府が存在しない今日，アメリカが覇権国として様々な国際公共財を提供していることも，世界がアメリカの単独行動を容認している背景にある（国際政治学では，国際公共財を提供する国を覇権国と呼んでいる）。アメリカは単独で軍事力行使の可能性を示唆することにより，他国の負担なくして侵略などを抑止し，平和という国際公共財を提供してきた。また，国際通商を

第 3 節　アメリカの対外政策の特徴──205

可能にするためには，信用度が高く安定した国際通貨が必要になる。金本位制が終焉を迎えて以降，アメリカのドルが世界の基軸通貨としての役割を果たしてきた。世界政府のない世界において，アメリカが世界政府の役割を代行してきた側面は間違いなく存在する。

　単独主義的に行動する場合，他国との協調や協議が不要なために，柔軟で迅速な決定を行うことが可能となる。迅速な対応を必要とするような危機的状況において，アメリカが覇権国として単独で行動することが世界の平和と安定につながる可能性もある。

　ただし，アメリカがいかに世界政府的な行動をしたとしても，アメリカは一つの主権国家に過ぎず，アメリカ国民のみに対して責任を負っていることは否めない。アメリカの決定が自国民，あるいは，特定産業のみを利していても，アメリカ国内でその決定が支持されていれば国内的には正統である。だが，国際的な民主政治という観点から見れば，アメリカの単独主義的行動には正統性の面での疑念が呈されることとなり，それがアメリカの威信を低下させる可能性もある。アメリカに対するこのような批判が強まると，アメリカは多国間主義の立場をとるようになるのである。

　このような結果として，アメリカの対外政策は，例外主義的な政策を基盤としつつ，孤立主義的態度と国際主義的態度，また，単独主義と多国間主義の間で揺れ動くのである。

4つの歴史的潮流　これまで論じてきたように，アメリカの対外政策は，どの目的を重視するか（軍事的安全保障，経済的繁栄，アメリカ的価値の拡大），世界と関わるか否か（孤立主義，国際主義），世界と関わる場合はどのように関わるか（単独主義，多国間主義）などをめぐって政権ごとに様々な違いを示している。そして，ある国際政治学者は，アメリカの対外政策には大きく分けて4つの歴史的潮流があると指摘し，その立場を代表する歴史上有名な政治家の名前を付している。

　ひとつ目は，ワシントン政権下で初代財務長官を務めたアレグザンダー・ハミルトンに代表されるハミルトニアンの立場である。この立場は，アメリカの経済成長を重視し，国際通商の中で大きな利益をあげられるように政府が積極

206——第9章　対外政策

的に行動することを認める。大規模な民間企業の立場を重視し，アメリカの経済力は絶えず発展すると考える傾向がある。今日の共和党主流派の一つの知的源泉となっているといえる。

2つ目は，第3代大統領となり，ハミルトンの政敵でもあったトマス・ジェファソンに代表されるジェファソニアンの立場である。海洋国家を志向したハミルトンと違い，ジェファソンは農業を中心とする大陸国家としてアメリカを発展させるよう主張した。この立場は国内での自由と民主主義の充実に焦点を当てるのが特徴である。巨大な連邦政府はアメリカ国民の自由を損なうし，外国との関係を深めるとアメリカが海外の戦争に巻き込まれるかもしれないという立場から，対外関与は選択的に行うべきだと強調する。これらの懸念が強まると，孤立主義的な政策を志向するようになる。

3つ目は，第一次世界大戦の時のウィルソン大統領に代表されるウィルソニアンの立場である。民主主義や法の支配に代表されるような普遍的なアメリカの理念を世界に広げることが，アメリカの対外政策の指針となるべきだとの立場である。

4つ目は，叩き上げの軍人として米英戦争で英雄となった第7代大統領，アンドリュー・ジャクソンに代表される，ジャクソニアンの立場である。アメリカの物質的安全と繁栄を最重視し，そのためには軍事力の行使や国威発揚も辞さない立場である。

これらの潮流は相互に排他的ではなく，時に複合的に作用する。例えば，9.11テロ事件後に注目を集めたネオコンの立場は，軍事力行使と国威発揚を重視するジャクソニアンと，アメリカ的理念の拡大を目指すウィルソニアンの立場が混合したものである。また，ハミルトニアンとウィルソニアンの立場が組み合わされば，世界に自由貿易を拡大しようとする路線になるだろう。

以上，やや複雑な議論を展開してきたのは，アメリカの対外政策が非常に複雑な性格を持っているためである。アメリカの国内事情と国際環境，さらには，大統領の方針に応じて，これらの潮流が，時には単独で，また時には組み合わされて出現することになる。アメリカを圧倒的な力を行使する帝国と見なして物事を単純に理解しようとする考え方が時折流行するが，アメリカの対外政策を取り巻く力学は実際には複雑であり，単純化した見方は危険を伴うのである。

第3節　アメリカの対外政策の特徴――207

第4節　世界におけるアメリカの位置づけ

　W・ブッシュ大統領は，9.11テロ事件後の2001年11月に議会演説で，「自由と恐怖，正義と野蛮は絶えず抗争し続けてきた。その間で神は中立ではないことを我々は知っている」と述べた。その翌年，ブッシュは一般教書演説で，北朝鮮，イラン，イラクを「邪悪の枢軸」と呼んで強く非難した。

　アメリカは対アフガニスタン戦争とイラク戦争を展開した。多くの国々がアフガニスタンに対するアメリカの軍事介入を支持した。それに続くイラク戦争は，明確な国連安全保障理事会の授権を得ることなく開始されたものだった。テロ組織や小国が核兵器をはじめとする大量破壊兵器を入手しかねないという新たな脅威には封じ込めや核抑止などの伝統的な対策が無力となることから，実際の攻撃がなくとも必要であれば先に行動するという先制攻撃論に基づいたイラク攻撃は，予防戦争との相違が曖昧で法的正当性に疑問がある中，実施された。

　アメリカはヴェトナム戦争で失った自信を，冷戦の終焉で取り戻した。ソ連の崩壊により競合相手が存在しなくなっても，アメリカは圧倒的な軍事力を行使することを慎重に避けてきたが，オサマ・ビン＝ラディンやアルカイダと対峙することで，国連や国際法を無視して単独主義的な行動をとった。W・ブッシュ大統領は，アメリカが攻撃を受けてアメリカが反撃した事件を，「世界」や「文明」がテロとの戦争を開始したと表現し，アメリカが世界や文明を代表するのは当然であるかのような態度をとった。また，自由主義や民主主義を絶対的な価値と見なし，それを推進することをアメリカの責務と表現した。

　この考え方は，世界の国々をそれらの価値観に適うものと適わないものに分け，善悪の二項対立的に対置させる見方を前提としている。戦争を「やむを得ない現実」か「立ち上がって克服すべき病理」と捉える傾向の強い日本とは違い，W・ブッシュ政権は正義の戦争を戦うと主張した。価値の多元性を踏まえて正義のための戦争をしないというウェストファリア条約以後の古典外交の原則に反し，アメリカは自らで正義を定義づけることができるという，アメリカ例外主義の立場に則った行動だった。

　イラク戦争に際して，アメリカは，その突出した軍事力の有効性を見せつけ，

国際政治のあり方を単独で変更できることを証明した。その一方で、アメリカの単独主義的な行動は国際的な批判を浴び、アメリカに対する抵抗が強まっている。はたして、イラク戦争は、21世紀がアメリカの世紀になることを明らかにしたのだろうか。それとも、アメリカの時代の終わりを示唆しているのであろうか。

　イラク戦争をめぐる一連の流れは、アメリカの強さと弱さをともに表している。アメリカの例外主義的な行動がしばしば国際的に容認されるのは、軍事と経済の面で国際公共財を提供してきたことが背景にある。アメリカの強い軍事力を背景に軍事的秩序が維持されるとともに、ドルが基軸通貨として安定していることが国際貿易を可能にしている。世界政府がない中、アメリカが覇権国として国際公共財を提供していることは間違いない。

　それに加えて、アメリカが提唱する理念が世界を魅了してきたことが、アメリカの力の源泉となってきたことも事実である。カーター政権期に国務省の安全保障担当次官補、クリントン政権期に国防次官補などを歴任したハーヴァード大学教授のジョセフ・ナイは、他者を強制する力をハード・パワー、他者から自発的な同意や協力を引き出すことによって望ましい結果を達成する力をソフト・パワーと呼んで区別している。基本的には、軍事力や経済力がハード・パワーであるのに対して、国際的な課題を設定することや、規範や価値観によって他国を魅了して自発的に協力させる力がソフト・パワーである。アメリカは、民主主義、自由、平等などの普遍的理念を世界に向けて提示し、国際政治の課題を提起することに成功してきた。また、マクドナルド、ディズニーランドなどに代表されるアメリカの大衆文化も、アメリカ的価値観を一般大衆に浸透させることに寄与してきた。アメリカの行動を世界が承認する背景に、このような力の存在があったことは間違いない。

　しかし、価値の次元での優越がアメリカの国力を増大させるパワーに結実しているわけでは必ずしもないのが、今日の現状である。国際社会での単独主義的行動がアメリカの唱える規範と乖離し過ぎたため、諸外国はアメリカの行動に正統性を認めなくなっている。冷戦終焉を経て唯一の超大国となったアメリカは、ハード・パワーで圧倒的優位に立ってしまっているので、国益を実現する上でソフト・パワーを重視する必要がなくなってしまった。軍事的優位は単

独行動の誘惑を高めるが，それは多国間協力によって得られるはずの利益を失う危険性を伴い，正統性を損なう可能性がある。軍事的な意味での資源の大きさが，逆に国際関係におけるアメリカの弱みをもたらすこともあり，ナイはそれを「アメリカのパワーの逆説」と呼んでいる。

アメリカ国内では，米軍が多大なコストを払うことによって国際秩序の形成に貢献しているという認識が一般的であり，世界のためにアメリカが犠牲になっているという考えがしばしば表明される。実際，世界に 700 ほどある軍事基地を維持するコスト一つをとっても，もはやアメリカが一国で負担できるものではなくなりつつある。

しかし，この見方は，アメリカ以外の国に共有されているわけではない。例えば，2009 年に発表された世界世論調査の結果では，調査対象とされた 19 地域のうち，アメリカは自国に公正に対応しているか，それとも，アメリカの意向を強制すべく大きな力を乱用しているかを問うたところ，大半の国が後者を選択した。この調査は，アメリカが強調している理念そのものに関する調査ではないので単純化はできないものの，アメリカの対外政策に対して批判的な目を向けている国が多く存在することは間違いないだろう。

理念の国として誕生したアメリカは，それゆえに独特の対外政策を展開するようになった。アメリカが世界において独特の地位を占め続けるためには，国内外を問わず，アメリカ的信条として指摘される様々な理念の実体化が求められることになるといえよう。

210——第 9 章　対外政策

アメリカに対するイメージ

	アメリカは自国に対し	
	公正に対応している	権力を乱用している
メキシコ	10%	87%
ドイツ	48%	42%
イギリス	27%	68%
フランス	26%	68%
ポーランド	20%	65%
ウクライナ	16%	66%
ロシア	12%	75%
エジプト	34%	62%
アゼルバイジャン	27%	61%
イラク	20%	69%
トルコ	9%	86%
パレスチナ	5%	87%
ケニア	72%	26%
ナイジェリア	68%	28%
インド	45%	47%
インドネシア	21%	63%
韓国	17%	81%
中国	14%	76%
パキスタン	6%	90%

（出典）Kull, Steven, Clay Ramsay, Stephen Weber, Evan Lewis, "America's Global Image in the Obama Era," WorldPublicOpinion.org, July 7, 2009, p. 3.

文献案内

　本書で記した内容を更に深く理解するために参照すべき文献の一部を紹介する。本書を執筆する際には，英語の文献や日本語で執筆された学術論文なども参照したが，以下では代表的な英語の教科書と日本語で執筆された書籍に絞って紹介することにする。

　なお，いくつかの章については，筆者がこれまでにも関連した文章を執筆している。また，執筆した原稿の文章を利用している章もある。それらの原稿では詳細な脚注などを付しているので，関心のある方は脚注などに記された文献等も参照していただきたい。

1. すでに筆者が刊行した原稿の文章を利用したものや，各章に関連の深い筆者の原稿

第1章　アメリカ例外主義とナショナリズム

・「アメリカのナショナル・アイデンティティに関する一考察 ── サミュエル・P・ハンティントンの議論を中心として」『甲南法学』第53巻1号（2012年）

第2章　合衆国憲法と統治構造

・「大統領と政治経済」（舘健太郎氏との共著）杉野健太郎編『アメリカ文化入門』（三修社，2010年）

・「アメリカの政策革新と都市政治」日本比較政治学会編『都市と政治的イノベーション』（ミネルヴァ書房，2010年）

・「連邦制と地方政府」久保文明編『アメリカの政治』（弘文堂，2005年）

第3章　人種とエスニシティをめぐる政治

・「デイヴィッド・N・ディンキンズとニューヨーク市政」『甲南法学』第51巻1号（2010年）

・「アメリカの移民政策における安全保障対策と不法移民対策の収斂」『甲南法学』第54巻1・2号（2013年）

・「2016年アメリカ大統領選挙と『マイノリティ』」『立教アメリカン・スタディーズ』第39号（2017年）

・「アメリカの多文化主義と社会福祉政策」飯田文雄編『多文化主義の政治学』（法政大学出版局，近刊予定）

第4章　官僚制と政党の発展

・「［アメリカ］権力を持った保守の苦悩」阪野智一／近藤正基編『刷新する保守』（弘

213

文堂，2017 年）

・「ニューヨーク市政体制の変容」『国家学会雑誌』第 113 巻 3・4 号（2000 年）

第 5 章　選挙

・「ルドルフ・W・ジュリアーニと 2008 年大統領選挙」『甲南法学』第 48 巻 2 号（2007 年）

・「2012 年アメリカ大統領選挙とマイノリティ —— 政党政治のゆくえ」『甲南法学』第 53 巻 4 号（2013 年）

・「2016 年アメリカ大統領選挙 —— 何故クリントンが敗北し，トランプが勝利したのか」『選挙研究』第 33 巻 1 号（2017 年）

第 6 章　市民的自由と社会秩序

・「アメリカにおける社会秩序と市民的自由」『甲南法学』第 54 巻 3・4 号（2014 年）

・「都市社会の秩序と暴力」古矢旬／山田史郎編『アメリカ研究の越境　第 2 巻　権力と暴力』（ミネルヴァ書房，2007 年）

・「犯罪対策の強化と保守派の主導」五十嵐武士／久保文明編『アメリカ現代政治の構図 —— イデオロギー対立とそのゆくえ』（東京大学出版会，2009 年）

・「『政治』から『改革』へ —— アメリカ警察の政治的特徴と革新主義時代の警察改革」林田敏子／大日方純夫編『警察』（ミネルヴァ書房，2012 年）

・「アメリカにおける銃規制と利益集団政治」『甲南法学』第 56 巻 3・4 号（2016 年）

・「アメリカの銃規制をめぐる政治 —— 比較政治学を学ぶ意義」高野清弘／土佐和生／西山隆行編『知的公共圏の復権の試み』（行路社，2016 年）

第 7 章　社会福祉政策

・「アメリカ —— 自由主義型福祉国家と政治」鎮目真人／近藤正基編『福祉国家の比較分析 —— 理論・計量・各国事例』（ミネルヴァ書房，2013 年）

・「アメリカの社会保障 —— 公的扶助，年金，医療保険」杉田米行編『アメリカを知るための 18 章 —— 超大国を読み解く』（大学教育出版，2013 年）

・「アメリカの対貧困者政策」『甲南法学』第 50 巻 1 号（2009 年）

・「自由主義レジームアメリカの医療保険・年金・公的扶助」新川敏光編『福祉＋α：福祉レジーム』（ミネルヴァ書房，2015 年）

第 8 章　宗教とモラルをめぐる政治

・「アメリカ合衆国における同性婚をめぐる政治」『立教アメリカン・スタディーズ』第 38 号（2016 年）

第 9 章　対外政策

・「アメリカの移民政策における安全保障対策と不法移民対策の収斂」『甲南法学』第 54 巻 1・2 号（2013 年）

・「アメリカ ―― 自由貿易への支持低下と党派対立」大矢根聡／大西裕編『FTA/TPP の政治学 ―― 貿易自由化と安全保障・社会保障』（有斐閣，2016 年）

2. アメリカ政治に関する代表的テキストのうち本書が多く依拠したもの
・久保文明／砂田一郎／松岡泰／森脇俊雅『アメリカ政治（新版）』（有斐閣，2006 年）
・久保文明編『アメリカの政治（新版）』（弘文堂，2013 年）
・五十嵐武士／松本礼二／古矢旬編『アメリカの社会と政治』（有斐閣，1996 年）
・西山隆行『アメリカ政治講義』（筑摩書房，2018 年）
・Lowi, Theodore J., Benjamin Ginsberg, Kenneth A. Shepsle, & Stephen Ansolabehere, *American Government: Power and Purpose*, brief eleventh edition 2010 election update (New York: W. W. Norton, 2011).
・Fiorina, Morris P., Paul E. Peterson, Bertram Johnson, & William G. Mayer, *The New American Democracy*, fifth edition (New York: Pearson, 2007).
・Morone, James A., & Rogan Kersh, *By the People: Debating American Government* (New York: Oxford University Press, 2013).

第1章　アメリカ例外主義とナショナリズム
・古矢旬『アメリカニズム ―― 「普遍国家」のナショナリズム』（東京大学出版会，2002 年）
・古矢旬『アメリカ 過去と現在の間』（岩波新書，2004 年）
・シーモア・M・リプセット（上坂昇／金重紘訳）『アメリカ例外論 ―― 日欧とも異質な超大国の論理とは』（明石書店，1999 年）
・ルイス・ハーツ（有賀貞訳）『アメリカ自由主義の伝統』（講談社現代文庫，1994 年）
・トクヴィル（松本礼二訳）『アメリカのデモクラシー（第一巻上・下，第二巻上・下）』（岩波書店，2005 年，2008 年）
・マイケル・ウォルツァー（小茂田宏訳）『アメリカ人であるとはどういうことか ―― 歴史的自己省察の試み』（ミネルヴァ書房，2006 年）
・大津留（北川）智恵子／大芝亮編『アメリカのナショナリズムと市民像 ―― グローバル時代の視点から』（ミネルヴァ書房，2003 年）
・中山俊宏『アメリカン・イデオロギー ―― 保守主義運動と政治的分断』（勁草書房，2013 年）
・五十嵐武士『覇権国アメリカの再編 ―― 冷戦後の変革と政治的伝統』（東京大学出版会，2001 年）
・会田弘継『トランプ現象とアメリカ保守思想』（左右社，2016 年）

文献案内――215

・渡辺将人『アメリカ政治の壁 —— 利益と理念の狭間で』（岩波新書，2016 年）

第 2 章　合衆国憲法と統治構造

・A・ハミルトン／J・ジェイ／J・マディソン（斎藤眞／中野勝郎訳）『ザ・フェデラリスト』（岩波文庫，1999 年）
・斎藤眞『アメリカ革命史研究 —— 自由と統合』（東京大学出版会，1992 年）
・五十嵐武士『アメリカの建国 —— その栄光と試練』（東京大学出版会，1984 年）
・中野勝郎『アメリカ連邦体制の確立 —— ハミルトンと共和政』（東京大学出版会，1993 年）
・砂田一郎『アメリカ大統領の権力 —— 変質するリーダーシップ』（中公新書，2004 年）
・久保文明／東京財団現代アメリカ研究プロジェクト編『オバマ政治を採点する』（日本評論社，2010 年）
・梅川健『大統領が変えるアメリカの三権分立制 —— 署名時声明をめぐる議会との攻防』（東京大学出版会，2015 年）
・待鳥聡史『アメリカ大統領制の現在 —— 権限の弱さをどう乗り越えるか』（NHK 出版，2016 年）
・待鳥聡史『財政再建と民主主義 —— アメリカ連邦議会の予算編成改革分析』（有斐閣，2003 年）
・待鳥聡史『〈代表〉と〈統治〉のアメリカ政治』（講談社選書メチエ，2009 年）
・松本俊太『アメリカ大統領は分極化した議会で何ができるか』（ミネルヴァ書房，2017 年）
・中林美恵子『トランプ大統領とアメリカ議会』（日本評論社，2017 年）
・廣瀬淳子『アメリカ連邦議会 —— 世界最強議会の政策形成と政策実現』（公人社，2004 年）
・阿川尚之『憲法で読むアメリカ史（全）』（筑摩書房，2013 年）
・樋口範雄『アメリカ憲法』（弘文堂，2011 年）
・ジェフリー・トゥービン（増子久美／鈴木淑美訳）『ザ・ナイン —— アメリカ連邦最高裁の素顔』（河出書房新社，2013 年）
・西山隆行『アメリカ型福祉国家と都市政治 —— ニューヨーク市におけるアーバン・リベラリズムの展開』（東京大学出版会，2008 年）
・小泉和重『アメリカ連邦制財政システム —— 「財政調整制度なき国家」の財政運営』（ミネルヴァ書房，2004 年）
・川瀬憲子『アメリカの補助金と州・地方財政 —— ジョンソン政権からオバマ政権へ』（勁草書房，2012 年）

第3章　人種とエスニシティをめぐる政治

・西山隆行『移民大国アメリカ』（筑摩書房，2016 年）

・久保文明／松岡泰／西山隆行／東京財団「現代アメリカ」プロジェクト編『マイノリティが変えるアメリカ政治 ── 多民族社会の現状と将来』（NTT 出版，2012 年）

・五十嵐武士編『アメリカの多民族体制 ──「民族」の創出』（東京大学出版会，2000 年）

・サミュエル・ハンチントン（鈴木主税監訳）『分断されるアメリカ ── ナショナル・アイデンティティの危機』（集英社，2004 年）

・デイヴィッド・A・ホリンガー（藤田文子訳）『ポストエスニック・アメリカ ── 多文化主義を超えて』（明石書店，2002 年）

・松岡泰『アメリカ政治とマイノリティ ── 公民権運動以降の黒人問題の変容』（ミネルヴァ書房，2006 年）

・上杉忍『アメリカ黒人の歴史 ── 奴隷貿易からオバマ大統領まで』（中公新書，2013 年）

・渡辺将人『評伝 バラク・オバマ ──「越境」する大統領』（集英社，2009 年）

・ティム・ワイズ（上坂昇訳）『オバマを拒絶するアメリカ ── レイシズム 2.0 にひそむ白人の差別意識』（明石書店，2010 年）

・シェルビー・スティール（藤永康政訳）『白い罪 ── 公民権運動はなぜ敗北したか』（径書房，2011 年）

第4章　官僚制と政党の発展

・久保文明編『オバマ大統領を支える高官たち ── 政権移行と政治任用の研究』（日本評論社，2009 年）

・デイヴィッド・E・ルイス（稲継裕昭監訳）『大統領任命の政治学 ── 政治任用の実態と行政への影響』（ミネルヴァ書房，2009 年）

・菅原和行『アメリカ都市政治と官僚制 ── 公務員制度改革の政治過程』（慶應義塾大学出版会，2010 年）

・岡山裕『アメリカ二大政党制の確立 ── 再建期における戦後体制の形成と共和党』（東京大学出版会，2005 年）

・久保文明編『米国民主党 ── 2008 年政権奪回への課題』（日本国際問題研究所，2005 年）

・吉原欽一『現代アメリカの政治権力構造 ── 岐路に立つ共和党とアメリカ政治のダイナミズム』（日本評論社，2000 年）

・佐々木毅『アメリカの保守とリベラル』（講談社学術文庫，1993 年）

・西川賢『分極化するアメリカとその起源 ── 共和党中道路線の盛衰』（千倉書房，

文献案内──217

2015 年）

・西川賢『ビル・クリントン —— 停滞するアメリカをいかに建て直したか』（中公新書，
2016 年）

・宮田智之『アメリカ政治とシンクタンク —— 政治運動としての政策研究機関』（東京
大学出版会，2017 年）

第 5 章　選挙

・渡辺将人『現代アメリカ選挙の集票過程 —— アウトリーチ戦略と政治意識の変容』
（日本評論社，2008 年）

・渡辺将人『アメリカ政治の現場から』（文春新書，2001 年）

・渡辺将人『オバマのアメリカ —— 大統領選挙と超大国のゆくえ』（幻冬舎新書，2008
年）

・前嶋和弘『アメリカ政治とメディア ——「政治のインフラ」から「政治の主役」に変
貌するメディア』（北樹出版，2010 年）

・吉野孝／前嶋和弘編『2008 年アメリカ大統領選挙 —— オバマの当選は何を意味する
のか』（東信堂，2009 年）

・デイヴィッド・メイヒュー（岡山裕訳）『アメリカ連邦議会 —— 選挙とのつながりで』
（勁草書房，2013 年）

第 6 章　市民的自由と社会秩序

・鈴木透『性と暴力のアメリカ —— 理念先行国家の矛盾と苦悩』（中公新書，2006 年）

・サミュエル・ウォーカー（藤本哲也監訳）『民衆司法 —— アメリカ刑事司法の歴史』
（中央大学出版部，1999 年）

・ロードリ・ジェフリーズ＝ジョーンズ（越智道雄訳）『FBI の歴史』（東洋書林，2009
年）

・松尾文夫『銃を持つ民主主義 ——「アメリカという国」のなりたち』（小学館文庫，
2008 年）

・アンソニー・ルイス（池田年穂／籾岡宏成訳）『敵対する思想の自由 —— アメリカ最
高裁判事と修正第一条の物語』（慶應義塾大学出版会，2012 年）

・奥平康弘『「表現の自由」を求めて —— アメリカにおける権利獲得の軌跡』（岩波書店，
1999 年）

・アンソニー・ルイス（山本浩三／山中俊夫訳）『アメリカ司法の英知 —— ギデオン事
件の系譜』（世界思想社，1972 年）

・小倉孝保『ゆれる死刑 —— アメリカと日本』（岩波書店，2011 年）

第 7 章　社会福祉政策

・西山隆行『アメリカ型福祉国家と都市政治 —— ニューヨーク市におけるアーバン・リ

ベラリズムの展開』（東京大学出版会，2008 年）

・渋谷博史『20 世紀アメリカ財政史（Ⅰ～Ⅲ）』（東京大学出版会，2005 年）

・根岸毅宏『アメリカの福祉改革』（日本経済評論社，2006 年）

・小野亮／安井明彦『ブッシュのアメリカ改造計画 ── オーナーシップ社会の構想』
（日本経済新聞社，2005 年）

・吉田健三『アメリカの年金システム』（日本経済評論社，2012 年）

・中浜隆『アメリカの民間医療保険』（日本経済評論社，2006 年）

・長谷川千春『アメリカの医療保障 ── グローバル化と企業保障のゆくえ』（昭和堂，
2010 年）

・天野拓『オバマの医療改革 ── 国民皆保険制度への苦闘』（勁草書房，2013 年）

・天野拓『現代アメリカの医療改革と政党政治』（ミネルヴァ書房，2009 年）

・山岸敬和『アメリカ医療制度の政治史 ── 20 世紀の経験とオバマケア』（名古屋大学
出版会，2014 年）

第 8 章　宗教とモラルをめぐる政治

・堀内一史『アメリカと宗教 ── 保守化と政治化のゆくえ』（中公新書，2010 年）

・森孝一『宗教からよむ「アメリカ」』（講談社選書メチエ，1996 年）

・森本あんり『アメリカ・キリスト教史 ── 理念によって建てられた国の軌跡』（新教
出版社，2006 年）

・飯山雅史『アメリカの宗教右派』（中公新書ラクレ，2008 年）

・飯山雅史『アメリカ福音派の変容と政治 ── 1960 年代からの政党再編成』（名古屋大
学出版会，2013 年）

・上坂昇『神の国アメリカの論理 ── 宗教右派によるイスラエル支援，中絶・同性結婚
の否認』（明石書店，2008 年）

・エドウィン・S・ガウスタッド（大西直樹訳）『アメリカの政教分離 ── 植民地時代
から今日まで』（みすず書房，2007 年）

・スーザン・ジョージ（森田成也／大屋定晴／中村好孝訳）『アメリカは，キリスト教
原理主義・新保守主義に，いかに乗っ取られたのか？』（作品社，2008 年）

・緒方房子『アメリカの中絶問題 ── 出口なき論争』（明石書店，2006 年）

第 9 章　対外政策

・西崎文子『アメリカ外交とは何か ── 歴史の中の自画像』（岩波新書，2004 年）

・村田晃嗣『アメリカ外交 ── 苦悩と希望』（講談社現代新書，2005 年）

・佐々木卓也『冷戦 ── アメリカの民主主義的生活様式を守る戦い』（有斐閣，2013
年）

・藤原帰一『デモクラシーの帝国 ── アメリカ・戦争・現代世界』（岩波新書，2002

年）
・最上敏樹『国連とアメリカ』（岩波新書，2005 年）
・アーサー・シュレジンガー Jr.（藤田文子／藤田博司訳）『アメリカ大統領と戦争』
（岩波書店，2005 年）
・信田智人編『アメリカの外交政策 —— 歴史・アクター・メカニズム』（ミネルヴァ書
房，2010 年）
・ヘンリー・R・ナウ（村田晃嗣／石川卓／島村直幸／高橋杉雄訳）『アメリカの対外
関与 —— アイデンティティとパワー』（有斐閣，2005 年）
・中山俊宏『介入するアメリカ —— 理念国家の世界観』（勁草書房，2013 年）
・猪口孝／マイケル・コックス／G・ジョン・アイケンベリー編『アメリカによる民主
主義の推進』（ミネルヴァ書房，2006 年）
・五十嵐武士『グローバル化とアメリカの覇権』（岩波書店，2010 年）
・ジョセフ・S・ナイ（山岡洋一訳）『アメリカへの警告 —— 二一世紀国際政治のパワ
ー・ゲーム』（日本経済新聞社，2002 年）

付表・地図

付表 1　大統領選挙と議会多数派 (1789-2016)

選挙年	大統領候補	政党	選挙人票	一般投票獲得率	議会多数派 下院	議会多数派 上院
1789	ジョージ・ワシントン	—	69	なし	フェデラリスト	フェデラリスト
	ジョン・アダムズ	—	32			
	他	—	35			
1792	ジョージ・ワシントン	—	132	なし	デモクラティック・リパブリカン	フェデラリスト
	ジョン・アダムズ	—	77			
	他		55			
1796	ジョン・アダムズ	フェデラリスト	71	なし	デモクラティック・リパブリカン	フェデラリスト
	トマス・ジェファソン	デモクラティック・リパブリカン	68			
	トマス・ピンクニー	フェデラリスト	59		フェデラリスト	
	アーロン・バー	デモクラティック・リパブリカン	30			
	他	—	48			
1800	トマス・ジェファソン	デモクラティック・リパブリカン	73	なし	デモクラティック・リパブリカン	フェデラリスト
	アーロン・バー	デモクラティック・リパブリカン	73			
	ジョン・アダムズ	フェデラリスト	65		デモクラティック・リパブリカン	デモクラティック・リパブリカン
	チャールズ・C・ピンクニー	フェデラリスト	64			
1804	トマス・ジェファソン	デモクラティック・リパブリカン	162	なし	デモクラティック・リパブリカン	デモクラティック・リパブリカン
	チャールズ・C・ピンクニー	フェデラリスト	14			
1808	ジェイムズ・マディソン	デモクラティック・リパブリカン	122	なし	デモクラティック・リパブリカン	デモクラティック・リパブリカン
	チャールズ・C・ピンクニー	フェデラリスト	47			
1812	ジェイムズ・マディソン	デモクラティック・リパブリカン	128	なし	デモクラティック・リパブリカン	デモクラティック・リパブリカン
	デ・ウィット・クリントン	フェデラリスト	89			
1816	ジェイムズ・モンロー	デモクラティック・リパブリカン	231	なし	デモクラティック・リパブリカン	デモクラティック・リパブリカン
	ルーファス・キング	フェデラリスト	34			
1820	ジェイムズ・モンロー	デモクラティック・リパブリカン	231	なし	デモクラティック・リパブリカン	デモクラティック・リパブリカン
	ジョン・Q・アダムズ	インディペンデント・リパブリカン	1			

年	候補者	政党	選挙人	得票率	下院	上院
1824	ジョン・Q・アダムズ※	デモクラティック・リパブリカン	84	30.5	アダムズ派	ジャクソン派
	アンドリュー・ジャクソン	デモクラティック・リパブリカン	99	43.1	ジャクソン派	
	ヘンリー・クレイ	デモクラティック・リパブリカン	37	13.2		
	ウィリアム・クロウフォード	デモクラティック・リパブリカン	41	13.1		
1828	アンドリュー・ジャクソン	民主党	178	56.0	ジャクソン派	ジャクソン派
	ジョン・Q・アダムズ	ナショナル・リパブリカン	83	44.0		
1832	アンドリュー・ジャクソン	民主党	219	55.0	ジャクソン派	反対派
	ヘンリー・クレイ	ナショナル・リパブリカン	49	42.0		
1836	マーティン・ヴァン・ビューレン	民主党	170	50.9	民主党	民主党
	ウィリアム・ヘンリソン	ホイッグ	73	36.7		
1840	ウィリアム・ヘンリソン	ホイッグ	234	53.1	ホイッグ	ホイッグ
	マーティン・ヴァン・ビューレン	民主党	60	46.9	民主党	
1844	ジェイムズ・ポーク	民主党	170	49.6	民主党	民主党
	ヘンリー・クレイ	ホイッグ	105	48.1	ホイッグ	
	ジェイムズ・バーニー	自由党	0	2.3		
1848	ザカリー・テイラー※	ホイッグ	163	47.4	民主党	民主党
	ルイス・カス	民主党	127	42.5		
	ヴァン・ビューレン	自由土地党	0	10.0		
1852	フランクリン・ピアース	民主党	254	50.9	民主党	民主党
	ウィンフィールド・スコット	ホイッグ	42	44.1	反対派	
1856	ジェイムズ・ブキャナン	民主党	174	45.4	民主党	民主党
	ジョン・フレモント	共和党	114	33.0	共和党	
	ミラード・フィルモア	アメリカ党（ノウ・ナッシング）	8	21.6		
1860	エイブラハム・リンカン	共和党	180	39.8	共和党	共和党
	スティーヴン・ダグラス	民主党	12	29.5		
	ジョン・ブレッキンリッジ	民主党	72	18.1		
	ジョン・ベル	立憲連合党	79	12.6		
1864	エイブラハム・リンカン※	共和党	212	55.0	共和党	共和党
	ジョージ・マクレラン	民主党	21	45.0		

付表1　大統領選挙と議会多数派

選挙年	大統領候補	政党	選挙人票	一般投票獲得率	議会多数派 下院	議会多数派 上院
1868	ユリシーズ・グラント	共和党	214	52.7	共和党	共和党
	ホレイショ・シーモア	民主党	80	47.3		
1872	ユリシーズ・グラント	共和党	286	55.6	共和党	共和党
	ホレイス・グリーリー	民主党	66	43.9		
1876	ラザフォード・ヘイズ※	共和党	185	48.0	民主党	共和党
	サミュエル・ティルデン	民主党	184	51.0		民主党
1880	ジェイムズ・ガーフィールド※	共和党	214	48.3	民主党	共和党
	ウィンフィールド・ハンコック	民主党	155	48.2		
	ジェイムズ・ウィーヴァー	グリーンバック・労働党	0	3.4		
1884	グロバー・クリーヴランド	民主党	219	48.5	民主党	共和党
	ジェイムズ・ブレイン	共和党	182	48.2		
	ベンジャミン・バトラー	グリーンバック党		11.8		
1888	ベンジャミン・ハリソン※	共和党	233	47.8	共和党	共和党
	グロバー・クリーヴランド	民主党	168	48.6	民主党	
1892	グロバー・クリーヴランド	民主党	277	46.0	民主党	民主党
	ベンジャミン・ハリソン	共和党	145	43.0		
	ジェイムズ・ウィーヴァー	人民党	22	8.5		
1896	ウィリアム・マッキンリー	共和党	271	51.0	共和党	共和党
	ウィリアム・J・ブライアン	民主党	176	45.5		
1900	ウィリアム・マッキンリー	共和党	292	51.7	共和党	共和党
	ウィリアム・J・ブライアン	民主党	155	45.5		
1904	シオドア・ローズヴェルト	共和党	336	56.4	共和党	共和党
	アルトン・パーカー	民主党	140	37.6		
1908	ウィリアム・タフト	共和党	321	51.6	共和党	共和党
	ウィリアム・J・ブライアン	民主党	162	43.1	民主党	民主党
1912	ウッドロウ・ウィルソン	民主党	435	41.8	民主党	民主党
	シオドア・ローズヴェルト	革新党	88	27.4		
	ウィリアム・タフト	共和党	8	23.2		

付表1　大統領選挙と議会多数派

年	候補者	政党	選挙人	得票率	議会多数派	
		社会党	0	6.0		
1916	ウッドロウ・ウィルソン	民主党	277	49.2	共和党	民主党
	チャールズ・ヒューズ	共和党	254	46.1		
1920	ウォレン・ハーディング	共和党	404	60.0	共和党	共和党
	ジェイムズ・コックス	民主党	60	34.6		
1924	カルヴァン・クーリッジ	共和党	382	54.1	共和党	共和党
	ジョン・デイヴィス	民主党	136	28.8		
	ロバート・ラフォレット	革新党	13	16.6		
1928	ハーバート・フーヴァー	共和党	444	58.2	共和党	共和党
	アルフレッド・スミス	民主党	87	40.8	民主党	民主党
1932	フランクリン・ローズヴェルト	民主党	472	57.3	民主党	民主党
	ハーバート・フーヴァー	共和党	59	39.6		
1936	フランクリン・ローズヴェルト	民主党	523	60.8	民主党	民主党
	アルフレッド・ランドン	共和党	8	36.4		
1940	フランクリン・ローズヴェルト	民主党	449	54.7	民主党	民主党
	ウェンデル・ウィルキー	共和党	82	44.8		
1944	フランクリン・ローズヴェルト※※	民主党	432	52.8	民主党	民主党
	トマス・デューイ	共和党	99	44.5	共和党	共和党
1948	ハリー・トルーマン	民主党	303	49.5	民主党	民主党
	トマス・デューイ	共和党	189	45.1		
	ストローム・サーモンド	州権党	39	2.4		
1952	ドワイト・アイゼンハワー	共和党	442	55.2	共和党	共和党
	アドレイ・スティーヴンソン	民主党	89	44.5	民主党	民主党
1956	ドワイト・アイゼンハワー	共和党	457	57.4	民主党	民主党
	アドレイ・スティーヴンソン	民主党	73	42.0		
1960	ジョン・ケネディ※※	民主党	303	49.9	民主党	民主党
	リチャード・ニクソン	共和党	219	49.6		
1964	リンドン・ジョンソン	民主党	486	61.1	民主党	民主党
	バリー・ゴールドウォーター	共和党	52	38.5		

選挙年	大統領候補	政党	選挙人票	一般投票獲得率	議会多数派	
					下院	上院
1968	リチャード・ニクソン	共和党	301	43.4	民主党	民主党
	ヒューバート・ハンフリー	民主党	191	42.7		
	ジョージ・ウォーラス	アメリカ党	41	13.5		
1972	リチャード・ニクソン	共和党	521	61.3	民主党	民主党
	ジョージ・マクガヴァン	民主党	17	37.3		
1976	ジミー・カーター	民主党	297	50.1	民主党	民主党
	ジェラルド・フォード	共和党	240	48.0		
1980	ロナルド・レーガン	共和党	489	51.0	民主党	共和党
	ジミー・カーター	民主党	49	41.0		
	ジョン・アンダーソン	――	0	6.6		
1984	ロナルド・レーガン	共和党	525	58.8	民主党	共和党 民主党
	ウォルター・モンデール	民主党	13	41.0		
1988	ジョージ・H・W・ブッシュ	共和党	426	53.4	民主党	民主党
	マイケル・デュカキス	民主党	111	46.0		
1992	ビル・クリントン	民主党	370	43.0	民主党	民主党
	ジョージ・H・W・ブッシュ	共和党	168	37.4		
	ロス・ペロー	――	0	18.9		
1996	ビル・クリントン	民主党	379	49.2	共和党	共和党
	ロバート・ドール	共和党	159	40.7		
	ロス・ペロー	改革党	0	8.4		
2000	ジョージ・W・ブッシュ※	共和党	271	47.8	共和党	民主党 共和党
	アル・ゴア	民主党	266	48.4		
	ラルフ・ネイダー	緑	0	2.7		
2004	ジョージ・W・ブッシュ	共和党	286	50.7	共和党	共和党 民主党
	ジョン・ケリー	民主党	251	48.2		
2008	バラク・オバマ	民主党	365	52.8	民主党	民主党
	ジョン・マケイン	共和党	173	45.6		

年	候補者	政党	選挙人票	得票率		
2012	バラク・オバマ	民主党	332	50.5	共和党	民主党
	ミット・ロムニー	共和党	206	47.9		
2016	ドナルド・トランプ	共和党			共和党	共和党
	ヒラリー・クリントン	民主党				

※一般投票で敗北したものの、大統領選挙人の投票で勝利
※※在職中に死亡
(出所) Morone, James A., & Rogan Kersh, *By the People: Debating American Government* (New York: Oxford University Press, 2013) の巻末資料を一部訂正・改変。

付表2　大統領のランキング

シュレジンガー調査 1948年	シュレジンガー調査 1962年	マラネル＝ドッジャー調査 1982年	マレイ＝ブレッシング調査 1982年	リンドグレン＝カラブレッシ調査 2000年	C-SPAN調査 2009年
偉大 1. リンカン	**偉大** 1. リンカン	1. リンカン	**偉大** 1. リンカン	**偉大** 1. ワシントン	1. リンカン
2. ワシントン	2. ワシントン	2. F・ローズヴェルト	2. F・ローズヴェルト	2. リンカン	2. ワシントン
3. F・ローズヴェルト	3. F・ローズヴェルト	3. ワシントン	3. ワシントン	3. F・ローズヴェルト	3. F・ローズヴェルト
4. ウィルソン	4. ウィルソン	4. ジェファソン	4. ジェファソン	**やや偉大** 4. ジェファソン	4. T・ローズヴェルト
5. ジェファソン	5. ジェファソン	5. T・ローズヴェルト	**やや偉大** 5. T・ローズヴェルト	5. T・ローズヴェルト	5. トルーマン
やや偉大 6. ジャクソン	**やや偉大** 6. ジャクソン	6. ウィルソン	6. ウィルソン	6. ジャクソン	6. ケネディ
7. T・ローズヴェルト	7. T・ローズヴェルト	7. ジャクソン	7. ジャクソン	7. トルーマン	7. ジェファソン
8. クリーヴランド	8. ポーク／トルーマン（同位）	8. トルーマン	8. トルーマン	8. レーガン	8. アイゼンハワー
9. J・アダムズ	9. J・アダムズ	9. L・ジョンソン	**平均以上** 9. J・アダムズ	9. アイゼンハワー	9. ウィルソン
10. ポーク	10. クリーヴランド	10. ポーク	10. L・ジョンソン	10. ポーク	10. レーガン
平均的 11. J・Q・アダムズ	**平均的** 11. マディソン	11. J・アダムズ	11. アイゼンハワー	11. ウィルソン	11. L・ジョンソン
12. モンロー	12. J・Q・アダムズ	12. ケネディ	12. ポーク	**平均以上** 12. クリーヴランド	12. ポーク
13. ヘイズ	13. ヘイズ	13. モンロー	13. ケネディ	13. J・アダムズ	13. ジャクソン
14. マディソン	14. マッキンリー	14. クリーヴランド	14. マディソン	14. マッキンリー	14. モンロー
15. ヴァン・ビューレン	15. タフト	15. マディソン	15. モンロー	15. マディソン	15. クリントン
16. タフト	16. ヴァン・ビューレン	16. タフト	16. J・Q・アダムズ	16. モンロー	16. マッキンリー
17. アーサー	17. モンロー	17. マッキンリー	17. クリーヴランド	17. L・ジョンソン	17. J・アダムズ
18. マッキンリー	18. フーヴァー	18. J・Q・アダムズ	**平均的** 18. マッキンリー	18. ケネディ	18. G・H・W・ブッシュ
		19. フーヴァー			19. J・Q・アダムズ
		20. アイゼンハワー			20. マディソン

19. A・ジョンソン	19. B・ハリソン	21. A・ジョンソン	18. マッキンリー	平均的	21. クリーヴランド
20. フーヴァー	20. アーサー/アイゼンハワー (同位)	22. ヴァン・ビューレン	19. タフト	19. タフト	22. フォード
21. B・ハリソン	21. A・ジョンソン	23. アーサー	20. ヴァン・ビューレン	20. J・Q・アダムズ	23. グラント
平均以下	平均以下	24. ヘイズ	21. フーヴァー	21. G・H・W・ブッシュ	24. タフト
22. タイラー	22. テイラー	25. タイラー	22. ヘイズ	22. ヘイズ	25. カーター
23. クーリッジ	23. タイラー	26. B・ハリソン	23. アーサー	23. ヴァン・ビューレン	26. クーリッジ
24. フィルモア	24. フィルモア	27. テイラー	24. フォード	24. クリントン	27. ニクソン
25. テイラー	25. クーリッジ	28. ブキャナン	25. カーター	25. クーリッジ	28. ガーフィールド
26. ブキャナン	26. ピアース	29. フィルモア	26. B・ハリソン	26. アーサー	29. テイラー
27. ピアース	27. ブキャナン	30. クーリッジ	平均以下	平均以下	30. B・ハリソン
失敗	失敗	31. ピアース	27. テイラー	27. B・ハリソン	31. ヴァン・ビューレン
28. グラント	28. グラント	32. グラント	28. タイラー	28. フォード	32. アーサー
29. ハーディング	29. ハーディング	33. ハーディング	29. フィルモア	29. フーヴァー	33. ヘイズ
			30. クーリッジ	30. カーター	34. フーヴァー
			31. ピアース	31. テイラー	35. タイラー
			失敗	32. グラント	36. G・W・ブッシュ
			32. A・ジョンソン	33. ニクソン	37. フィルモア
			33. ブキャナン	34. タイラー	38. ハーディング
			34. ニクソン	35. フィルモア	39. W・H・ハリソン
			35. グラント	失敗	40. ピアース
			36. ハーディング	36. A・ジョンソン	41. A・ジョンソン
				37. ピアース	42. ブキャナン
				38. ハーディング	
				39. ブキャナン	

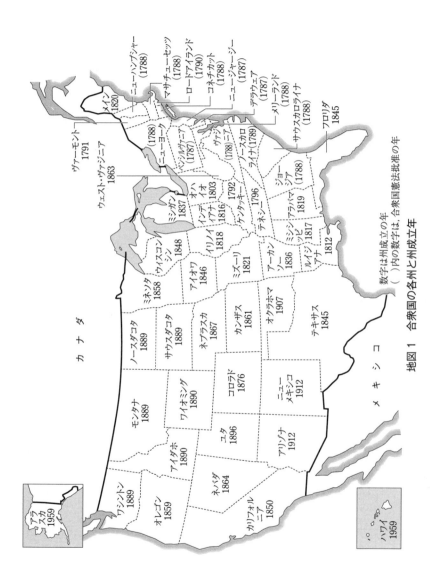

地図1 合衆国の各州と州成立年

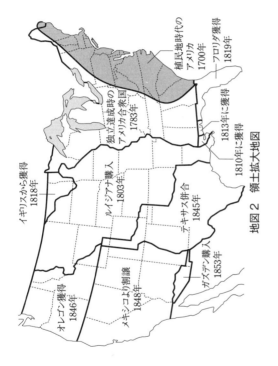

地図 2　領土拡大地図

図版出典一覧

＊特に断りのない図版は著者作成

本文

- 52 頁「州・地方政府に対する連邦政府からの移転支出額」Lowi, Theodore J., Benjamin Ginsber, Kenneth A Shepsle & Stephen Ansolabehere, *American Government: Power and Purpose* [Thirteenth edition] (New York, W. W. Norton, 2014), pp. 84 ［左図］, 87 ［右図］.
- 71 頁「アメリカの移民」U.S. Department of Homeland Security 公表数値より著者作成
- 89 頁「政府予算規模（歳出）の国際比較（対 GDP 比）」および「公的部門職員数の国際比較（人口 1000 人当たり，2001 年）」みずほ総合研究所編『アメリカ経済』（日本経済新聞社，2005 年）に基づき著者作成
- 102 頁「両院における二大政党の政党規律（法案投票傾向）」http://media.cq.com/votestudies/ ［last accessed on August 31, 2017］.
- 123 頁「ゲリマンダリング」"The Gerry-Mander," by Elkanah Tisdale, originally published in the *Boston Gazette*, March 26, 1812.
- 178 頁「人工妊娠中絶に対する見解」Pew Research Center, 2017.
- 180 頁「同性婚をめぐる世論」Pew Research Center, survey conducted May 12–18, 2015.
- 199 頁「W. ブッシュ大統領の支持率の変遷」Gallup/USA Today 調査に基づいて著者作成
- 204 頁「ジョン・ガスト「アメリカの進歩」」（1872 年）"American Progress" by John Gast (painter) and Jared Farmer, 1872, public domain.

章扉

- 第 1 章「ジョン・ガスト「アメリカの進歩」」204 頁図に同じ。
- 第 2 章「ハワード・C・クリスティ「憲法制定会議」」Scene at the signing of the Constitution of the United States, by Howard Chandler Christy, 1940, public domain
- 第 3 章「移民で構成される「アンクル・サム」」"Uncle Sam is a man of strong features," *Judge Weekly*, 1890s. Cited from the John and Selma Appel Collection, Michigan State University Museum, photo no. 38651.
- 第 4 章「二大政党のロゴマーク」両政党のウェブサイトより。
- 第 5 章「E・ティーズデール「ザ・ゲリー・マンダー」」123 頁図に同じ。
- 第 6 章「全米ライフル協会のロゴマーク」同協会のウェブサイトより。
- 第 7 章「CNN「オバマ・ケア」を蹴り上げる共和党」"Trump kills key Obamacare subsidy payments: What it means," CNN Money, October, 13, 2017.
- 第 8 章「紙幣の「イン・ゴッド・ウィ・トラスト」」https://www.toddstarnes.com/faith/god-trust-removed-classroom-atheist-parent-complains/
- 第 9 章「C・R・マコーレー「教師ウッドロー・ウィルソン」」"Woodrow Wilson, The School Teacher," by C. R. Macauley, 1914.

人名索引

あ 行

アイゼンハワー，ドワイト・D　44, 78, 182
アダムズ，ジョン・クインシー　95
アリストテレス　24
アンダーソン，ベネディクト　5
五十嵐武士　17
ウィゲリー，リチャード　185
ウィリアム，ロジャー　182
ウィルソン，ウッドロウ　14, 35-36, 145, 198, 202, 207
ウィルソン，ジェームズ・Q　128
ウェーバー，マックス　124
ウォーレン，アール　44, 78
オニール，ティップ　120
オバマ，バラク・H　2-3, 18, 22, 63, 72, 81, 172, 190-91

か 行

カーター，ジミー　22, 60, 116, 186-87, 202, 209
キング，マーティン・ルーサー，2世　78-80, 138, 181
クリーヴランド，グローバー　119
クリントン，ヒラリー　119
クリントン，ビル　57, 103, 168, 177, 188-89
クレイ，ヘンリー　95
ケネディ，ジョン・F　69, 78-79, 166
ケリー，ジョン　190
ゲリー，エルブリッジ　121
ゴア，アル　119
コグリン，チャールズ　163
ゴールドウォーター，ハリー　101, 185

さ 行

ザンクヴィル，イズレイル　64

た 行

シェイズ，ダニエル　24, 134
ジェファソン，トマス　12, 35-36, 93-95, 137, 199, 207
ジャクソン，アンドリュー　35, 93, 95, 207
ジャクソン・ターナー，フレデリック　13
ジュリアーニ，ルドルフ　59
ジョンソン，アンドリュー　77
ジョンソン，リンドン・B　38, 43, 51, 69, 79-80, 166, 185, 196
スコープス，ジョン　183-84
スミス，アル　57, 162

た 行

タウンゼント，フランシス　163-64
ダール，ロバート　9
ティルデン，サミュエル　119
トクヴィル，アレクシス・ド　5, 55
ドブソン，ジェイムズ　190
トーマス，クラレンス　43
トランプ，ドナルド　22, 82, 191
ドール，ボブ　189
トルーマン，ハリー　44, 77

な 行

ナイ，ジョセフ　209-10
ニクソン，リチャード　23, 44, 80, 82, 102
ニュースタット，リチャード　28, 36

は 行

バー，アーロン　95, 137
パウエル，コリン　82
パーキンズ，フランシス　160, 162
パークス，ローザ　78
バジョット，ウォルター　36
バックリー，ウィリアム，2世　100, 185
ハミルトン，アレグザンダー　93-95, 136, 206
ハリソン，ベンジャミン　119

ハリントン，ジェイムズ　25
ハンティントン，サミュエル　6, 15-20
ヒューズ，チャールズ・エヴァンズ　146
ビン＝ラディン，オサマ　208
ファルウェル，ジェリー　187
フォーバス，オーヴァル　78
フォリー，マイケル　6
ブッシュ，W.　38, 60, 82, 197, 208
ブッシュ，ジョージ・H・W　43, 60, 71-
　72, 102, 119, 133, 152-53, 188-90, 197
フーヴァー，エドガー　138
フーヴァー，ハーバート　96, 162
ブライアン，ウィリアム・ジェニングズ
　64, 183
ブライス，ジェイムズ　55
ブラックマン，ハリー　44
ブランダイス，ルイス・D　146
ブルームバーグ，マイケル　140
古矢旬　12
ヘイズ，ラザーフォード・B　119
ボーク，ロバート　43
ボダン，ジャン　48
ホッブス，トマス　23, 25, 48
ホーフスタッター，リチャード　144
ホームズ，オリヴァー・ウェンデル　146
ポール，ロン　203

ま　行

マーシャル，ジョン　50

マッカーシー，ジョセフ　147, 185
マディソン，ジェイムズ　23, 132
マルコムX　80
ミュルダール，グンナー　5
ムーア，ロイ　41
メイヒュー，ディヴィッド　124-25
モンロー，ジェイムズ　203

ら　行

リンカン，エイブラハム　8, 35, 75-77, 97,
　101, 112, 195
レーガン，ロナルド　22, 43, 71, 80, 82,
　102-03, 139, 185, 187
レーンクィスト，ウィリアム　190
ローズヴェルト，エレノア　160
ローズヴェルト，シオドア　35-37, 50, 68,
　195, 204
ローズヴェルト，フランクリン・デラノ
　35, 37, 43, 57, 77, 96-97, 112, 162-63
ロック，ジョン　25
ロックフェラー，ネルソン　185
ロバートソン，パット　188
ロング，ヒューイ　163

わ　行

ワシントン，ジョージ　13, 29, 94, 203-04

事項索引

あ　行

愛国者法　133, 151-53
アメリカ退職者協会　170
アメリカ的信条　4-6, 10, 14-19, 64, 67, 127, 179, 202
アメリカニズム　68
『アメリカの政治』（ハンティントン）　6, 15, 17, 19
アメリカ例外主義　11-13, 202, 209
安全保障（国家）　87
委員会制度（連邦議会）　33, 124-25
違憲審査権　47
一般教書演説　36
一般公務員制　96
移転支出　51
違法収集証拠排除原則　149-50, 152
移民　3, 13-14, 19, 62-67, 71-73, 82, 91, 109, 161, 202-03
移民改革統制法（IRCA）　71
移民法　67, 72
　　1924 年移民法　67
　　1965 年移民法　67, 69-70
医療保険　165, 171-72
ヴァージニア・プラン　25
ウォーターゲート事件　23
エスニック集団　62, 65, 91, 93, 96, 172
オバーゲフェル判決　191

か　行

カウンティ　53-54, 136
革新主義（者・時代）　15-16, 96, 110, 159
合衆国憲法　6, 11, 17, 22, 24-29, 36, 41, 44-45, 48-49, 53, 77, 86, 119, 141-43, 153, 157, 166, 182, 195
　　――第 2 章　26
　　――第 3 章　26
　　――修正第 1 条　6, 49, 132, 143-45, 147-48, 183
　　――修正第 2 条　139
　　――修正第 4 条　149
　　――修正第 5 条　41, 142-43, 150
　　――修正第 6 条　150
　　――修正第 8 条　150-51
　　――修正第 14 条　26, 141, 143, 145-46
　　――修正第 15 条　109
　　――修正第 17 条　25
　　――修正第 19 条　110
　　――修正第 22 条　44, 110
　　――修正第 26 条　110
合衆国憲法制定会議　74
環境政策，環境問題　113, 125, 179
慣習法　11
間接選挙　27
間接民主政治　106
環太平洋パートナーシップ協定（TPP）　22
官僚国家・行政国家　10-11
議院内閣制　29-31
キャンザス＝ネブラスカ法　75
9.11 テロ事件　66, 71, 133, 147, 151-52, 189, 197, 200-01, 207-08
協力的連邦制　51
共和主義・共和制　19, 25, 132-33
共和党　3, 22, 72, 82, 96-97, 100-03, 111, 116, 118-19, 122, 172, 177, 179, 185, 187, 191
拒否権　38-39
キリスト教徒連合　188
禁酒法　4, 7, 179, 184
KKK　137-38, 147
クローズド・プライマリー　115
警察機構　134-35, 138
刑事法　148
結婚保護法　178
ゲリマンダリング　121

237

原理主義派（プロテスタント）　6, 181, 184, 187
権利章典　28-29, 141-43, 145, 149
権力分立　28, 30
言論・プレスの自由（表現の自由）　143-47
公的扶助　163-64
公民権（運動）　9, 15, 44-46, 77-79, 101, 143, 184
公民権法　79, 102
黒人　7, 9, 12, 18, 26, 44, 63, 72-83, 97, 101, 109-10, 122, 168
黒人教会　181, 184
国土安全保障省（DHS）　201
国内治安法　147
告別演説（ワシントン）　13
国防総省　199-200
国民皆医療保険　4, 156-57, 165, 171-72, 188
国務省　198-200
個人主義　7-8, 15
個人責任就労機会調停法　168
国家安全保障会議（NDC）　200-01
国家安全保障担当補佐官（NSA）　201
国家安全保障法　199
国旗保護法　147
コートテイル　34, 120
コモン・ロー　11, 43
孤立主義　13-14, 203-04

さ 行

財政移転　52
裁判所　10, 40-41, 44-47, 50
三権分立制　28, 47
シェリフ　136
ジェンダー　7, 18, 158, 164, 167, 172
死刑制度　151
自警団　134, 137
支出条項　50-51
使途別補助金　51-52
司法審査制　27
司法積極主義　45
司法法　41

市民的自由　29, 45, 74, 132-33, 141-43, 152-53
ジム・クロウ　75, 77-78
社会運動　16-18
社会保障法　163-64, 169-70
社会保障　156, 163-64, 166, 170
ジャクソニアン・デモクラシー　15-16, 87, 109
州議会　26, 31, 53-54, 75
銃規制　42, 138-40, 186
宗教右派　102, 187-89, 191
州憲法　41, 48, 139
自由　6, 12, 15-16
　言論の自由　6
州際通商条項　50, 139
州裁判所　41
州政府　29, 47-49, 51, 53, 64, 96, 121, 139, 141, 143
自由の帝国　12-13
自由民主主義　16
自由連合州　49
巡回（連邦）控訴裁判所　42, 45
小選挙区制　46, 91, 120, 161
条約締結　198
女性　110, 168
新移民　67-68
進化論　6, 178, 183-84
シンクタンク　101, 186
人工妊娠中絶　4, 7, 42, 44, 46, 113, 123, 176-77, 186-88, 190
人種（問題）　18, 65, 67, 109, 121-22, 158, 167-68, 172, 181, 186
人種の坩堝　64
人民　8-9, 48
スコープス裁判　183-84
スパイ防止法　146
スーパー・チューズデー　116
スミス法　147
政教分離　181-83
制限列挙方式　48
政策革新　39-40, 46, 58-60, 88
政治参加　9, 81
政治任用（官僚の）　88-89, 104

238──索　引

政治マシーン　91, 96, 104, 112, 160-61
政党　17, 34, 37, 40, 88-93, 107, 110, 117, 161
政党帰属意識　112, 122
政党規律　40, 89, 99, 103-04, 120
政党制（第一次～五次）　94-95
西部　136
積極的差別是正措置　7, 79-83
ゼンガー事件　144-45
選挙　34, 36, 103-04, 106
選挙区割り　31-32, 121
選挙権　106, 109-10, 112, 143
選挙戦　113-14
全国党大会　117
全国労働関係法　50
戦争権限法　196
全米ライフル協会（NRA）　140
創造的連邦制　51
訴訟　10, 46
訴訟長官　45
ソフト・パワー　209

た　行

大統領（制）　22, 27-31, 33-37, 42-44, 86, 195-200
大統領選挙　34, 36, 60, 88, 92-93, 107, 111, 114-19, 179
大統領選挙人　27, 114, 117-19
大統領令　37-38
大陸会議　24
多から成る一　3, 5
多国間主義　205-06
多文化主義　19, 65, 82
多民族性　4, 10-11, 62, 132
男女平等憲法修正案（ERA）　186-87
単独行動主義　203-04, 208
治安妨害扇動罪　144-45
小さな政府　4, 8, 10, 173, 179
チケット　92, 113, 116-18
地方政党　92, 96, 100
地方政府　53-60, 64, 107, 126, 139, 156, 159
地方選挙　55
中央情報局（CIA）　200

中間選挙　118, 120
中南米系移民　19, 70-72, 80
長期的安定性　22, 86
ティーパーティー運動　17, 102
デモクラティック・リパブリカン　94-95
党員集会　115-16, 118, 179
同性愛・同性婚　4, 7, 18, 113, 123, 177, 186-87, 190-91
投票権法　79, 110
投票率　108-12, 170, 179
独立宣言　2, 11, 17, 24, 28
都市政府　159-61
奴隷解放宣言　76
奴隷制　26, 73-76, 91, 95-96, 143, 165

な　行

ナショナル・アイデンティティ　3-4, 11, 15, 64, 72, 179, 194
ナショナル・リパブリカン　95
南部（諸州）　25-26, 74-78, 96, 109, 136
南北戦争　17, 42, 74-76, 136, 141, 143, 195
二大政党（制）　39, 71, 75, 86, 92-93, 98-99, 102-04, 114, 122
ニュージャージー・プラン　25
ニューディール（期，政策）　17, 35, 43, 50-51, 57, 82, 87, 97, 100, 159, 162-65, 185
ニューディール連合　100-01
ニューデモクラット　103
ニューライト　185-88
ネイティブ・アメリカン　5, 9, 12, 18, 65
年金　164, 170-71

は　行

陪審員　111
バイブルベルト　181
白人　7, 18-19, 63, 77, 81-83, 102, 109-10, 122, 185, 187-88
覇権国　205-06, 209
母親年金　161-62
パリ協定　22
パリ条約　24
判事　27, 42-44, 78, 92
必要かつ適切条項　50

事項索引──239

ピューリタン　　5, 12, 157, 182
平等，平等条項　　7, 15, 19, 77
貧困家庭一時扶助（TANF）　　157, 168-69
フィノのパラドックス　　32
フィラデルフィア会議　　142
フィリバスター　　33, 43
フェデラリスト　　94, 132
フォーカス・オン・ザ・ファミリー　　190
福音派　　177, 186, 190
福祉国家　　87, 156, 159-61, 165, 167, 169
福祉磁石論　　57-58
副大統領　　30, 32, 44, 117, 198
不信任決議権　　30
ブラウン判決　　46, 78
ブレイディ法　　139
プレッシー対ファーグソン事件判決　　77
プロテスタント　　5, 8, 14, 64, 67, 161, 180-
　　81, 184, 188
フロンティア　　12-13
分割政府　　39-40, 44
文化的多元論　　65
『分断されるアメリカ』（ハンティントン）
　　19
米国通商代表部　　201
ベーシック・インカム　　173
ヘリテージ財団　　101
ペンドルトン法　　96
ホイッグ　　75, 93, 95-96
邦（state）　　48
法案　　33
貿易促進権限（TPA）　　198
法の支配　　10, 15
ボーキング　　43
北部　　25-26
保護領　　49
保守主義　　17
保守派　　100-03, 165, 169, 173, 179, 184-85,
　　186, 188, 190
保守派メディア　　101
ポリアーキー　　9
ホワイトハウス　　33, 189, 191, 198, 200-01

ま　行

マイノリティ　　9, 18-19, 46, 49, 65, 72, 80-
　　83, 97, 111, 121-22, 132, 137
マッカーシズム　　147, 185
マフィア　　137-38, 184
麻薬取締局（DEA）　　200
ミズーリ妥協　　75
ミュニシパリティ　　53-54
ミランダ原則　　150, 152
民間慈善団体　　160, 162
民主主義　　8-9, 12, 15-16, 22, 95, 156, 202,
　　204
民主政治　　23-24, 39, 46-47, 74, 106, 109,
　　133
民主党　　3, 22, 71-72, 75, 82, 93, 95-97, 100,
　　103, 110-11, 116-18, 172, 177, 190
民族的多元論　　65
民兵　　138
明白な使命　　204
メディア　　101, 113-14, 117-18, 122-23, 126
メディケイド，メディケア　　55, 91, 166,
　　172
モーターボーター法　　111
モラル・マジョリティ　　187
モンロードクトリン　　203-04

や　行

有権者登録　　90, 111
要扶養児童家庭扶助（AFDC）　　164, 166-
　　69
予備選挙　　108, 110, 113, 116-18, 179

ら　行

リヴァイアサン　　132
利益集団　　91, 93, 97, 100, 106, 108-09, 125-
　　26, 128, 187
理想と現実のギャップ（ハンティントン）
　　17, 19
リベラリズム　　18
リベラル（派）　　97, 100-03, 165, 169, 173,
　　177, 184-86
猟官制　　88

連邦議会　　25-26, 28, 30, 32, 35-40, 42-43, 50, 75, 107, 143, 196, 198
　——上院（議員）　　25-27, 31-34, 44-45, 88, 108, 123, 195, 199
　——下院（議員）　　25-27, 31-34, 111, 120-23
連邦議会選挙　　120-23
連邦最高裁判所　　35, 37, 41-43, 45, 49-50, 143, 145-47, 178, 183, 191
連邦最高裁判所長官　　43
連邦裁判所　　27, 35, 40, 42-43, 49, 78, 141
連邦所得税　　51

連邦制　　28, 47-49, 57, 60, 87, 142, 161
連邦政府　　29, 35, 47, 49, 51, 59, 75, 94-96, 141-42, 159, 165, 169, 191
連邦捜査局（FBI）　　137-38, 200
連邦地方裁判所　　42
労災補償　　161-62
ロウ対ウェイド判決　　46, 176, 186
ログ・ローリング　　34

わ　行

WASP　　65, 67

事項索引——241

西山隆行

1975 年神戸市生まれ
東京大学大学院法学政治学研究科博士課程修了，博士（法学）
甲南大学法学部教授等を経て，現在は成蹊大学法学部教授
専門は比較政治・アメリカ政治

主要著書

『アメリカ型福祉国家と都市政治―ニューヨーク市におけるア
ーバン・リベラリズムの展開』（東京大学出版会，2008 年）
『アメリカ政治―制度・文化・歴史』（三修社，2014 年）
『移民大国アメリカ』（筑摩書房，2016 年）
『アメリカ政治講義』（筑摩書房，2018 年）
『マイノリティが変えるアメリカ政治―多民族社会の現状と将
来』（共編著，NTT 出版，2012 年）
『知的公共圏の復権の試み』（共編著，行路社，2016 年）など

アメリカ政治入門

2018 年 4 月 19 日　初　版

［検印廃止］

著　者　西山隆行

発行所　一般財団法人　東京大学出版会

代表者　吉見俊哉

153-0041　東京都目黒区駒場 4-5-29
http://www.utp.or.jp/
電話 03-6407-1069　Fax 03-6407-1991
振替 00160-6-59964

印刷所　株式会社精興社
製本所　誠製本株式会社

ⓒ 2018 Takayuki Nishiyama
ISBN 978-4-13-032227-0　Printed in Japan

JCOPY 〈㈳出版者著作権管理機構　委託出版物〉
本書の無断複写は著作権法上での例外を除き禁じられています．複写され
る場合は，そのつど事前に㈳出版者著作権管理機構（電話 03-3513-6969，
FAX 03-3513-6979，e-mail: info@jcopy.or.jp）の許諾を得てください．

アメリカ型福祉国家と都市政治
——ニューヨーク市におけるアーバン・リベラリズムの展開

西山隆行［著］　A5判・6500円

北欧型とは大きく異なる「アメリカ型福祉国家」の成立と苦悩とを，20世紀ニューヨークの都市政治過程に探る。まったく新しい福祉国家論にしてアメリカ政治文化論。

アメリカ現代政治の構図
——イデオロギー対立とそのゆくえ

五十嵐武士・久保文明［編］　A5判・5600円

新保守主義の台頭から，それを受けた議会，司法の変化，健康保険政策，テレコミュニケーション政策のイデオロギー対立まで，現代アメリカ政治の布置を俯瞰する。

アメリカ研究入門［第3版］

五十嵐武士・油井大三郎［編］　A5判・2800円

建国から新保守主義まで，20の分野・論点から，日本におけるアメリカ研究の第一線を示し，アメリカという問いへと読者を誘う。

アメリカ政治外交史［第2版］

斎藤　眞・古矢　旬［著］　A5判・3200円

植民地時代以来のアメリカ史を内政と外交の両面から読み解いた定評ある通史に，オバマ政権期までを補筆した待望の改訂版。

ここに表示された価格は**本体価格**です。ご購入の
際には消費税が加算されますのでご了承ください。